2023 좋은 방송을 위한 시민의 비평상 작품집

정교한 초현실의 현실화를 꿈꾸다

제26회
좋은 방송을 위한
시민의 비평상

2023 좋은 방송을 위한 시민의 비평상 작품집

정교한 초현실의 현실화를 꿈꾸다

방송문화진흥회 엮음

2023년도 서서히 저무는 만큼 한 해를 차분히 정리하고 마무리할 때입니다. '좋은 방송을 위한 시민의 비평상' 역시 작품집 발간과 시상식으로 금년 사업을 완성할 시기입니다.

방송을 준비하고 만드는 사람, 방송을 내보내는 사람, 방송을 심의하는 사람, 방송을 보는 사람 등 많은 사람이 방송을 둘러싼 고리에 참여하게 마련입니다. 만들어놓은 방송은 시청자들의 시청을 통해 완성된다고 할 수 있습니다. 더 나아가 시청한 방송을 다시 되짚으며 비평하는 것은 방송의 완성 중에서도 끝단일 듯싶습니다. 그렇게 보면 방송의 최종 완성에 참여하신 시민 비평가들과 더불어 한 해의 끝단에서 함께 마무리할 수 있는 것은 매우 의미 있고 행복한 일이라고 생각합니다.

더 나은 프로그램을 위하여 방송 비평이 반드시 필요하다는 생각으로 시작한 '좋은 방송을 위한 시민의 비평상'이 시청자들의 적극적인 참여와 호응으로 제26회를 맞이했습니다. 처음 시작할 때만 해도 시민들에게 다소 생소했던 방송 비평이 세월이 흘러 이제는 확고하게 자리 잡았고, 이것이 하나의 문화가 되었음을 실감합니다.

'좋은 방송을 위한 시민의 비평상'은 방송 평론가들이 아닌 일반 시민들의 눈높이에서 보고 평가한 내용을 확인할 수 있는 장이라는 점에서 커다란 의미가 있습니다. 전문가의 의견도 물론 중요하지만 방송의 최종 소비자인 시청자 입장에서 가감 없이 비평한 글은 좋은 방송을 만들고자 하는 방송사에는 더없이 소중한 자료가 될 수 있습니다. 시청자에게 필요하고 의미 있는 내용을 시청자들이 잘 받아들일 수 있는 방식으로 전달하는 프로그램이 바로 시청자들의 사랑을 받는 프로그램일 것이기 때문입니다.

이러한 점에서 방송문화진흥회는 지난 26년간 시민의 비평상이 시청자들의 생생한 목소리를 또 하나의 방송 끝단에 있는 제작자들에게 전달하는 통로 역할을 해왔다고 자부합니다.

그 생생한 목소리인 시민의 비평문 가운데 일부를 추려 작품집을 발간합니다. 이번에 발간하는 작품집이 시청자들의 방송 비평에 대한 관심을 제고하고, 방송 제작자들의 더 나은 프로그램 제작에 큰 도움이 되기를 바랍니다.

'제26회 좋은 방송을 위한 시민의 비평상' 수상자는 물론이고 공모에 참여하신 모든 분들에게 감사 인사를 전합니다. 매년 공동 주최로 시민의 비평상에 관심과 애정을 보여주는 방송문화진흥회와 문화방송 관계자 여러분, 심사를 해주신 지성우 심사위원장님과 심사위원님들, 작품집 발간에 도움을 주신 한울엠플러스(주) 관계자분들께도 깊이 감사드립니다.

앞으로도 방송문화진흥회는 '좋은 방송을 위한 시민의 비평상'을 기반으로 방송의 양 끝단인 방송사와 시청자 간의 원활한 소통에 노력하겠습니다. 감사합니다.

2023년 12월 20일
방송문화진흥회 이사장 권태선

방송이라는 플랫폼에 내놓는 콘텐츠들은 간이 좀 밍밍해야 합니다. 너무 세거나 자극적인 것은 방송하고는 좀 맞지 않는다는 것이 상식이죠. 전 국민이 지켜보는 방송이니까요. 그렇다고 재미없으면 안 됩니다. 방송이니까요. 가끔 인터넷의 콘텐츠를 보다가 선을 넘는 수위에 가슴이 철렁하기도 합니다. 그렇다면 방송은 어떻게 해야 할까요? 방송은 어떻게 평가를 받고 있을까요? 어떤 방송이 좋은 방송일까요? 룰을 강조하다 더 중요한 가치를 놓쳐서는 안 됩니다. 방송이어서 다른 미디어에 비해 더 손해를 봐서도 안 되지요. 방송이니까 가져야 할 의무감도 챙겨야 합니다. 재미있고 감동적인 것을 생각하다가 미처 챙기지 못했거나 놓친 것은 없는지 가끔 스스로를 돌아보는 것도 필요합니다. 방송은 그렇게 복잡합니다.

　사실 숨 막힙니다. 방송이란 곳도 치열하게 경쟁하는 전쟁터니까요. 그렇다 보니 방송 비평의 중요성을 종종 잊어버리기도 합니다. 때로는 그런 절차나 과정을 생략하기를 바라거나 숫제 어느 순간 '없으면 좀 어때?' 하면서 편의성을 내세우기도 하는데요, 그래도 방송 콘텐츠가 고품질이라는 소리를 계속 듣기를 바란다면 방송 비평은 반드시 필요합니다. 다만 비평이라는 것이 일반 시민들이 받아들이기에는 좀 딱딱하거나 어렵게 느껴진다는 점이 문제죠. 그런 중에 방송문화진흥회와 문화방송이 주최하는 '좋은 방송을 위한 시민의 비평상'이 있다는 것이 얼마나 다행인지 모르겠습니다. 이 공모를 통해 방송의 최종 소비자인 시민의 생각을 직접 들어볼 기회가 있으니까요.

시민들의 방송 비평 원고가 좋은 이유는 이른바 '줄 세우기'를 하지 않는다는 데 있습니다. 그 흔한 시청률순이나 제작비의 규모, 아이돌 출연자 숫자, 무슨 상을 받았는지 등등. 어떤 특정 기준에 부합해 서열을 매기지 않은 점이 좋았습니다. 시민 각자의 밝은 눈으로 찾아내고 감상하며 얻은 통찰과 분석의 결과여서 더욱 참신한지 모르겠습니다. 그러다 보니 99명이 이쪽을 가리키는데 혼자 저쪽을 가리키는 단 하나의 손가락에 놀라기도 했어요. 또 상대적으로 놓칠 뻔했던, 작게 일렁이는 촛불처럼 '후~' 불면 꺼질 것 같은 작은 이야기의 콘텐츠도 있었습니다. 시민들은 각자의 시각으로 목도한 이야기들을 자기만의 방식으로 의미를 부여하고 있었습니다. 그래요. 시민의 비평이기에 차라리 더 참신한 것인지도 모르겠습니다.

제26회 '좋은 방송을 위한 시민의 비평상' 최종 심사에 올라온 비평문을 방송학계, 방송작가, 방송현업인, 방송평론가 등이 참여하여 비평의식이 잘 살아 있는 작품들을 선정했습니다. 시즌을 더해 갈수록 진화해 온 드라마 〈낭만닥터 김사부 시즌 3〉의 플롯과 인물 구도를 잘 분석한 박현휘 님의 「정교한 초현실의 현실화를 꿈꾸다」, 그리고 뉴미디어의 출현 앞에서 더욱 책임을 다해야 할 지상파 방송의 의미를 깊이 있게 다룬 장태린 님의 「방송만이 가질 수 있는 기록과 기억의 힘」 등은 수준 높은 비평으로 공모전의 품격을 높였습니다.

최우수작을 비롯한 입상작과 입선작을 묶어 책으로 출간하는 것은 이 시대의 방송문화와 시대정신을 엿보는 기록으로서의 의미도 크리라 봅니다. 그러고 보니 이 힘들고 의미 있는 일을 26년이나 묵묵히 이끌어 온 방송문화진흥회와 문화방송 임직원 및 관계자들의 뚝심이 이 모든 것을 가능하게 했네요. 마지막으로 좋은 방송을 위한 시민의 비평 공모에 아낌없이 옥고를 보내온 참가자 여러분 모두에게 머리 숙여 감사드립니다.

2023년 12월
심사위원 일동

차례

정교한 초현실의 현실화를 꿈꾸다

SBS 드라마 〈낭만닥터 김사부 3〉

박현휘

들어가며: 시즌제 드라마의 새로운 이정표

병원을 배경으로 한 의학 드라마에는 생명을 다루는 장소가 주는 무게감
과 함께 언제 어떤 일이 벌어질지 모르는 긴장감이 공존한다. 병원 내에
서 일어나는 일이라면 어떤 주제를 다루어도 자연스레 극에 대한 긴장과
몰입을 높일 수 있기에, 극의 배경을 병원으로 하는 것은 작가 친화적인
동시에 대중 친화적이다. 의학 드라마가 꾸준히 마니아층을 형성해 온
것은 이러한 배경적 특성과 무관하지 않다.

    병원이 시청자의 눈과 귀를 사로잡기 용이한 환경임을 고려하더라
도 〈낭만닥터 김사부 3〉의 성공은 주목할 만하다. 시즌 3까지 도달한
드라마도 흔치 않은데 국내 의학 드라마로는 최초로 시즌 3에 이르렀
다. 시즌제 드라마는 기존 애청자들의 유입이 쉽고 검증된 세계관을 적

용한다는 점에서 제작 장벽이 낮다. 다만 한국의 시즌제 드라마는 화제가 된 작품을 갑작스레 시즌제로 전환해 제작하는 경향이 짙다. '낭만닥터 김사부' 시리즈도 애초 시즌제로 방영할 계획이 없었다. 철거한 돌담병원 세트장을 다시 지어야 했다는 유인식 PD의 인터뷰가 이를 방증한다.[1] 갑작스레 결정된 여느 시즌제 드라마처럼 단순한 속편으로 이어질 가능성이 적지 않았던 상황이다.

그럼에도 '낭만닥터 김사부' 시리즈는 시즌 3조차 방영 내내 화제성 상위권에 머물렀으며 최종화 16.8%로 자체 최고 시청률을 갱신하며 대미를 장식했다. 시즌 1에서 27.6%, 2에서 27.1%의 최고 시청률을 기록한 것과 비교하면 낮은 수치지만, 시즌 1이 방영된 2016년부터 지금까지 대중이 접하는 콘텐츠의 종류와 방영 채널이 지속적으로 다양해져 왔음을 고려하면 시즌 3의 성적이 마냥 저조했다고만 해석할 수도 없다.[2] 〈낭만닥터 김사부 3〉은 이러한 환경적 제약과 연속되는 시즌 제작의 부담감에도 불구하고 예상되는 우려와 한계를 뛰어넘어 시즌제 드라마의 새로운 이정표를 제시했다. 이 글에서는 〈낭만닥터 김사부 3〉이 어떻게 성공을 견인했는지 구체적으로 확인하고 시즌 3에서 어떠한 탁월성을 보였는지 살펴보고자 한다.

---

1   "'대박'과 '평타'의 갈림길, 시즌제 드라마", ≪경향신문≫, 2023.9.19, https://m.khan.co.kr/culture/culture-general/article/202309191605001#c2b(검색일: 2023. 10.8).

2   "'낭만닥터 김사부3' 자체 최고 시청률 16.8%로 종영", ≪매일경제≫, 2023.6.18, https://stock.mk.co.kr/news/view/150973(검색일: 2023.10.10).

한국형 시즌제의 함정 피하기

드라마에서 갈등 양상과 문제 해결 과정을 연속적으로 따라가며 시청자가 얻는 재미는 최근 이슈가 된 도파민 중독과도 비슷한 구조다. 중독에 빠진 사람이 자신이 느끼는 쾌락의 크기를 점차 늘려가야 계속 만족을 느낄 수 있듯, 극에서도 기존에 해결했던 갈등보다 큰 갈등을 해결해 내야만 시청자에게 만족을 안겨줄 수 있다. 작품이 주는 긴장감 유지를 위한 갈등 규모의 확대는 어쩔 수 없는 부분이지만, 그 과정에서 극의 균형이 깨지는 경우가 많다.

'낭만닥터 김사부' 시리즈의 지난 시즌은 가치를 표상하는 돌담병원과 돈을 표상하는 거대병원이 명확한 대립 구도를 형성했다. 같은 대립 구도를 이어간다면 세 번째 시즌에서도 돌담병원과 거대병원 사이에 더욱 큰 갈등이 필요한 상황이었다. 그러나 〈낭만닥터 김사부 3〉은 단순히 갈등을 증폭시키는 대신 무대를 옮겨 배경을 바꾸었고, 서사의 내용을 입체화하며 틀을 재구성했다. 한국형 시즌제 드라마가 빠지기 쉬운 함정을 피해가며 '정교한 초현실'을 창출한 것이다.

양적 접근: 갈등 규모의 확대

무대를 옮기는 동시에 이야기 자체의 규모를 확대하는 것은 일종의 양적 접근이다. 드라마의 온전한 무대가 돌담병원과 돌담 권역외상센터가 된 가운데, 1화부터 남북한 문제가 등장한다. 해경이 발견한 배에 타고 있는 총상 응급환자의 생명을 구하기 위해 신속한 이송과 수술이 필요한데, 하필 환자의 신분이 탈북자였다. 서울에서 남북 간 고위급 회담이 열리고 있었기에 탈북자는 배를 벗어날 수 없다는 것이 상부의 방침이었다. 회담에 걸린 경제적 효과가 수십조 원이므로 틀어질 만한 일을 만들지 말라는 것이다. 돌담병원과 거대병원 자리에 남한과 북한을 넣은 것뿐이지만, 갈등 규모는 두 병원을 한참 웃돈다. 이는 남북관계라는 특수한 상황과 경직된 한반도의 현실을 빌려 시작부터 시청자들의 몰입을 유도하는 것이다.

김사부(한석규 분)가 고수하는 사람 중심, 환자 중심의 가치를 막아서는 사안이 크고 엄중할수록 "무슨 일이 있어도 살린다"라고 천명하는 김사부의 신념은 반대급부로서 더욱 돋보인다. 〈낭만닥터 김사부 3〉은 시작부터 현재 우리가 처한 남북 간의 갈등을 영리하게 활용해 '낭만닥터 김사부' 시리즈가 지금껏 고수해 온 중심 가치의 굳건함을 공표한다. 이를 통해 앞서 방영한 시즌의 정신적 유산을 계승한 후 돌담병원이 맞닥뜨리는 사건과 사고의 규모를 본격적으로 확대한다. 빌라 방화로 인한 집단 응급 상황, 군부대 무장탈영과 병원 내 총기 난사, 재개발 지역 건물 붕괴 사고로 인한 긴급 재난, 산불로 인해 돌담병원 전체가 무너질 위기에 이르기까지, 기존 시즌에 비해 압도적인 스케일을 보인다. 이는 김사부가 시즌 1부터 고대하던 돌담 권역외상센터가 완공된 만큼 자연스러운 수순이기도 하다.

이러한 양적 규모 확대는 자연스레 돌담 권역외상센터의 원활한 가동 여부와 그 존폐를 극의 서브플롯으로 자리 잡게 한다. 많은 사람이 주지하듯 권역외상센터는 경제적 이익을 내는 곳이 아니라 사회 안전망의 일부를 담당하는 곳이다. 이는 권역에서 일어나는 재난의 모든 환자를 돌담병원 의료진이 수습해 내야 한다는 표면적 과제와 함께, 권역외상센터가 원활히 운영되지 못하는 경우 해당 권역의 재난에서 발생한 외상 환자를 온전히 감당할 곳이 없다는 내재적 갈등 요소를 동시에 안고 있다. 그렇기에 고경숙(오민애 분) 도의원이 돌담 권역외상센터에 대한 예산 지원 여부를 두고 돌담병원과 벌이는 대립은 도민 전체의 안전한 삶과도 직결된다.

이처럼 〈낭만닥터 김사부 3〉은 본격적인 무대를 돌담 권역외상센터로 옮긴 만큼 그에 상응하는 무게감을 함께 다루고 있다. 그러나 시즌 3만의 정체성을 위해서는 이러한 무게감을 바탕으로 하는 '새로운 속사정'이 필요하다. 제작진이 선택한 속사정은 시즌 1과 2를 거쳐 절대적인 지향점으로 자리 잡은 김사부의 가치와 방식에 대립하는 반대편의 가치와 방식을 담아내는 것이었다. 이는 선악의 대립 구도로 일관했던 전 시즌과는 다른 갈등 양상으로 나타난다.

질적 접근: 갈등 양상의 변주

시즌 2까지 유지되었던 '가치 vs 돈'이라는 선악의 갈등 구도는 시즌 3에서 '가치 vs 가치'라는 가치 갈등 구도로 변주되며 질적 변화를 맞는다. 지금까지는 돈이 되지 않는 돌담병원을 없애려는 측과 지키려는 측의 단순한 싸움이었다. 이 싸움은 돌담병원이 재단으로부터 완벽히 독립하는 동시에 김사부와 대립하던 박민국(김주헌 분)이 돌담병원에 합류하는 것으로 종지부를 찍었다. '가치 vs 돈'의 갈등에서 가치의 승리를 공언했으므로 시즌 3에서 선악 구도를 활용한 이야기는 더 이상 이어가기 어려워졌다. 가치 갈등으로 이야기를 변주하기 위해서는 크게 두 가지가 필요하다. 첫째는 김사부와 양립할 수 있는 권위를 갖고 있거나 김사부의 방식에 반대하면서도 시청자를 설득할 만한 인물이다. 둘째는 그 인물이 주장하는 가치 또는 방식에 설득력을 실어줄 만한 모종의 사건이다. 두 가지가 충족되어야만 '김사부 천하'에서의 안티테제가 최소한의 설득력을 얻을 수 있다.

첫째 측면에서 김사부와 비슷한 권위를 지닌 인물로 차진만(이경영 분)이 돌담의 초대 외상센터장이 된다. 차진만은 '환자의 생명이 중요한 만큼 의사 또한 존중받고 보호받아야 한다'는 입장으로 절차와 매뉴얼의 중요성을 강조하며 환자 중심의 김사부와 사사건건 대립한다. 김사부에게 "대체 너 그런 식으로 네 밑에 의사들 몇 놈이나 골로 보냈니?"라고 일갈하는 부분이 대표적이다. 김사부의 '그런 식'과 대립하는 차진만이 설득력을 얻고 단순한 '악'이 되지 않기 위해서는 김사부가 고수해온 방식의 그림자가 조명되어야 한다.

차진만에게 설득력을 실어줄 모종의 사건은 정인수(윤나무 분)와 서우진(안효섭 분)을 통해 드러난다. 김사부가 보여준 헌신과 사명감을 따르는 과정에서 정인수는 아내와 별거하는 위태로운 상황을 이어가고 있었다. 서우진은 병원을 지키기 위해 무기를 가진 탈영병에게조차 거리낌 없이 달려들기도 하며, 건물 붕괴 현장에서 추가 붕괴 위험에 아랑곳하지 않고 환자가 깔린 현장으로 뛰어들었다가 외과의의 생명인 손을 다친다. 김사부는 자신의 가르침 때문에 제자들이 다친 것 같다는 생각을 떨치지 못한다. 차진만에게 자신의 신념과 방식을 두고 "그게 다른 녀석들한테도 괜찮은 건지 솔직히 모르겠어"라고 자인하는 장면은 김사부의 깊은 고뇌를 여실히 드러낸다.

차진만이 김사부와 다른 지향점을 통해 가치 갈등을 표상하는 인물이었다면, 강동주(유연석 분)는 김사부와 같은 지향점 내에서 다른 방식을 취하는 것으로 극의 후반부를 이끈다. 강동주는 시즌 1에서 김사부의 제자로서 쌓아온 역사가 있다. 시청자에게는 '우리 편'이라는 느낌과 함께 반가움을 주는, 한마디로 설득력 있는 서사를 가진 인물이다. 그런 강동주가 갑자기 '돌담 권역외상센터에서는 기준을 충족하는 외상 환자만 받겠노라' 공언하며 외상 환자의 기준에 어긋나는 이들을 모두 돌담병원 응급실로 보내기 시작한다. 환자라면 치료하고 보는 김사부의 방식에 익숙한 돌담병원의 스태프에게는 마치 진료 거부처럼 느껴질 수 있는 상황이다.

강동주의 방식에 설득력을 부여할 모종의 사건은 차은재(이성경 분)와의 갈등에서 드러난다. 차은재는 외상센터의 스태프지만 환자를 살리려는 마음을 앞세워 돌담병원의 수술에 들어간다. 수술 중 외상센터에서 차은재를 필요로 하는 외상 환자가 발생했고, 강동주가 이를 수습할 수밖에 없었다. 김사부 방식의 허점이 드러난 것이다. 차은재와 함께 자신의 방식에 반발하는 서우진에게 강동주는 '뱁새가 황새를 따라가다 죽는 이유는 다리가 찢어져서가 아니라 방향을 잃기 때문'이라며 "이 세상에서 사부님처럼 될 수 있는 사람은 사부님 한 사람뿐이야"라고 일갈한다. 이는 강동주가 김사부의 지향점을 버린 것이 아니라, 김사부의 지향점을 시스템화해 돌담병원에 뿌리내리게 하는 데 집중하고 있음을 보여준다.

동시에 전 시즌에서 손목을 다친 김사부의 증세가 갈수록 악화되며 김사부 또한 인간의 한계에 부딪히고 있음이 반복적으로 드러난다. 이처럼 〈낭만닥터 김사부 3〉은 가치와 가치의 구현 방식 전반에서 김사부와 그 대안이 치열한 접전을 벌인다. 그 과정에서 김사부가 앞세우는 가치의 절대성도, 그 가치를 지키려 김사부가 고수해 온 방식의 절대성도 약화시킨다. 단순히 선악의 대립 구도를 심화하고 김사부의 절대성을 강화해 '사이다'를 주는 전개로 손쉽게 이야기를 이어가지 않은 것은, 시즌제 드라마가 자기복제의 함정을 훌륭하게 피한 선례로 남을 것이다.

현실 속의 초현실

〈낭만닥터 김사부〉 시리즈의 가장 큰 탁월함은 전 시리즈가 우리 사회의 현실적 문제의식과 꾸준히 맞닿으며 공명한다는 점이다. 시즌 1과 2는 공공의 안녕과 직결된 의료가 돈과 명예를 거머쥐기 위한 경로로 수단화된 현상을 문제시하는 동시에, 환자가 가진 자본의 유무에 따라 생존 여부가 결정되는 비정한 현실을 꼬집었다. 이는 지금껏 환자의 생명만을 바라보며 투쟁해 온 김사부의 '낭만'을 더욱 빛나 보이게 했다. 시즌 3은 의사의 사명을 지키기 위해 의사가 너무 많은 것을 희생해야만 하는 구조적 문제와 맞닿아 있다. 차진만을 통해 의사도 마냥 희생하기만 할 수는 없는 사람이라는 현실을 일깨운 후, 의사도 사람이라서 김사부의 '낭만'이 시스템으로 정착되어야 함을 강동주를 통해 드러낸다.

'낭만닥터 김사부' 시리즈의 핍진성은 같은 의학 드라마이자 시즌제 드라마인 '슬기로운 의사생활' 시리즈가 제시하는 판타지와 사뭇 대비된다. '슬기로운 의사생활' 시리즈는 코로나19가 전 세계를 휩쓰는 중에도 방역 최전선을 지키는 병원에 감염병의 세계적 유행을 전혀 반영하지 않았다. 시즌 1이야 사전 제작으로 진행되어 그렇다 치더라도, 시즌 2에는 코로나19로 인한 병원의 변화나 관련 에피소드를 충분히 다룰 수 있었을 것이다. 그러나 시즌 2까지 코로나19와 관련된 것은 일절 다루지 않아 작품의 몰입도를 떨어뜨렸다. 2016년에 방영한 〈낭만닥터 김사부 1〉이 2015년에 유행한 메르스를 에피소드에 반영한 것과는 대조적이다.

돌담병원의 낭만닥터들은 현실에 맞닿은 채 김사부와 함께 낭만적으로 공명하지만, 한국 의료계가 처한 현실은 마냥 낭만적이지 않다. 꾸준히 제기되어 온 의료 수가 문제가 대표적이다. 낮은 수가가 책정된 진료는 돈이 되지 않기에 병원도 의사도 기피한다. 때때로 사명감이 투철한 낭만닥터가 헌신과 봉사의 마음으로 모두가 기피하는 진료를 하기도 한다. 그러나 차진만의 일갈처럼 현재의 체계는 의사를 보호하지 않으며,

의사의 처치가 적절했더라도 환자에 대한 과도한 책임을 의사에게 전가하는 경우가 있다. 잘해야 본전인 상황에서 김사부 말고 어느 누가 기꺼이 '낭만'을 앞세울 수 있을까. 내 돈이 들지 않는 타인의 낭만에 환호하기는 쉬우나, 내가 보호받지 못하는 상황에서 낭만을 강요받기는 어렵다.

2022년, 아산병원의 간호사가 근무 중 뇌출혈로 쓰러졌지만 안타깝게도 당장 수술할 인력이 없어 사망한 바 있다.[3] 병원 근무자가 병원에서 처치받지 못해 사망한 낭만적이지 않은 현실은, 한국 의료계가 맞닥뜨린 의료 공백을 상징하는 동시에 현실과 맞닿은 '낭만닥터 김사부'의 초현실성을 일깨워 준다. 만약 〈낭만닥터 김사부 4〉가 제작된다면 권역외상센터를 배경으로 이러한 현실에서 겪는 갈등이 변주되지 않을까 예상한다.

나가며: 초현실의 현실화를 위해

대중이 드라마를 보는 주된 이유는 탐구보다 유희에 있다. 그러나 드라마는 사회가 고민하거나 나아가야 할 방향을 자연스레 공론장에 올리는 경로로 기능하기도 한다. 이러한 기능을 충실히 수행한 것은 '낭만닥터 김사부' 시리즈가 꾸준히 유지한 장점이기도 하다. 그 과정에서 〈낭만닥터 김사부 3〉은 서사의 입체화를 통해 시즌제 드라마가 빠지기 쉬운 함정을 정교하게 비껴간 동시에, 지난 시즌에서 절대적이었던 김사부의 초현실적인 '낭만'을 현실의 심판대에 세웠다.

---

3 "아산병원 간호사 뇌출혈 사망…"본질은 의사 수 부족"", KBS, 2022.8.4, https://news.kbs.co.kr/news/pc/view/view.do?ncd=5525481(검색일: 2023.10.11).

우리가 반드시 지켜야 할 가치가 드라마 속에서 '낭만'이라는 비현실적 단어로 설명되는 것은, 인본(人本)으로 대표되는 가치 중심적인 사고가 현실에서 힘을 잃고 있음을 드러낸다. 이러한 상황에서 김사부의 '낭만'은 사회적 책임을 개인이 떠안는 것만 같아, 고맙지만 마냥 반갑지는 않다. 누군가에게 계속해서 초인적인 '낭만'을 요구해야만 하는 사회는 그 어떤 낭만도 갖기 어려운 사회일 가능성이 크다.

그렇기에 우리는 김사부가 그려낸 정교한 초현실의 현실화를 고민해야 한다. 김사부의 가치를 김사부만이 구현할 수 있다면 〈낭만닥터 김사부 3〉의 질문은 다른 어느 작품보다 뚜렷하다. 낭만이 더 이상 낭만이 아니게 할 방법은 무엇인가?

방송만이 가질 수 있는 기록과 기억의 힘

〈KBS 다큐 인사이트: 아카이브 프로젝트 모던 코리아〉

장태린

〈KBS 다큐 인사이트: 아카이브 프로젝트 모던 코리아〉 살펴보기

레트로 열풍에 '옛날 방송'도 함께 유행이다. MZ 세대들도 〈순풍산부인과〉, 〈사랑과 전쟁〉, 〈가요톱10〉과 같은, 자신이 태어나기도 한참 전에 방영된 프로그램을 클립으로 돌려본다. 1990년대 뉴스 속 서울 사투리를 따라 하기도 하고, 지금과 크게 다를 바 없는 '그때 그 시절' 패션에 놀라기도 한다. 브라운관이나 스크린이 아닌 스마트폰 액정을 통해 바라보는 과거의 모습은 때로는 신기하고 낯설다. 어느 면에서는 익숙하기도 하고, 황당하고 놀라운 면모도 가지고 있다.

이렇듯 시간과 공간을 넘어 많은 이들이 연결될 수 있는 이유는, 방송사에 오랜 기간 축적되어 온 방대한 아카이브 덕분일 것이다. '아카이브'란 가치 있는 기록을 선별하여 저장하는 것을 일컫는다. 앞서 언급한 바와 같은 '뉴트로 열풍'에 힘입어 많은 방송사들이 수십 년간 쌓아온 아카이브를 열어 공개하고 있다. 특히 방송 3사는 2019년경부터 유행에 탑승했는데, 그 형식은 방송(SBS 〈꼬리에 꼬리를 무는 그날 이야기〉 등)이기도 하고, 유튜브 채널[〈KBS 깔깔티비〉, 〈KBS 뉴본사(뉴스9로 본 오늘의 역사)〉, 〈KBS again 가요톱10〉, 〈뉴트로: SBS 복고채널〉, MBC 〈오분순삭〉 등]이기도 하다.[1]

하지만 그중에서도 확연히 눈에 띄는 형식의 프로그램이 있다. 바로 KBS 다큐 인사이트의 한 코너 〈아카이브 프로젝트: 모던 코리아〉다. 〈모던 코리아〉는 프로그램명에서 알 수 있듯, 과거의 영상 아카이브를 새롭게 편집해 만든 다큐멘터리 시리즈다. 지금까지 영상 아카이브는 주로 자료화면 등의 보조적인 방식으로 이용되어 왔다. 하지만 〈모던 코리아〉는 '영상 기록물'이라는 콘텐츠 자체를 전면에 내세우고 있다는 점에서 차별성이 있다.[2]

공영방송의 다큐멘터리 프로그램이라 하면, 왜인지 '엄격 근엄 진지'해야 할 것 같다. 그 사이에서 〈모던 코리아〉는 기존의 다큐멘터리와 다른 문법을 구사한다. 오프닝, 수십 년 전 흑백 방송이 흐른다. 밴드 '장기하와 얼굴들' 로고 작업으로 알려진 타이포그래퍼 김기조 작가의 '힙'한 레터링이 화면을 가득 채운다. 힙합 프로듀서 DJ 소울스케이프 (soulscape)의 독특한 음악이 깔린다. 일견 연관 없는 것처럼 느껴지는 영상들이 빠르게 엇갈리며 지나간다. 무엇보다 다큐멘터리 하면 가장

1   "방송사들의 '레트로 열풍', 그 양날의 칼", 미디어오늘, 2019.9.22, http://www.mediatoday. co.kr/news/articleView.html?idxno=202524(검색일: 2023.10.3).

2   신유리, 「영상 아카이브 활용의 측면에서 본 편집 다큐멘터리의 가치: 〈88/18〉과 〈모던코리아〉 시리즈를 중심으로」, 명지대학교 석사학위논문(2022).

먼저 떠오르는 요소인 아나운서나 성우의 내레이션도 없다. 이렇듯 내레이션 없이 영상, 인터뷰만으로 구성된 다큐멘터리의 형식을 '푸티지 다큐멘터리'라 부른다. 한국에서는 흔치 않은 포맷이다. 익숙한 내용을 다루되, 낯선 형식을 차용함으로써 시청자와 어느 정도 거리를 두려는 시도다.

〈모던 코리아〉는 설명하지 않는다. 명시적으로 질문을 던지지도 않는다. 사건의 가치를 미리 판정하지 않는다. 다만 아카이브를 나열하는 것에 그치지 않고, 편집으로 내러티브를 구성해 시청자들에게 보여준다. 이 과정을 통해 시청자가 스스로 묻고 답하게끔 한다. 이러한 방송의 형식은 불친절하게 느껴지기도 한다. 친숙하지 않고, 날것이라는 느낌도 든다. 하지만 콘텐츠가 친절하게 답을 제시하지 않으니, 시청자는 좀 더 집요해진다. 이 영상들의 집합이 말하고자 하는 것이 무엇인지 찾아내려는 거다. 그땐 그랬지. 정말 좋은 시절, 혹은 엄혹한 시절이었지. 이와 같은 단순한 감상에서 벗어나 '이들이 왜 이 장면을 지금 다시 소환하고 있는가?'라는 질문을 곱씹게 한다.

〈모던 코리아〉는 이렇게 역사를 복원한다. 복원된 역사는 단순한 하나의 사건으로 남지 않는다. 시청자 개개인의 삶으로 들어가 수천, 수만 개의 사건으로 확장된다. 흑백텔레비전을 실제로 본 적 없는 청년들의 삶 속에도 스민다. 과거의 기록을 당시의 시각 그대로 시청자들에게 공유하는 것이 아니라, 복합적인 시각으로 사건을 살필 수 있게끔 하는 것이다.

숏폼과 OTT의 시대,
〈모던 코리아〉는 왜 방송을 통한 아카이브를 택했나

방송통신위원회가 2022년 12월 발표한 '2022 방송매체 이용행태조사' 결과에 따르면, 2022년 대한민국의 스마트폰 보유율은 93.4%에 달한다. 세계적으로 보아도 유례없는 수치다. 2010년대 중반부터 시작된 글로벌 OTT의 한국 시장 진출 이후, "어제 TV에서 뭐 봤어?"보다는 "어제 넷플릭스/유튜브에서 뭐 봤어?"라는 대화가 더 익숙한 시대가 된 것이다.

유튜브와 OTT 등 뉴미디어를 제외하고, 최근 TV를 통해 본 방송이 무엇이냐 물었을 때 바로 답을 할 수 있는 청년세대는 얼마나 될까. 실제로 2021년 방송통신위원회 통계를 보면, 20대의 TV 시청 시간은 계속해서 줄어드는 것으로 나타났다. 이에 비해, OTT를 이용하는 비율은 96.9%에 육박한다. 필자를 비롯한 MZ 세대에게 방송은 어느 정도 '가부장의 상징'이기도 하다. 관심 없는 뉴스나 야구 중계를 보던 지루한 시간들. 아빠가 잠드는가 싶어 채널을 돌리려 하면, '아빠 안 잔다'는 답이 돌아오던 광경. 그러니까 집안에서 가장 권위 있는 이가 채널의 선택권을 쥐던 장면에 대한 추억이 다들 있다는 거다.

이에 비하면 미디어 플랫폼이 다원화된 2023년 현재, 유튜브와 OTT는 자유롭다. 정해진 무언가를 따를 필요가 없다. 나만의 기기로, 내가 원하는 시간과 공간에서 내가 보고 싶은 콘텐츠를 즐길 수 있다. 새로운 콘텐츠는 국가의 경계도 넘을 뿐만 아니라, 초 단위로 제작돼 남는 시간에 틈틈이 즐길 수 있다. 이전까지의 방송 콘텐츠들이 일방향적이었다면, 요즘의 시청자들은 '시청자'만으로 존재하지 않는다. 함께 방송에 참여하며 실시간으로 소통을 이어간다. 더 나아가 일종의 생산자로서 역할하기도 한다.

28

짧고 자극적이며 새로운 콘텐츠가 수없이 범람하는 뉴미디어의 시대. 많은 이들에게, 소비를 넘어 창작으로 자신의 영역을 확장하는 것은 익숙한 행위다. '짧고 재미있는 것'이 대세인 시류에 따라, 대부분의 방송사들이 아카이브 콘텐츠를 예능 프로그램 혹은 유튜브 클립의 형식으로 제작하고 있다. 그럼에도 불구하고, KBS와 〈모던 코리아〉 팀은 올드 미디어인 TV를 통해 한 시간이라는 긴 분량의 영상물을 방영하는 형식을 택했다. 그것도 푸티지 다큐멘터리라는 낯선 방식의 영상 기법을 말이다. 이는 어떤 가치를 내포하는 것일까.

철학자 발터 베냐민은 영상의 형식이 주는 '충격'이 관객에게 새로운 경험을 제시할 수 있다고 말한다. 부분들을 조합하여 완성품을 만드는 형식을 뜻하는 '몽타주 기법'을 그 예로 들 수 있다. 비약적이고 충돌적인 장면, 낯선 요소들이 대립적으로 연결된 몽타주는 관객에게 충격을 준다. 그리고 관객은 그 충격을 통해 조각조각 이어진 장면들의 의미를 다시금 해석하고자 노력하게 된다. 스스로 인식의 재구성에 나서는 것이다. 베냐민은 이러한 '충돌 몽타주'를 "아름다운 가상에서 벗어나게 하는 기법"이라고 말하기도 한다.[3]

숏폼 콘텐츠가 제공하는 주된 경험은 '자극'이다. 숏폼의 가장 큰 특징은 간결성과 연속성에 있다. 이에 따라 이용자들은 사용 패턴을 분석한 알고리즘에 의해 배열된 유사한 영상을 반복적으로 시청하게 된다. 미디어를 소비하는 개수와 시간은 이전에 비해 폭발적으로 증가하였지만, 폭넓은 문화 향유와는 점점 멀어지고 있는 것이다. 반면, 〈모던 코리아〉는 강렬한 타이포그래피와 빠른 화면 전환 등의 시각적 요소, 독특한 음악이라는 청각적 요소, 탄탄한 스토리텔링 속 블랙 코미디 등

---

3   신혜경, 『벤야민&아도르노: 대중문화의 기만 혹은 해방』(김영사, 2009).

을 통해 시청자들에게 '충격'을 안겨준다. 자극은 짧게 스쳐 가지만, 충격은 오랫동안 남으며, 그 경험은 사고의 전환을 선사한다.

　시청자들에게 충격을 주는 것은 형식뿐일까. 〈모던 코리아〉는 내용을 통해서도 충격을 통한 경험을 제시한다. "KBS 영상 아카이브를 입체적으로 재구성하여 대한민국의 오늘을 돌아본다." 〈모던 코리아〉의 기획 의도다. 실제로 해당 프로그램이 다루고 있는 이슈들을 살펴보자. 이 주제들은 특정한 시대에 한정되지 않는다. 통일(제1회 '우리의 소원은'), 서울의 무분별한 도시 개발과 아파트 열풍(제14회 '불패'), 민족적 영웅의 탄생과 몰락(제13회 '멋진 신세계'), 한일 관계(제8회 '포스트 모던코리아'), 과열된 수능과 입시 경쟁(제3회 '수능의 탄생'), 사회적 재난을 기억하는 방식(제4회 '시대유감, 삼풍'), 극단적 종교집단의 폐해(제6회 '휴거, 그들이 사라진 날'), 성폭력과 여성운동의 역사(제10회 '짐승') 등 2020년대 현재에도 여전히 유효하며, 고민을 이어가야 할 화두들이다. 대부분의 주제들은 유쾌하거나 즐겁지만은 않다. 때로는 부끄러운 과거를 담고 있기도 하다. 그럼에도 〈모던 코리아〉는 부끄러운 과거를 지나간 에피소드로 취급하거나 감추려 하지 않고 계속해서 드러내며, 시청자들이 이를 정면으로 마주할 수 있게끔 한다.

다시, 모두의 방송이 되려면

TV는, 방송은 여전히 힘이 세다. 누군가에게는 유일한 세상과의 소통 창구이며 벗이다. 하지만 방송이 설 곳이 좁아지고 있음은, 앞에서 살펴본 것처럼 너무나 명백하다. 방송이 특정 집단만 향유하는 문화가 되는 것은 위험하다. 보편적 접근이 가능하다는 점에서 방송은 시민들의 삶을 비추는 거울과도 같기 때문이다. 방송사들은 현실의 다양한 구조, 시대의 변화, 사회의 구성원들이 새롭게 만들어내는 복합적인 문화들을 다채롭게 반영하기 위한 방식을 늘 고민해야 한다.

뉴미디어가 실시간성과 다양성에 강점을 가지고 있다면, 오랜 기간 동안 주도적으로 콘텐츠를 제공해 온 기성 방송사들은 '기록과 기억'이라는 강점을 지니고 있다. KBS뿐만 아니라 각 방송사들은 각자의 고유하며 방대하고 풍부한 아카이브를 보유하고 있기 때문이다. 그 아카이브를 단순한 '옛날 영상 모음집'으로 두는 것이 아니라, 어떠한 방식으로 가공하여 새로운 의미를 부여할지에 대해 답을 찾는 것은 방송의 몫이다.

〈모던 코리아〉는 KBS 편집실 구석 어딘가에 잠자고 있던 수많은 영상 아카이브들에 다시 생명을 불어넣었고, 많은 시청자들이 이에 응답했다. 다만 앞서 언급하였듯, 〈모던 코리아〉가 2019년 이후로 계속해서 관심과 인기를 얻을 수 있었던 이유는, 단순히 '뉴트로' 열풍의 파도에 몸을 싣고 과거의 흔적만을 재소비하는 것이 아니라 현재와 미래를 함께 다루었기 때문이다. 이는 다양한 연령층과 취향을 가진 시청자들을 사로잡은 주된 요소다.

이제는 더욱 많은 방송사들의 더 새로운 시도가 필요한 시기다. 잘 만든 아카이브 콘텐츠는 단절된 세대를 연결할 수 있는 몇 없는 수단 중 하나다. 〈모던 코리아〉는 올드 미디어가 지닌 일방향성과 권위성에서 벗어남과 동시에, 숏폼 콘텐츠가 제공하지 못하는 '충격의 경험'을 제시하며 시청자들에게 신선함을 제공해 왔다. 2023년 지금, 방송은 뉴미디어와의 경쟁에서 그 어느 때보다 어려운 상황에 봉착해 있다. 〈모던 코리아〉는 앞으로 방송이 나아가야 할 방향을 보여주는 좋은 예시 중 하나다. 검증되고 정제된 내용을 제공하되, '딱딱하게 가르치려 드는' 기성의 이미지에서 벗어나는 형식을 과감하게 채택하는 것.

〈모던 코리아〉 시리즈의 이태웅 PD는 '공공의 공유된 경험'을 제공한 것이 이 작품의 의의 중 하나라고 말한다.[4] 공유와 연대의 가치를 찾아보기 어려워진 각자도생의 시대, 함께 공유하는 기억과 기록의 가치를 전하는 것이 방송의 진정한 역할이 아닐까.

---

4 "한국 현대사를 다룬 KBS 다큐멘터리 시리즈 〈모던 코리아〉의 이태웅 PD를 만나다", 《에스콰이어》, 2020. 2. 4, https://www.esquirekorea.co.kr/article/44530(검색일: 2023. 9. 23).

어른도 다니고 싶게 만드는 유치원의 비결

EBS 〈딩동댕 유치원〉

심은진

"누구세요?"

"쟤는 왜 저래요?"

"너 왜 그래?"

어린아이들이 모르는 사람 혹은 자신과 다른 사람을 만나면 가장 먼저 하는 말이다. 이때 질문에 답해주는 어른의 몫은 무엇일까. 무지 상태에 있는 어린이에게 선입견이나 잘못된 정보를 주입시키지 않도록 조심해야 한다. EBS의 〈딩동댕 유치원〉은 아이들의 궁금증을 친절하고 따뜻하게 해결해 주는 어른의 역할을 다하고 있다.

안녕, 별아!

2023년 8월, 딩동댕 유치원에 새로운 전학생 친구가 등장했다. 그의 이름은 '별이'. 딩동샘(딩동댕 유치원 선생님)이 유치원 학생들에게 별이를 소개해 주고 친구들은 별이에게 인사하고 질문을 한다. 별이는 아무 대답도 하지 않고, 바람개비를 돌리는 데만 열중하고 있다. 이에 당황한 친구들은 "왜 그러지?", "못 들었나?" 하며 의아해한다. 딩동댕 유치원의 새 친구 '별이'는 자폐 스펙트럼 장애를 갖고 있으며 빛, 소리, 냄새 등 자극에 민감하고 의사소통이 더디다. 별이는 국내 최초로 등장한 자폐 아동 캐릭터이다. 국내에서 처음 나오는 캐릭터인 만큼 편견이나 왜곡을 담지 않고 별이를 탄생시키고자 PD, 작가, 성우, 손 인형 연기자 등 모든 제작진이 함께 1년간 공부하고 준비했다고 EBS는 밝혔다. 또한 제작 과정에서 전문가, 교육자, 당사자 가족 등 다양한 목소리를 경청하며 발달장애 표현에 힘썼다고 한다. 장애를 처음 접하는 아동에게 발달장애의 특성을 그대로 보여주는 것은 중요하다. 틀린 지식과 색안경이 더 큰 차별과 소외로 연결되거나, 자폐를 특정한 이미지로 고착화할 수 있기 때문이다.

제작진들의 노력은 딩동샘이라는 교육자에게서도 잘 보인다. 딩동샘은 따뜻하고 능숙하게 별이를 대한다. 그리고 별이의 특성과 생각을 우리에게 소개해 주고 별이의 다름을 이해시켜 준다. 자폐 아동이 어떤 상태에서 어떤 행동을 하는지, 그에게 어떻게 다가가면 되는지 알려준다. 딩동샘은 "별이는 너희들이 놀란 것보다 조금 더 놀랐어. 왜냐하면 별이는 소리, 빛, 냄새 같은 것에 훨씬 더 예민하거든. 그럴 땐 기다려 줘. 별이 느낀 소리가 작아질 때까지"라며 노래를 불러주기도 하고, 아이들과 함께 별이의 머릿속 세상을 여행하며 "별이는 우리랑 똑같은 점도 있지만 별이만의 생각이 있어. 우리 모두 누구나 자기만의 생각이 있는 것처럼"이라고 말해준다. 아이들은 딩동샘의 설명을 듣고 별이를 이해하고, 별이를 따뜻하게 맞이하며 함께 논다. 별이가 다른 아이들보다 소리에 민감하게 반응한다는 것을 노래로 표현하고, 별이의 머릿속 생각과 감정을 그림으로 시각화해 표현했다. 어린이 눈높이에서 이해할 수 있는 딩동샘의 설명과 더불어 노래, 그림, 비유 등으로 별이의 생각과 특징을 보여줬다. 이를 통해 아이들은 자폐 아동에 대한 궁금증을 쉽고 재밌게 해결했다. 별이의 머릿속을 구경한 후, 딩동샘은 "이 멋진 광경을 보느라 가끔 여러 가지 일을 생각하는 게 힘들 때도 있지"라고 말해준다. 이를 보고 들은 다른 친구들은 "맞아. 우리도 좋아하는 놀이에 푹 빠질 때가 있잖아"라고 말하며 별이와 내가 다르지 않음을 인지하고 공감한다.

이 방송에서 별이를 그리는 방식은 그동안 미디어에 출연한 장애를 가진 인물의 재현 방식이나 소구 방식과 다르다. 드라마나 영화에서 장애를 가진 인물들은 장애라는 역경을 극복하거나, 희화화의 요소로 사용되거나, 천재성을 드러내며 희망을 전달하곤 했다. 딩동댕 유치원의 별이는 그저 장애를 가진 평범한 어린이 한 명이다. 보건복지부가 2020년 발표한 장애인 현황에 따르면 전 세계 아동 여섯 명 중 한 명이 인지발달장애(느린 발달)로 추정된다. 별이 같은 발달장애 아동 또한 언제 어디서나 마주할 우리 사회 구성원이다. 타인에 대한 인식이 정착되는 시기에 일상에서 만날 수 있는 발달장애 아동의 모습을 왜곡 없이 담아냄으로써 아이들은 발달장애를 알아가고, 다양성 존중이라는 개념을 파악하게 될 것이다.

안녕, 모두들!

별이의 주변 인물 또한 그간 어린이 프로그램의 등장인물과는 사뭇 다른 특성이 있다. 남미 다문화 가정에서 자란 '마리', 장애로 휠체어를 타는 '하늘', 책 읽는 것을 좋아하는 문학소년 '조아', 운동과 놀기를 좋아하는 체육 소녀 '하리'를 비롯해 유기견 출신 '댕구'도 출연한다. 지난해 개편 후 등장한 장애 아동, 조손 가정 아동, 다문화 가정 아동 등의 캐릭터들 또한 딩동댕 유치원에 새롭게 찾아온 친구들이다. 해외의 사례를 보면 우리나라의 변화가 빠르다고 볼 수는 없다. 미국의 어린이 프로그램 〈세서미 스트리트〉에는 시각 장애, 청각 장애, 다운증후군, 자폐성 장애를 가진 캐릭터들이 나온 지 오래되었고, 영국의 〈토마스와 친구들〉도 2022년에 자폐를 가진 캐릭터를 등장시켰다. 그렇지만 다소 느리더라도 관습을 깨고 조금씩 공존의 방향을 모색해 나가는 〈딩동댕 유치원〉의 행보는 눈여겨볼 만하다. 〈딩동댕 유치원〉에는 손 인형이 아닌 실제 아동들도 많이 등장한다. 휠체어를 탄 아동, 다문화 가정 아동, 다운증후군 아동 등의 아동들이 직접 나와서 함께 어울리며 논다. 무릎 아래로 두 다리가 없는 '로봇 다리'를 가진 전 국가대표 수영선수 김세진 씨가 출연해 지체장애 어린이들에게 용기의 메시지를 전달하기도 했다. '샤샤와 들썩들썩 노래해' 코너에서는 청각장애인 문화 예술 단체 '핸드 스피크'와 고양이 '샤샤'가 수어로 동요를 부른다. 동요를 수어로 보여주며 아이들이 쉽고 재밌게 수어를 받아들일 수 있도록 했다.

2019년 방송통신위원회가 실시한 '미디어 다양성 조사'를 보면 2019년 1~9월에 주요 채널에서 방영된 드라마 등장인물 2713명 가운데 장애인은 0.7%로 나온다. 그에 비해 〈딩동댕 유치원〉은 장애인과 비장애인 캐릭터를 다양하게 비추는 노력을 하고 있다. 이들은 현실에도 존재하는 캐릭터이다. 새로운 설정으로 느껴지지만, 갑자기 생겨난 사람들이 아니다. 세상에 존재할 수밖에 없으나 인식하지 못했던 인물이 많다는 걸 이 방송을 통해 깨닫는다. 우리 사회가 점차 다양화되고, 사람들의 인식 변화도 생겼으니 시대 흐름을 콘텐츠에 요구하고 반영하는 것도 맞다. 하지만 생각해 보면 우리 사회는 원래 각기 다른 사람들로 가득 차 있었다. 미디어에서 다양한 배경을 가진 이들을 자연스럽고 일상적인 존재로 표현하며 현실을 비추는 것은 당연하고, 중요하다.

아깝지 않은 학비

〈딩동댕 유치원〉의 다양성을 담은 시도에 "교육방송 수신료의 가치를 느낀다"라는 감상평도 잇달았다. 〈딩동댕 유치원〉이 방영되는 채널인 EBS는 우리나라의 대표적인 공영방송이자 교육방송이다. 〈딩동댕 유치원〉은 수신료의 가치와 교육 공영방송의 가치를 어떻게 실현하고 있을까? 과거 어린이 교육방송은 좋은 내용, 정상 규범으로 분류되는 이야기만 담으며 고정관념을 강화하고, 시류를 반영하지 못한다는 비판을 듣곤 했다. 아이들은 미디어에 나오는 내용을 금방 외우고 따라 한다. 그러기에 어린이 프로그램의 역할은 중요하다. 차별적인 내용이나 장면이 어린이 프로그램에 나올 경우 아동은 그릇된 정서와 태도를 형성하기 쉽고, 이를 정답이라 받아들일 위험성 또한 크다. 아동이 선입견과 차별에 물들지 않도록 지원하는 〈딩동댕 유치원〉의 변화는 새롭고 혁신적이다.

〈딩동댕 유치원〉의 시도는 EBS가 지향하는 가치 중 하나인 '이해와 존중'의 가치를 이어가는 방향이기도 하다. 다문화 가정 아동, 성 고정관념을 뒤집은 캐릭터, 자폐 스펙트럼을 가진 아동과 휠체어를 탄 아동 등의 등장, 모든 캐릭터들이 하나의 집단으로 함께 노는 모습, 그리고 서로의 생각과 상황을 이해하는 시도에서 이를 볼 수 있다. 공영방송은 공익성, 즉 공공의 이익을 추구해야 한다. 콘텐츠 플랫폼이 많아지며 경쟁이 심화됨에 따라 상업방송은 돈이 되는 콘텐츠 제작에 힘쓰고 있다. 과열된 상업주의 경쟁 속, 콘텐츠에는 사회적으로 소외된 집단에 대한 고려와 배려가 부재하는 문제가 발생한다. 공영방송은 상업성보다 사회적 소수자 집단이나 소외 계층에 대한 배려를 담는 등의 공익성을 지향해야 한다. 소외 계층의 목소리를 전할 때는 이를 전달하는 방식에 주의해야 한다. 사회적 약자가 이야기의 화자가 되어야 한다. 그리고 그들이 처한 현실, 상황을 차분히 전달하고 들려줘야 한다. 또한 방송은 대중의 정보 불균형 해소에 노력할 필요가 있다. 대부분의 사람들은 소수자의 불편함을 체감하지 못하고 그에 대한 배경지식도 부족하다. 정보가 많이 없는 대중은 강력한 주장이나 고정관념에 기울어지게 된다. 사회 문제와 관련해 다양한 관점의 정보를 아는 것과 한쪽 면만 알고 해당 사안을 살펴보는 것은 사회적 합의점을 이끌어낼 때 다른 양상을 보일 것이다. 그렇기에 방송이 양측의 이야기를 보여주며 해결책 도출에 기여해야 한다. 모든 존재가 함께하는 세상을 실현하기 위해 다양한 캐릭터를 등장시키고, 이들의 꾸밈없는 모습을 보여준 〈딩동댕 유치원〉은 공영방송의 공익성을 실천하고 있는 프로그램으로 평가할 수 있다.

현행 방송법상 TV 수상기를 소지한 가구는 TV 수신료를 내게 되어 있다. 가구당 월 수신료 2500원 중 EBS는 2.8%인 70원을 배분받고 있다. 교육의 진가가 제대로 발휘되면 학생들은 70원이라는 학비를 아깝지 않게 여긴다.

모두를 위한 유치원이 필요하다.

어른도 입학하고 싶은 유치원의 비결은 다름 아닌 공존과 평화였다. 〈딩동댕 유치원〉에서 아이들과 선생님 그리고 동물들은 자연스럽게 어울려 논다. 이 방송은 나이, 계층, 장애, 성별 등 어울림의 장벽이 될 수 있는 요인들을 뛰어넘은 우정과 공존의 이야기를 보여준다. 우리 사회가 나아가야 할 방향을 어린이 프로그램이 제시하고 있다. 이러한 모습은 함께 사는 사회를 만들기 위해 우리가 지향해야 할 모습이다. 다양한 친구들과 놀고 있는 〈딩동댕 유치원〉의 어린이들과 달리 우리 어른들은 어떠한가. 나와 다른 사람 또는 생각을 낯설어하고, 어떻게 대할지 더 어려워하는 건 오히려 어른일 가능성이 크다. 인식의 변화를 아동에게만 요구해선 안 된다. 이해와 존중은 이 세상을 살아가는 모두가 지니고 있어야 할 자세이다. 어른들의 교육도 필요하다. 아이들 눈높이에 맞춘 설명은 어른도 이해하기 쉽다. 실제로 딩동댕 유치원 후기에는 아이 교육, 여가 차원에서 봤다가 자신이 더 가르침을 얻었다는 보호자의 의견도 많았다. 이런 유치원이 있다면 나도 한 번 더 다녀보고 싶은 마음이 든다. 장애나 다문화, 조손 가정 등 사회적 소수자를 대하는 방법에 서투른 어른들이 〈딩동댕 유치원〉을 보면서 배워봐도 좋을 듯하다. 서로를 소외시키지 않는 문화를 어린이 세상에 정착시키기 위해선 어른들이 이를 먼저 인지하고, 공부하고, 실행할 필요가 있다. 그리고 이를 어린이들의 눈높이에 맞게 알려줘야 한다. 사회에 내재되어 있는 소수자에 대한 부정적인 인식과 혐오를 강화할지, 혐오를 약화시킬지는 자라나는 새싹들의 손이 아닌 우리 사회, 어른의 손에 달렸다.

  미디어는 현실을 비추는 거울 역할을 함과 동시에 현실의 오류를 수정하고 사회 변화를 이끄는 역할도 해야 한다. 특정 대상이 사회에서 소외되었다고, 미디어에서도 이들을 소홀히 대해서는 안 된다. 미디어만이 현실에 영향을 받고 이를 반영하는 것이 아니다. 현실 세계도 방송에 의해 변할 수 있다. 내가 보고 듣는 것이 나의 생각을 바꾸기도 한다. TV 속 세상을 바꾸었더니 실제 세상도 변한다는 것을 〈딩동댕 유치원〉이 보여주길 바란다. 미디어는 앞으로 장애인을 비롯해 다양한 사회적 약자, 소수자를 제대로, 그리고 많이 보여줘야 한다. 딩동댕 유치원처럼 조명받지 못했던 대상이 담긴 프로그램을 보고 자란 아이들은 차별 없이 상부상조하는 세상에 익숙해질 것이다.

나와 다른 상황에 처한 사람을 받아들이고, 이에 공감하는 것은 어렵고 귀찮은 과정일 수 있다. 시간도 많이 걸리고 서로가 불편한 상황과 갈등을 마주할 것이다. 그럼에도 계속해서 시도해야 하는 이유는 이 세상이 나 혼자 사는 세상이 아니고, 나와 비슷한 사람만 존재하지도 않기 때문이다. 인내심을 갖고 서로를 이해하는 노력을 할 때 세상은 비로소 좋은 방향으로 나아간다. 같이 살고 있음에도 함께 존재하지 못하고, 소외와 무시를 당해왔던 사람들에게 주목하고 이를 알리는 투쟁의 가치는 어디에서 찾을 수 있을까. 딱히 없다. 같이 사는 사람들끼리 동등한 조건으로 살아가는 것은 마땅한 이치이다. 공생하는 사회가 무엇일지, 우리는 어떻게 딩동댕 유치원의 아이들처럼 함께 살 수 있을지 모두가 고민해 볼 필요가 있다.

세계인권선언 제1조
모든 인간은 태어날 때부터 자유로우며 그 존엄과 권리에 있어 동등하다.

일상을 쌓아 시대를 쓰는 일

EBS 〈한국기행〉의 '노포' 이야기

김다정

들어가며

하늘을 날고, 절대 다치지 않고, 괴력을 소유한 초능력자의 스토리가 OTT에서 끝없이 스트리밍된다. 최근 인기를 끈 드라마의 이야기를 하려는 것은 아니다. 주목하고 싶은 것은, 그들의 부모 또한 초능력을 가졌으나 각자의 사정에 의해 돈가스와 치킨을 팔고, 슈퍼마켓을 하는 자영업자가 되었다는 사실이다. 초능력자도 결국 자영업자로 회귀해 생업을 걱정한다는 설정은, 자영업자에 특별한 자격이 필요치는 않으나 뛰어든 그날 이후로 매일의 생존을 증명해야 하는 혹독한 현실과 맞닿아 있다.

국내 전체 취업자 중 4분의 1에 달하는 자영업자. 그러나 올해 경제 상황이 더욱 악화되고 10만 건의 폐업이 예상[1]되면서, 벼랑 끝에 다다른 자영업자의 현실이 하루가 멀다 하고 보도된다. 그러나 이러한 통계가 자영업자에게만 국한된다고 볼 수 있을까. 자영업에 도전하게 만들고, 누군가는 반드시 실패해야 하는 구조 속에서 '아직' 자영업에 속하지 않은 사람들은 안심할 수 있을까. 모두가 생업을 찾아 포화 상태의 도시로 점점 더 모이고, 그 덕에 치솟는 부동산은 또다시 누군가를 쫓아내는 굴레. 쫓고 쫓기면서도 각자도생이 공정의 제1원칙으로 여겨지는 사회를 살아가다 보면 당연하게 마음 한편에 불안이 쌓인다.

이러한 사회에서 누군가의 안온한 일상을 담담하게 탐구하는 방송의 의미를 찾고자 한다. 누군가에게는 너무나 한가한 소리 혹은 현실성 없는 동화 속 세계로 비칠 수 있다. 그러한 우려 속에도, 통계라는 숫자만이 우리가 처한 위험을 경고하도록 내버려둘 것이 아니라, 결국엔 서로의 얼굴을 마주하고 각자의 서사로써 위로를 주어야 하는 이유가 있다. 그곳이 휴먼 다큐멘터리의 자리다.

EBS 〈한국기행〉은 여행기의 성격을 띠면서 그 안에 사는 사람들의 일상을 꾸준히 기록하는 프로그램이다. 그중에서도 '노포' 시리즈는 5부의 이야기가 진행되는 동안 전국의 오래된 가게를 찾아가 그곳의 일상과 여러 사정을 취재한다. 취재라는 표현을 쓴 것은, 잠깐의 방문이 아니라 그 서사를 발굴하기 위한 노력 때문이다. 60년 된 이발소로 시작한 촬영 팀의 기행은 영사기사가 있는 오래된 극장까지 이어진다. 동네에 있다면 쉽게 지나칠 법한 행색의 가게들의 문을 기어코 두드리고, 그 안에 녹아든다.

---

1   KBS 뉴스, "올해 소상공인 퇴직금 노란우산 폐업 공제금 지급 '사상 최대' 예상"(2023. 10.15).

1.5배로 흘려보내도 무방한 콘텐츠의 범람, 그래도 꼭꼭 씹어 먹고 싶은 방송은 있다

"노포에 식당만 있는 건 아냐."

〈한국기행〉은 최근 콘텐츠의 경향성에 반박이라도 하듯, 노포 하면 으레 떠오르는 식당이 아니라 이발소라는 콘텐츠로 시리즈를 시작한다. 맛집을 기대한 시청자는 새삼 머쓱해진다. 원하던 정보가 아니라는 것을 깨닫고 보기를 그만둘 수도 있으나, 곧이어 들려오는 제작진의 멘트가 귀에 꽂혀 단숨에 방송에 빠져들었다. "아버님, 여기 지금 영업하는 데예요?" 60년 동안 가게의 문을 열어온 당사자에게는 어처구니없는 질문이지만, 가게의 외관을 처음 본 이방인들에겐 합리적인 궁금증이다. 사장님은 다른 말 대신 웃음으로 답하며 가게 안으로 안내한다. 화면이 전환되고 세월이 멈춘 듯한 공간이 드러난다. 분명 낡았어도 단정하게 정리된 곳. 오랜 세월을 얼마나 애정을 들여 닦아온 공간인지가 자연스레 느껴진다.

도파민의 분출을 노리는 고자극의 콘텐츠가 범람하는 OTT 플랫폼. 1.25배에서 1.5배의 속도로 재생하며 영상들을 해치우는 데는 무리가 없는 시대. 그러나 잘 다린 가운을 입는 모습, 아날로그적인 방법으로 가위를 가는 모습, 옛 도구로 정성스럽게 면도를 하는 모습을 제 속도대로 보고 있자니 자율신경세포가 제자리를 찾은 듯 심장 박동이 잔잔해진다. 그렇게 다섯 노포의 이야기들을 정갈한 밥상을 마주한 것처럼 꼭꼭 씹어서 보았다.

미디어와 사람의 감정 간의 관계를 연구하는 미디어 심리학에 따르면, 본래 미디어를 찾는 가장 큰 목적은 심리적 중용에 있다. 지루함을 느낄 때에는 스펙터클한 영화를, 정신없는 일과를 보낸 사람은 잔잔한 음악으로 하루를 마무리하며 최적의 평온한 적응을 유지하려 한다는 것이다.[2] 그러나 현실 속 우리는 하루를 보상이라도 하듯 매일매일 말초신경을 건드리는 콘텐츠를 찾는다. 지상파와 케이블, OTT 할 것 없이 자극을 홍보하는 사이 늘어난 자극량에 무뎌지고 감정은 경화되어 간다. 자극의 범람 속, 한국 기행의 서사와 무해한 연출은 오히려 평온의 항상성을 환기하는 자극제로서의 의미를 가진다고 할 것이다.

노포 이야기, 인스타그램에는 없는 연결의 가치를 조명하다

노포가 소환되는 시대가 다시 오긴 했다. 최근 노포라는 단어는 소셜 미디어 네트워크상에서도 많이 쓰이는데, 인스타그램에 #노포를 검색하면 해시태그 결괏값이 8.7만, #노포맛집은 7.5만에 달한다(2023년 10월 기준). 이렇듯 '노포 감성'을 좋아하는 젊은 세대의 출현으로 이를 다루는 콘텐츠나 방송 프로그램은 도처에 존재한다. 그렇다면 EBS 〈한국기행〉이 가진 차별점은 어디에 있을까.

고도화된 서비스의 시대에서 잠깐의 불편은 오히려 특별함으로 느껴지고, 여기에 '노포 감성'이라는 이름값이 붙는다. 그러나 〈한국기행〉은 노포의 존재적 의미를 특별함이 아닌 일상에서 찾는다. 멀게는 일제 강점기와 6·25전쟁 그리고 IMF와 전대미문의 코로나 바이러스까지. 수많은 위기 속에서도 하루를 시작하는 것을 포기하지 않은 것이 곧 생존의 비결이다. 노포엔 불안을 이겨내고 그 자리를 꿋꿋하게 버텨낸 사람

---

2   나은영, 『미디어심리학』(한나래, 2010), 18~31쪽.

들의 이야기가 담겨 있다. 〈한국기행〉은 '노포가 강해서 살아남은 것'이 아니라 '살아남았기에 강한 것'이라는 서사를 부여한다. 공간에 나이테처럼 쌓인 세월의 흔적들을 조명하며, 시청자들은 부연 설명 없이도 그 어려움을 짐작할 수 있다.

연출 또한 노포의 가치를 자연스럽게 드러내는 요소다. 1부에서는 촬영 팀이 직접 이발을 위해 머리카락을 내어주고, 5부에서는 그 지역을 50년 이상 살아온 토박이의 안내를 받는다. 〈한국기행〉은 자연스레 그 이야기의 일원이 되는 것을 택한다. 그 과정에서 노포가 겪었던 그 시절의 어려움이나 소중함을 구구절절 부연하지 않아도, 수십 년 단골의 등장이나 노부부가 자식을 키워낸 공간이라는 서사에서 자연스레 묻어 나온다. 노포라는 소재를 단순 호기심으로 소비하거나 대상화하는 것이 아닌, 제작진이 직접 연결의 중요한 고리가 된다. 이러한 연출 덕에 일상의 풍경들이 겹겹이 제시되고 이방인의 사회에서는 볼 수 없었던 사람들의 생활이 자연스레 드러난다.

때로는 서로의 존재를 확인하는 것만으로도 위로가 될 때가 있지 않은가. 어려운 세월을 겪고 굳건하게 일상을 버틴 사람들이 여전히 존재하고 있다는 것을 우리의 두 눈으로 확인하게 될 때, 불안은 자연스레 해소되고 사회적 신뢰는 쌓인다. 이것이 연결의 힘이며 이를 서사를 통해 드러낼 수 있다는 것은 곧 〈한국기행〉이 가진 차별성이라 할 수 있을 것이다.

일기가 쌓여 연대기가 된다: 일상적 경험을 발굴하는 것의 중요성

일상을 모아 기어코 한 시대를 만들어낸 곳, 노포. 〈한국기행〉은 오랫동안 존재했지만 들리지 않았던 이야기를 발굴하고, 나이테처럼 새겨진 공간을 해석한다. 그 과정에서 우리 사회의 거대한 수레바퀴가 굴러가는 것은, 한 사람 한 사람이 만들어가는 매일이 있기 때문이라는 점이 재확인된다.

혼히 인생은 밑바탕과 채색이 분리된 그림을 그리는 것보다, 하루하루의 조각보를 모으는 일에 가깝다고 비유된다. 그러기에 우리의 삶은 상투적인 해피 엔딩을 목격할 때가 아니라, 하루가 그려내는 생동한 풍경을 자각하면서 비로소 행복해진다. 이러한 의미에서 〈한국기행〉의 성실성은 프로그램을 더 반짝이게 하는 요소다.

강조하고 싶은 것은, 일상을 쌓아 시대를 살아내는 일과 〈한국기행〉이라는 프로그램이 닮아 있다는 점이다. 길지 않은 러닝타임이지만 하루를 성실하게 기록해 온 프로그램은 '노포 시리즈' 5부를 포함해 어느덧 700건의 에피소드가 누적되었다. 평범하게 사는 것이 특별한 소망이 된 시대에서, 결국 반세기를 넘게 살아낸 노포의 역사와 〈한국기행〉이 사회를 바라보려는 제작진의 의도는 맞닿아 있을 수밖에 없다.

더 나아가 일상을 통해 행복을 추구하고 이를 공유하는 것은 단순히 개인적 삶을 유지하는 것에 국한되지 않고, 우리 사회의 연대를 구축하고 과거를 미래에 전승하는 데 중요한 요소다. 최근 우리 사회에 스토리텔링은 넘쳐나나 정작 이야기는 부족하다고 지적하는 책 『서사의 위기』에 따르면, 오늘날 우리에게는 희망을 만드는 미래 서사가 결핍되어 있다. 서사는 맥락이 있는 삶을 다루지만 스토리는 끊임없이 등장하되

다음 스토리로 대체되어 사라질 뿐이다.[3] 그 문제의식은 현재 방송 프로그램에도 대입할 수 있는데, 과거-현재-미래를 연결하던 서사가 방송에서 실종되고, 휘발되는 스토리만 가득한 현실에서 '경험의 빈곤'이라는 위기가 등장한다. 새롭고 신선한 것으로 꾸며졌지만 자극을 반복하는 스토리들은 결국 사회를 파편화할 뿐이다. 무언가를 끝없이 공유하고 타인과 교류하면서도 고립감은 짙어져 갈 수밖에 없는 것이다.

여기에서 〈한국기행〉과 같은 휴먼다큐멘터리의 존재가 새삼 소중해진다. 일상을 재현하는 매개체로서 굳건히 자리를 지키고 있기 때문이다. 실재를 살아가는 사람들의 서사는 '카피'될 수 없다는 점에서 우리의 삶을 길고 느리게 조망하는 시선은 진정성을 담보한다. 그 진정성에서 마음이 오고 간다. 사랑이라는 단어를 직접적으로 언급하지 않고도, 보는 이로 하여금 사랑을 느끼게 하는 것, 설명으로부터 자유로워진 이야기의 중요성이다.

글을 나가며

한편, 현실을 고려할 때 다수의 노포가 처한 어려움과는 괴리가 있다는 점은 〈한국기행〉을 마음 편하게만 볼 수 없었던 이유다. 실제로 40년의 업력을 자랑하던 을지로의 한 노포는 '노가리 골목' 문화를 만들어 사람을 불러들였지만, 젠트리피케이션으로 결국 쫓겨나듯 자리를 옮기고 말았다. 거리의 정체성을 만들었던 가게들이 점점 설 곳을 잃어도, 그 골목은 아랑곳하지 않고 '노포의 성지'로 불리며 인스타그램에 업로드된다.

3   한병철, 『서사의 위기』(다산초당, 2023), 7~17쪽.

"백년의 문화는 자영업자의 고집만으로 만들 수 없다. 도시의 공동 기억을 소중히 여기는 토대와 법, 제도 없이 백 년은 공허한 구호일 뿐이다."[4] 젠트리피케이션에 맞서 거리의 가게들과 연대해 왔던 활동가는 말한다. 그 '공동 기억'을 발굴하는 것이 〈한국기행〉의 역할이라면 현실의 노포의 어려움, 그리고 여기에서 파생되는 모든 문제를 직시하고 해결하고자 하는 것은 화면 바깥에 존재하는 사람들의 몫으로 받아들이고자 한다. 노포가 박물관에 박제된 유물이 아니라 현재의 우리와 함께 살아가는 구성원임을 환기하고, 더 나아가 앞서 언급한 것처럼 자영업자의 위기가 우리 모두의 위기와 맞닿아 있다는 점을 인식한다면 〈한국기행〉이 발굴한 노포의 메시지도 우리의 삶에서 중요한 의미를 가질 것이다.

좋은 서사의 종착지가 외로운 사회에서 다른 이들을 신뢰할 수 있는 마음을 회복시킨다는 데 있다는 점을 고려할 때, 〈한국기행〉의 두드림은 퍽 충분했다. 일상의 소중함과 휴먼다큐멘터리의 힘을 믿는 시청자로서 EBS의 〈한국기행〉과 같은 이야기가 우리 곁을 오랫동안 지켜주길 바란다.

---

4   이종건, "[이종건의 함께 먹고 삽시다] 세기를 견디는 가게", ≪한겨레신문≫, 2023.9.21.

매스미디어가 매개한 굿판, 멘토 프로그램의 기술결정론적 함의

채널A 〈오은영의 금쪽 상담소〉, KBS 〈개는 훌륭하다〉, tvN 〈장사천재 백사장〉

이상호 ───┘

한국 방송 예능프로그램에 굿판이 벌어지고 있다. 이 굿판에는 세 명의 주요한 행위자가 등장한다. 가장 중요한 첫 번째 행위자는 실질적으로 굿이라는 의식을 진행하는 무당으로서 전문가다. 이들은 영험한 능력을 가지고 있으며 굿이 벌어지는 현장을 완전히 장악한다. 다른 행위자들은 무당인 전문가에게 질문할 수 있지만 전문가의 대답에 저항할 수는 없다. 이 무대에서 전문가의 발언은 그 자체로 완결성을 갖는다. 두 번째 행위자는 현실적으로 어려움을 겪는 사람들, 도움이 필요한 보통의 사람들이다. 이들은 시청자들을 대변하는 역할을 하며 신적 존재의 불가해한 능력을 일방적으로 받아들이는 존재라고 할 수 있다. 마지막으로 세 번째 전문가는 첫 번째 행위자인 전문가와 두 번째 행위자인 일반인을 연결하는 역할을 하는 방송사다. 이 굿판에서 방송사 혹은 제작진의 역할은 두드러질 수 없다. 심지어 제작진의 페르소나라고 할 수 있는 메인 진행자들의 역할도 무당을 보조하는 소극적 역할에 그친다.

이러한 구도는 과거 매스미디어의 압도적인 영향력 아래에서는 형성될 수 없었다. 과거 전문가들의 역할은 방송사의 필요를 충족시키는 보조적 영역에 국한돼 있었다. 방송된다는 사실이 갖는 힘이 엄청나게 컸고, 전문가들이 방송에 출연한다는 것은 그러한 방송사의 힘에 기생하는 것이라는 의미였다. 하지만 요즘의 매스미디어 굿판에서 전문가들의 영향력은 방송사를 능히 앞선다. 전문가들의 의사와 태도에 따라 방송 프로그램의 방향성이 결정될 정도다. 왜 이러한 구도 역전 현상이 나타나게 됐는가? 이와 같은 상황 변화는 매체 환경의 변화, 매체 융합의 현실에서 그 이유를 찾을 수 있다. 과거 방송은 대중적 콘텐츠 생산과 유통의 중심에 위치하며 일종의 헤게모니를 얻을 수 있었지만, 지금은 수많은 콘텐츠 생산자와 유통 채널이라는 환경적 맥락에 놓인 수많은 행위자들 가운데 하나일 뿐이라는 것이다.

프로그램 중심에 선 특별한 전문가들

한동안 '대한민국 3대 멘토'라는 말이 유행했다. 정신과 교수 '오은영', 요식 사업가 '백종원', 반려견 훈련사 '강형욱'을 아우르는 말이다. 이들에게 이러한 별칭이 붙게 된 것은 그들이 매스미디어 콘텐츠에서 보여줬던 절대적 능력 때문이다. 눈앞이 캄캄한 순간에도 이들의 손을 거치면 한줄기 빛이 드리워지는 것을 체험하게 된다. 이들의 영험한 능력은 사회적으로 공인됐으며, 단순한 전문가라고 설명하기 어려운 특별한 위상을 갖게 됐다. 이들이 특별한 위상을 갖게 되자 방송사들은 이들을 프로그램의 중심에 위치시키기 시작했다.

〈오은영의 금쪽 상담소〉에서 오은영은 스튜디오 정중앙에 위치한다. 그의 오른편에 치유가 필요한 유명인이 자리하고, 그 맞은편에는 연예인 패널들이 위치한다. 패널들이 주요한 코너를 소개하지만 프로그램에서 가장 중요한 상담을 진행하는 것은 오은영이다. 나름의 고민을 안고 출연한 사람들의 이야기를 경청하고 그들이 차마 꺼내지 못했던 이야기를 꺼내도록 만들며 최종적으로 당사자 스스로도 알지 못했던 현재 정신적, 심리적 상황을 백일하에 드러낸다. 여기에서 연예인 패널들의 역할은 대체로 수동적이라 할 수 있다. 고민의 당사자들이 털어놓는 사연에 귀 기울이고 감정적 동요를 가시적으로 표출한다. 또한 오은영의 판단과 조언이 나올 때면 일일이 종이에 적어가며 집중하는 모습을 보인다. 이러한 구도는 마치 종교적 의식의 현장을 바라보는 것 같은 착각을 불러일으킨다. 오은영 앞에 앉은 사연의 주인공은 시종 낮고 조심스럽게 말하고, 연예인 패널들은 주인공과 오은영의 말에 공감하며 하나도 놓치지 않으려는 모습을 보인다. 프로그램의 중심에 위치한 오은영은 인자한 표정으로 현장을 장악한다. 프로그램에서 이러한 오은영의 능력은 '은영 매직'이라는 단어로 압축된다. 오은영의 능력으로 인해 풀리지 않을 것 같았던 얽힌 실타래가 무장해제 되듯 풀리는 경험이 반복되고 이것을 '은영 매직'이라고 표현하게 된 것이다.

〈개는 훌륭하다〉에서는 메인 진행자인 이경규가 가장 중앙에 위치한다. 하지만 현장을 장악하는 것은 애견 훈련 전문가인 강형욱이다. 강형욱이 한쪽 끝에 위치하는 것은 원로 방송인 이경규에 대한 예우 차원도 있지만, 프로그램의 특성 때문이기도 하다. 스튜디오 상담 중심인 〈오은영의 금쪽 상담소〉와는 달리 〈개는 훌륭하다〉는 강형욱이 직접 사연의 주인공이 있는 현장으로 찾아가는 형식이다. 현장에서 강형욱은 사연의 당사자들과 거리를 둠으로써 현장을 넓게 볼 수 있고 동시에 문제를 더욱 두드러지게 드러낼 수 있다. 즉, 현장에 진입한 초기에는 문제적 현상과 거리를 둔 채 객관적으로 판단하고, 이후 교정을 하는 과정에서 현장의 주인공들을 자신의 세계로 끌어들이는 과정을 거친다. 결국 강형욱은 카메라 프레임 안에 존재하는 모든 것과 대립적인 구도를 형성한다. 강형욱과 대립된 위치에 놓인 것은 총체적인 문제의 대상으로 구성되고 문제에 다가가는 주체로서 훈련사 강형욱이 부각된다. 이 과정에서 처음 진행자들의 위치와 관계없이 강형욱이 영상 시퀀스의 중심에 위치하게 된다. 강형욱의 교정 현장을 지켜보며 이경규를 비롯한 다른 진행자들은 강형욱의 '제자'가 된다.

〈장사천재 백사장〉은 한국에서 검증된 요식업 전문가 백종원이 한국 밖에서도 통할 것인지를 관찰하는 프로그램이다. 백종원은 여러 방송에서 그랬던 것처럼 제작진과 친구 같은 관계를 유지한다. 얼굴이 드러나지 않는 제작진들에게 말을 편하게 놓는 모습이 등장하는데 이런 모습을 본 시청자들은 제작진이 우월적 지위를 갖는 것이 아니며 백종원의 장악력을 통해 프로그램이 진행될 것이라는 예측을 하게 된다. 프로그램 처음 시작부터 이런 구도는 잘 드러난다. 백종원과 제작진의 사전 인터뷰에서 국외 장사를 진행하는 데 필요한 전략을 이야기하는데, 백종원의 가르침을 제작진이 일방적으로 수용하는 과정이 반복된다. 프로그램 초기에는 제작진이 미션을 제시하고 백종원이 이를 해결하는 구도인 것처럼 그려지지만 돌발 상황이 발생했을 때 제작진은 백종원에게 의견을 구하고 백종원의 지시에 따라 함께 문제를 해결하는 모습을 보인다. 사실상 백종원의 구상이 담긴 과업이 백종원의 지휘 아래 수행되는 형식이며 성공이라는 결론은 처음부터 고정된 것이라고 볼 수 있다. 과업 수행 과정 중에 다른 연예인 출연자들이 합류한다. 미리 섭외된 연예인임에도 프로그램 속에서는 백종원이 사장으로서 직접 면접을 보고 선택하는 것처럼 묘사된다. 백종원을 비롯한 출연자들 간의 위계 구도가 가장 명확한 설정이라고 할 수 있다. 중심에 위치한 백종원은 대표, 그리고 그를 행정적으로 돕는 제작진은 본사 직원, 식당에서 요리와 서빙을 하는 직원들은 매장 직원이라는 백종원 프랜차이즈 조직 운영 방식이 재현된 것이기도 하다.

의존적 전문가에서 독립적 전문가로

오래전부터 방송가에서는 "시청률 1%면 60만 명"이라는 말이 통용됐다. 어떤 프로그램 시청률이 10%면 600만 명 정도의 국민이 그 프로그램을 봤다는 뜻이다. 이것은 기성 매체들의 자기 충족적 암시이기도 했다. 매스미디어로서 영향력이 오늘처럼 내일도 계속되길 바라는 마음이다. 방송의 위력이 대단했던 것도 사실이다. 영화 〈트루맛쇼〉가 고발한 것처럼 방송에 단발로 노출되더라도 장사가 대박을 칠 수 있다는 믿음이 있었기에 자영업자들은 수천만 원을 소개비로 주면서까지 기회를 잡고자 했다.

　방송에 노출되는 전문가도 상황은 비슷했다. MBC 〈일요일 일요일 밤에〉의 '러브하우스'가 대표적이다. 각기 다른 사연을 가진 일반인 출연자의 집을 리모델링해 주는 포맷의 프로그램으로, 진행자가 사연의 당사자를 만나 그들의 현재 상황을 보여주고, 그들의 딱한 사연을 경청하며, 최종적으로 아주 멀끔하게 바뀐 집을 보여주는 구성이다. 여기에서 전문가인 건축가의 비중은 크지 않았다. 변화된 집을 보고 기뻐하며 감동하는 사연 주인공들의 모습이 중요했다. 다른 예로 MBC 〈무한도전〉을 들 수 있다. 〈무한도전〉은 '포맷이 없다'는 말이 있었을 정도로 수많은 프로젝트를 진행했다. 익숙하지 않은 영역에 뛰어들어 전문가들의 도움을 받고 갈등 끝에 일정한 성취를 맛보는 것이 대략적인 내러티브 구조였다. 프로그램이 집중적으로 응시하는 것은 전문가들이 아니라 그들과 대비되는 〈무한도전〉 멤버들의 몸부림이었다. 이와 같이 과거 전문가들은 프로그램 의존적, 보조적 역할에 머물렀다.

하지만 요즘 멘토 프로그램에서 전문가의 위상은 독립적으로 바뀌었다. 러시아의 형식주의자 블라디미르 프로프(Vladimir Propp)는 옛날 민담에 등장하는 인물들의 역할을 '주인공/영웅', '악당', '증여자', '조력자', '파견자', '가짜 주인공', '공주와 그녀의 아버지' 등 일곱 가지로 분류했다.[1] 과거 예능 프로그램에서 전문가들의 역할이 조력자였다면, 요즘 멘토 프로그램에서 전문가들은 주인공이자 영웅이다. 이들은 사연의 주인공(공주)을 괴롭히는 문제(악당)들을 물리친다. 그런데 이 이야기에서 증여자, 조력자, 파견자, 가짜 주인공의 역할은 매우 축소돼 있다. 멘토들은 이미 완성된 영웅으로 설정돼 있기에 특별한 도구를 증여받을 필요도 없다. 또한 멘토 스스로 얼마든지 문제를 해결할 수 있는 것으로 설정돼 있기에 난관을 풀어줄 마법사, 조력자도 불필요하다. 파견자는 프로그램 진행자(연예인) 혹은 제작진이라고 할 수 있는데 극히 보조적, 제한적 기능만을 담당한다. 마지막으로 가짜 주인공은 멘토의 문제 해결의 의미를 뒤흔드는 요소들이라고 할 수 있다. 가령 문제 해결이 불필요해지는 돌발 상황 같은 것이다. 가령 〈개는 훌륭하다〉 173화에서 강형욱은 교정이 불필요하다고 선언한다. 태생적으로 공격성을 가진 개들은 단순히 교정으로 바뀌는 것이 아니라 주변 환경을 바꿔야 한다는 것이다. 하지만 이러한 모습마저도 실패가 아니라 전문가의 적확한 통

---

1   브론웬 토머스(Bronwen Thomas), 『미디어 내러티브와 스토리텔링』, 황인성 옮김[컬처북, 2023(2016)].

찰로 묘사된다.

　중요한 것은 전문가들의 신묘한 능력이 프로그램에서 절대적 요소를 차지한다는 점이다. 여기에서 제작진의 역할은 전문가들이 자신의 능력을 가장 잘 발휘할 수 있도록 준비하고 그들의 손짓, 눈빛 하나까지 꼼꼼하게 담아내는 것이다. 이것이 전문가들의 독립성을 담보하는 중요한 구조다. 과거와 달리 지금 멘토 프로그램에서 전문가의 존재는 프로그램의 목적 그 자체라 할 수 있다.

전문가들의 신묘한 능력

앞서 전문가들이 프로그램의 중심에 위치하고 그들이 프로그램의 존폐를 좌우할 정도로 독립적인 존재라는 점을 지적했다. 하지만 방송 프로그램에서 그들의 행위를 굿과 비교할 수 있는 가장 중요한 이유가 남아 있다. 샤머니즘은 고대로부터 현재까지 전 세계적으로 퍼져 있는 문화로서 개인과 커뮤니티를 치유하는 극적 의례인데 여기에서 무당의 역할은 죽음, 질병, 기근, 재난이라는 '암흑'의 세계와 맞서서 생명, 건강, 풍요라는 '광명'의 세계를 지키는 존재이며, 샤머니즘의 최종 목적은 '공연'이다.[2] 즉, 무당의 역할은 부정적 상황에 처한 개인이나 집단의 치유를 위해 신과 인간을 매개함으로써 인간에게 초현실적 경험을 제공하는 것이라 할 수 있다.

　'초현실적 경험'을 드러내는 방식은 크게 두 가지로 나눌 수 있다.

---

[2]　이유정, 「샤머니즘 의례의 구조가 가지는 치유적 속성에 관한 연구」, ≪연극예술치료연구≫, 11(2019), 27~58쪽.

하나는 엄청난 카리스마다. 〈장사천재 백사장〉 2화에는 야시장에서 장사하는 모습이 그려진다. 현지 시장의 오해로 장사가 중단되자 백종원은 과감하게 장사 중단을 선언한다. 인터뷰에서 그는 "우습게 보이긴 싫었다"라고 말한다. 프로그램의 성공이 현지 관광 수입과 직결되는 상황에서 장사 종료 선언은 촬영 종료를 의미했고, 모로코 당국에 대한 모종의 조치를 의미하기도 했다. 〈개는 훌륭하다〉 192화에서 강형욱은 견주의 생각을 바꾸기 위해 충격 요법을 활용한다. 견주의 개가 다른 개를 문 사고에 대해 "서로 놀라서 확 물었어요"라고 말하자 강형욱은 단호하게 "가만히 있는 포리를 우리 개가 물었어요"라고 말해야 한다고 지적한다. 이 말을 들은 견주의 당황한 표정은 그대로 카메라에 담긴다. 다른 하나의 능력은 도저히 해결되지 않을 것 같은 일들에 변화가 생기는 경험이다. 오래전부터 오은영은 친부모도 이해하지 못하는 아이의 생각을 읽어내고 아이와 대화하며 태도 변화를 이끌어내 시청자들을 놀라게 했다. 이런 신비한 체험은 〈오은영의 금쪽 상담소〉에서도 그대로 이어진다. 게스트들은 자신의 번뇌를 오은영에게 털어놓고 오은영의 솔루션을 받으며 눈물을 흘린다. 〈개는 훌륭하다〉의 강형욱도 마찬가지로 자신의 개를 이해하지 못하는 견주에게 직접 다가가 변화를 가시적으로 드러낸다. 〈장사천재 백사장〉에서 백종원도 공인된 장사 능력을 통해 프로젝트를 성공시킨다.

굿판에서 무당의 행위와 방송을 통해 노출되는 전문가들 행위의 공통점은 과정에 개입하는 원리가 드러나지 않는다는 것이다. 굿판에서 신적인 영역에 도달해 신비한 경험을 하는 것이 중요하지, 그러한 경험이 가능한 이유는 중요치 않다. 굿판에 참여해 직접 목격한 사람들은 공수(신의 축원)를 통해 삶의 문제가 해결되었다고 확신하게 되고, 의례를 통해 인간의 삶과 세계에 대해 새롭게 인식하게 되는데 신과 인간이 어울리는 우주적 소통의 현장에 참여했다는 느낌을 갖게 되는 것이 치유의 메커니즘이라 할 수 있다.[3] 마찬가지로 멘토 프로그램들은 전문가들의 판단과 행동에 집중할 뿐 그것이 이뤄지기까지 전문가들의 근거는 잘 드러내지 않는다. 공인된 전문가들의 판단이라는 사실 그 자체가 중요할 따름이다. 신적인 경험에 논리적 이유는 오히려 방해물이다. 전문가들에게 의구심을 갖는 순간 프로그램의 존재 이유에 타격이 가해지는 것은 당연하며, 제작진들이 그것에 궁금증을 가지게 된다면 시사·교양 프로그램으로 성격이 바뀌게 될 것이다. 중요한 것은 특별한 경험에 대한 느낌일 뿐이다.

샤머니즘: 커뮤니케이션 발생의 의미

영화 〈더킹〉에는 대선을 앞둔 검사들이 굿판을 벌이는 장면이 등장한다. 다음 대선에서 누가 당선될지 모르니 누구에게 미리 줄을 서야 하는지 판단을 내릴 수 없고 결국 샤머니즘의 힘을 빌리고자 하는 것이다. 무관심이나 무대응으로 해결할 수 없는 사안, 즉 반드시 어떠한 대응을 해야만 하는 상황에서 도저히 해결책을 찾을 수 없을 때 미신적 대응이 오히려 당사자들에게는 안정적 대응일 수 있다.[4]

미디어가 매개한 굿판은 급변하는 매체 환경에 기인한다. 먼저 콘텐츠를 생산하는 주체들이 과거와 비교할 수 없을 정도로 많아지고 다

---

3   이용범, 「굿, 소통을 통한 관계 맺음의 의례」. ≪한국무속학≫, 32(2016), 65~91쪽.
4   W. L. Bennett, "Perceptions & Cognitions," *The Handbook of Political Behavior*, 1 (2012).

채로워졌다는 점을 지적할 수 있다. 독특한 능력을 가진 사람들이라면 누구든 콘텐츠를 생산·유통할 수 있는 환경이다. 앞서 언급한 멘토들 모두 자체 유튜브 채널을 운영하고 있다. 기성 방송매체가 아니더라도 역량을 발휘할 공간이 존재한다는 것은 정보 유통에서 매체 간 역학관계에 큰 변화가 생겼다는 것을 의미한다. 따라서 전문가를 동원한 굿판은 방송이 모든 영역을 장악하고 영향력을 행사했던 시스템의 붕괴가 시작됐음을 암시한다. 다음으로 기성 방송이 환경 변화에 적응하지 못하고 있다는 점을 지적할 수 있다. 유튜버 사이의 협업은 새로운 콘텐츠 생산문화 가운데 하나다. 방송에 특별한 전문가를 등장시키는 것을 협업의 한 형태로 볼 수 있지만 이들이 만들어내는 굿판의 특성상 통제권은 전문가에게 있다. 방송이 주도적으로 의미를 생산할 여지가 그만큼 축소된다는 것을 의미한다. 그렇다면 방송의 공적 역할과 책임을 누가 지고 있는지, 누가 져야 하는지에 관한 의문이 남게 된다.

멘토 프로그램은 방송 영역에서 생산자와 소비자의 구분이 모호해지는 환경 변화를 겪으며 나타나는 과도기적 현상이라고 해석할 수 있다. 한국의 방송법은 기본적으로 방송의 공적 역할을 인정하는데, 방송을 통해 민주적 여론 형성, 문화 향상을 도모할 수 있다고 본다(제1조). 방송에 공적 기능이 존재해야 한다는 전제가 설정돼 있다. 그러나 단순히 유명 전문가들의 카리스마와 신묘한 능력에 기대어 프로그램을 생산하는 것은 기성 방송 매체의 존재 의미를 축소시킬 가능성을 내포한다. 매체 환경의 변화 속에서도 대형 방송사들이 만들어낼 수 있는 의미가 무엇인지 심도 있는 고민이 필요한 시점이다.

직업윤리와 인간애가 부재한 세상을 향한 '천원짜리 변호사'의 외침

SBS 드라마 〈천원짜리 변호사〉

장다원

말도 안 되는 이야기가 환영받은 이유

"유전무죄, 무전유죄."

모든 국민은 법 앞에 평등하다는 조항이 헌법에 명시되어 있는 나라에서 돈이 있으면 죄를 저질러도 무죄 판결을 받고, 돈이 없으면 무고한 시민도 유죄 판결을 받을 수 있다는 이 말은 다소 모순적으로 느껴진다. 그럼에도 이 말은 유행어를 넘어 하나의 인용구로 오랜 시간, 넓은 분야에서 활발히 쓰이고 있다. 긴 시간이 흘러도 소시민에게 법은 여전히 낯설고 어려운 영역이며, 도움을 청할 변호사를 구하려다가도 비싼 수임료 앞에 움츠러드는 게 현실이다.

그런데 여기, 수임료는 단돈 천 원이면 된다는 변호사가 있다. 드라마 〈천원짜리 변호사〉[1]의 천지훈 변호사다. 눈길을 사로잡는 패션과 파마머리, 취미는 만화책 보기, 좋아하는 음식은 짜장면, 금방이라도 시동이 꺼질 듯한 봉고차를 타고 다니며, 시장통의 다방을 개조한 사무실로 출근한다. 수임료가 천 원이라 월세는 밀린 지 몇 달째. 지훈은 통상적인 변호사 이미지와 거리가 멀지만, 재치 있는 언변과 능숙한 상황 판단, 재빠른 두뇌 회전으로 적재적소에 기지를 발휘, 해결하지 못하는 사건이 없는 만능 변호사다. 유명인이나 재벌이 아닌 경제적으로 어려운 사람을 주로 변호하는 그는 따뜻한 성품까지 두루 갖추고 있다.

현실 세계에서 지훈 같은 변호사를 떠올리는 것은 어려운 일이다. 물론 지훈처럼 돈이 아닌 사람을 위해 법정에 서고, 외양보단 내면을 갈고닦기 위해 애쓰는 법조인이 있기야 할 것이다. 그러나 강압 수사로 거짓 증언을 한 소년이 만기 출소 후에야 무죄를 선고받은 사례나 고액의 수임료를 지불하고도 부실한 변론으로 애를 먹었다는 사례를 보면 소시민이 값싼 수임료로, 그것도 지훈 같은 법조인을 만날 확률은 극히 낮음을 보여준다. 이렇듯 천지훈이라는 캐릭터나 변호사 수임료가 천 원이라는 설정은 쉬이 와닿지 않을 정도로 비현실적이다.

이 무슨 억지 설정인가 싶지만, 8.1%로 시작해 최고 15.2%를 찍으며 고공행진을 펼친 시청률이나 스트리밍 서비스에서 거둔 우수한 성적을 보면, 〈천원짜리 변호사〉가 시청자에게 무엇인가를 전하는 데 성공했음을 알 수 있다. "답답한 요즘 세상에 조금이나마 위로가 된다", "사람이 사람답게 사는 데 도움이 되는 드라마", "천지훈 같은 변호사가 이 세상에 있었으면", "나의 유일한 힐링 드라마였다"라는 시청자 소감을 보아도 그렇다.

---

1   12부작(2022.9.23~2022.11.11).

말도 안 되고 상상조차 하기 힘든 설정으로 이루어진 〈천원짜리 변호사〉는 어떻게 안방극장을 점령할 수 있었던 걸까. 그 이유는 조선시대에 영웅소설이 유행했던 맥락과 유사하다. 서얼 출신 홍길동이 초인적인 재주를 부려 고위 관료를 징벌하고 가난한 백성을 도왔다는 이야기인 『홍길동전』은 신분 차별이 만연했던 조선 중기에 많은 사랑을 받았다. 뛰어난 도술 능력을 가진 박씨 부인이 조선에 침략한 청나라를 물리쳤다는 이야기인 『박씨전』은 병자호란 참패 이후 수많은 이본을 낳으며 인기를 끌었다.

현실 세계에서 홍길동처럼 필요에 따라 자취를 감추거나 허수아비에 생명을 불어넣는 일은 불가능하며, 박씨 부인처럼 구름을 타고 먼 거리를 오간다거나 나무를 사람으로 변신시키는 일 또한 그럴 리 만무한 판타지 같은 설정이다. 수임료는 버스비보다 저렴한 천 원이면 된다는 〈천원짜리 변호사〉처럼 말이다. 고전산문 연구자 안기수에 따르면, 그럼에도 당대 민중이 홍길동을 우러러보고 박씨 부인의 승리를 응원했던 이유는 "특별한 능력을 가진 영웅적 인물이 나타나 항거할 힘이 없는 자신을 대신해 사회적 모순을 타개해 주길 원했기 때문"이다. 작중 인물이 펼치는 재주와 도술이 아무리 현실과 동떨어진 것이라 할지라도 "대리 만족을 통해 카타르시스를 느끼게 해준다는 점"은 독자들에게 중요한 흥미 요소였다.[2]

〈천원짜리 변호사〉의 연출을 맡은 김재현 PD는 스포츠조선과의 인터뷰에서 "천지훈 변호사는 내가 사랑했던 수많은 작품들의 오마주로 가득하다. 천지훈은 내 영웅들에 대한 오마주이자 파스티슈(혼성 작

---

2   안기수, 「영웅소설의 흥미요소와 스토리텔링의 의미」, ≪우리문학연구≫, 68(2020), 195~200쪽.

품)"라고 밝힌 바 있다. 논리성과 현실성은 다소 떨어지는 설정이지만, 모순과 부조리가 비일비재한 법정에서 지훈이 이끄는 진실과 정의의 승리는 대중의 마음을 움직이기에 충분했다. 신분제 타파와 사회 개혁을 꿈꿨던 독자들은 『홍길동전』을, 병자호란의 패배가 남긴 상처를 씻어내고자 했던 독자들은 『박씨전』을 찾았던 것처럼, 법정 안을 오랜 시간 활보하는 '유전무죄, 무전유죄'에 염증을 느낀 시청자들은 〈천원짜리 변호사〉에 빠져들었다.

직업윤리의 필요성 환기

영웅을 방불케 하는 지훈의 활약은 단순히 악을 응징하고 선을 실현해 일시적인 카타르시스를 제공하는 것에서 그치지 않는다. 〈천원짜리 변호사〉의 영웅이 가진 직업은 변호사이지만, 그 영웅은 법조계 종사자를 비롯해 드라마를 시청하는 모두가 본보기로 삼을 만한 모습을 보이며 직업윤리의 필요성을 환기한다. 교육학 박사 안이환에 따르면 직업윤리란 "일반적으로 어떤 직업을 수행하는 사람들에게 요구되는 행동 규범"이며, 그 예로는 정직, 성실, 책임, 신의 등이 있다.[3]

　"군자가 암실에 있으면서 두려워하며 감히 악행을 하지 못하는 것은, 거기에 상제가 자신에게 임하고 있음을 알기 때문이다." 정약용은 『목민심서』에서 직업인이 가져야 할 양심을 강조한다. 정약용 연구자 임부연에 따르면 '상제'란 "인격을 주재하는 초월적 인격신"으로, 내면

3　안이환, 「일의 의미와 직업가치 및 직업윤리」, '2019학년도 한국초등상담교육학회 학술대회' 자료집(2020.1.14), 91~101쪽.

의 감시자이자 양심 실현의 주춧돌로 기능하는 존재다.[4] 극 중 지훈도 매 순간 상제에 의해 직업윤리를 실천한다.

지훈의 상제는 과거의 연인 주영으로 형상화되는데, 주영은 과거 지훈이 아버지의 죽음에 가담했다는 죄책감과 막막함으로 빗길에 드러눕자 따라 누워 웃어주며, 일밖에 모르던 지훈에게 노상 술집에서 노가리와 맥주 먹는 재미를 가르쳐 주었다. 매 순간 경직되어 있고 긴장 상태이던 검사 시절의 지훈에게 주영은 "모든 사람이 등 돌릴 때 유일하게 다가와 준 사람"이자 자신도 몰랐던 자신의 따뜻함을 일깨워 준 사람이다.

대형 로펌에서 변호사로 일하던 주영은 "통장은 고달파지겠지만 마음은 좋을 것"이라며 수임료가 천 원인 변호사 사무실을 차리지만, 사건 하나도 해결해 보지 못하고 살해당하며 지훈의 곁을 떠난다. 그 후 지훈은 주영에게 선물했던 청혼 반지를 자신의 손가락에 옮겨 끼우며, 주영이 차린 변호사 사무실의 변호사가 된다. 사무실을 방문한 첫 번째 의뢰인이 수임료가 정말 천 원인지 묻자 지훈은 흘리던 눈물을 감추기 위해 선글라스를 쓰며 "네, 맞습니다. 천 원"이라고 답한다. 주영이 실현하고자 했던 가치를 토대로 그녀가 못다 이룬 꿈을 펼쳐나갈 것을 결심하며 지훈은 주영을 '상제'로 삼는다.

지훈이 항상 끼고 있는 반지와 쓰고 다니는 선글라스는 주영을 떠나보낸 후 했던 다짐을 매 순간 잊지 않으려는 그의 의지를 나타낸다. 통장이 아닌 마음을 두둑이 채우고 싶어 했던 주영의 뜻대로 지훈은 수임료 천 원만 받고 아무도 믿어주지 않던 전과 4범의 무죄를 밝혀내며, 경비원에게 갑질을 일삼던 기업의 전무를 벌한다. 큰돈을 건네며 재판을 잘 부탁한다는 이에게 "재판에서 무조건 이길 수 있는 방법은 없어

4   임부연, 「다산 정약용의 '천리(天理)' 관념」, ≪민족문화연구≫, 84(2019), 415~416쪽.

요. 애초에 벌받을 짓 안 해야지"라는 따끔한 충고를 날리기도 한다. 큰 사건을 해결한 뒤 수임료를 올리자는 동료들의 제안에도 지훈은 "천 원만 받으면서 누군가를 도와줄 수 있다는 마음이 중요하다"라며, 주영에게 이어받은 마음가짐을 다시 한번 공고히 한다. 군자에게 상제가 그러하듯 지훈에게 주영은 '도덕적 실천의 주체'로 작용하며, 지훈이 "인간의 정과 이타심"을 믿고 "10명의 범인을 놓치더라도 한 명의 억울한 사람을 만들지 않기" 위해 직업윤리를 지키며 변호사 생활을 하게 한다.

극의 후반부에서 지훈은 그토록 찾아 헤매던 주영의 살해범을 찾게 되지만, 주영이 생전에 했던 "나는 당신 웃는 게 진짜 좋아"라는 말과 함께 주영의 얼굴을 떠올리며 손에 쥐고 있던 칼을 내려놓는다. 그러고는 살해범에게 말한다. "네가 그렇게 만든 그 사람의 한마디가 널 살린 거라고 생각해." 지켜보는 이가 아무도 없는 암실에서조차 상제가 자신을 지켜봄을 알고 어떠한 악행도 일삼지 않는 군자처럼, 지훈 또한 아무도 없는 어두운 공간이었지만 주영을 의식해 오랜 시간 탓하고 원망했던 사람을 해치지 않는다.

반지를 끼고 선글라스를 쓴 지훈이 직업윤리를 지키며 변호사의 임무를 수행하는 모습은 사람들이 어떤 자세와 마음가짐으로 직무상의 본분을 다해야 세상이 선함과 옳음에 가까워질 수 있는지 보여준다.

인간애와 연대의 실현

누군가를 따돌리고 제쳐야 이길 수 있는 세상에서 사람들에겐 타인을 신뢰하고 의지하는 것보다 경계하고 편을 가르는 일이 더 쉬워 보인다. 그럼에도 지훈은 드라마가 전개되는 내내 인간애와 연대를 실현하기 위해

분투하는 모습을 보인다.

지훈은 빚 독촉에 시달리다 한강대교 위에서 투신하기로 마음먹은 남성에게 "죽을 만큼 힘들다고 해서 내가 왔습니다"라며 구세주처럼 나타나기도 하고, 의뢰인 딸의 밀린 병원비를 대신 내주기도 한다. 할아버지를 도와달라며 찾아온 어린아이의 말도 허투루 듣지 않으며, 시골 마을에서 노인들을 대상으로 무료 법률 상담을 진행하기도 한다. 삶의 음지나 낭떠러지에 있는 이들에게 다시 한번 사람을 믿어볼 이유와 내일을 살아갈 용기를 주는 지훈의 행동에는 인간애가 깃들어 있다. 사회과학 연구자 송기호는 정약용의 공직윤리 전반에 흐르는 기본 정신을 '애민의 실현'이라 설명하는데, 인간애가 깃든 지훈의 행동은 이 '애민의 실현'과 궤를 같이한다.[5]

검사-변호사 구도로 극의 초반에 지훈과 맞서던 백마리는 지훈과 정반대 캐릭터였다. 마리는 사람의 마음보다는 통계적인 수치나 기록에 남은 선례를 들여다보며, 진실을 밝히기보다 재판에서 이기는 것이 먼저인 검사였다. 그러나 지훈의 사무실에서 시보 생활을 하며 의뢰인과 눈을 맞추는 법을 배우고, 성과가 아닌 진실을 위해 자신의 능력을 발휘하고 싶어 한다. 중고차 사기 조직을 소탕하기 위해 지훈과 딜러로 위장 취업하는 수고도 마다하지 않으며, 자신에게 많은 것을 가르쳐준 지훈을 돕는 것이 소원이라 말하기도 한다.

극의 후반에서 마리는 지훈처럼 노상 술집에서 노가리와 맥주를 먹거나 눈물이 날 때 선글라스를 쓰곤 한다. 주영으로 인해 지훈이 하게 된 행동들을 마리가 그대로 따라 하는 모습은 지훈의 습관을 단순히 모방하

---

5   송기호, 「현대 직업윤리의 관점에서 조망해 본 다산의 공직윤리」, 《도덕윤리과교육 (Journal of Moral & Ethics Education)》, 30(2010), 223쪽.

는 것이 아니라 지훈이 가진 심지의 원천인 주영의 뜻을 학습하고 실천하게 되었음을 외면적으로 드러낸다. 각자가 가진 성씨 '천'과 '백'처럼 열 배는 족히 다른 결을 가졌던 두 사람은 같은 곳을 바라보는 서로의 조력자가 된다. 이와 같이 지훈은 동종 업계 종사자인 마리를 바른길로 인도하고, "마리 씨만 흔들리지 않는다면 이 세상 마리 씨가 바꿀 수도 있을 겁니다. 내가 도와줄게요"라며 마리와의 연대를 약속하기도 한다.

교육학 박사 안이환은 사람은 남과 더불어 살아가야 하는 존재이기 때문에 그가 속해 있는 직업 공동체를 건강하게 가꾸어야 한다고 이야기한다.[6] 사회과학 연구자 송기호는 직업윤리에서 화합과 공생이라는 인간애의 실현은 공동체 안에서 시너지 효과와 효율성을 가져온다고 설명한다.[7] 지훈이 인간애와 연대를 실현하고자 한 여러 행동이 높이 평가받아 마땅한 이유다.

드라마란 과연 무엇일까

"각박한 세상에 천 원으로 살 수 있는 변호사 한 명쯤은 있어야겠죠? 단
돈 천 원에 변호해 드립니다."

지훈의 변호사 사무실로 전화를 걸면 이와 같은 안내 음성이 흘러나온다. '유전무죄, 무전유죄'가 공공연한 세상에서 돈이 없어도 실력 있는 변호사가 함께 싸워준다는 설정은 공상처럼 들리기도 하지만, 〈천원짜

---

6   안이환, 「일의 의미와 직업가치 및 직업윤리」.
7   송기호, 「현대 직업윤리의 관점에서 조망해 본 다산의 공직윤리」.

리 변호사)는 시청자에게 더할 나위 없는 감동을 전했다. 세상에는 원래 믿을 사람 하나 없는 거라는 거짓말 같은 이야기를 들으며 살아가는 현대인에게 천 원만 받고 누군가를 돕고 싶어 하는 사람이 있다는 사실은 그 자체로 반가움이자 위안이다. 이는 동시에 누군가 지켜야 할 직업윤리를 도외시하거나 인간애와 연대의 가치를 저버려 발생했던 사회의 여러 가지 사건, 사고를 반추하게 한다.

잦은 결방과 조기 종영, 그로 인한 극 후반부의 어색한 전개와 난데없는 장면들은 시청자를 실망시킨, 드라마의 명백한 흠이며 제작진이 반성해야 하는 부분이다. 그러나 여러 잡음 속에서도 드라마가 시의적절한 주제 의식을 전하는 데 성공했다는 것에는 의심의 여지가 없다.

방송 PD 홍석구는 드라마를 "어느 다큐멘터리보다 진지하게 모든 이야기를 풀어낼 수 있는 장르이자 '세상살이'와 '사람'에 대해 말하는 장르"라고 이야기한다. 대중문화 평론가 정덕현은 드라마가 사회 구성원에게 미치는 영향에 대해 "(드라마 속) 한 인물이 잉태한 변화의 씨앗은 그 세계를 구원해 낼 수도 있고, 때로는 그걸 바라보는 대중의 삶에도 변화를 만들 수 있다"라고 설명한다.

드라마는 더 이상 시간을 때우는 수단이나 현실을 잊고자 하는 이들을 맞는 도피처가 아니다. 시청자는 드라마를 보며 단순한 재미나 웃음을 바랄 뿐만 아니라 서투르고 어수룩한 몇 장면을 보게 되더라도, 현실에서 부족한 부분이 채워지고 실종된 가치가 실현되기를 기대한다. 지금 같이 사회 정의가 무너지고 타인의 손을 맞잡는 것에 인색해진 시기에 〈천원짜리 변호사〉가 큰 호응을 얻은 것은 이를 여실히 보여준다. 드라마란 무엇인가. 그리고 무엇이어야 하는가. 이에 대한 답을 찾는 과정에서 시청자가 드라마를 보고 듣는 개인임과 동시에 세상을 살아가는 사회 구성원임을 잊어서는 안 된다.

환생이라는 판타지 코드와 기업 드라마의 확장성의 의미

JTBC 드라마 〈재벌집 막내아들〉을 중심으로

유종인

환생을 위한 조건과 기업 드라마의 새로운 스탠스

우리나라 기업 드라마의 기존 정체성은 이른바 기업 사주(社主)의 일대기와 그 성공 신화가 주류를 이루어왔다. 현대 산업화 시기와 그 이후 사회적 경제발전의 후광을 경험한 세대들에게, 국내 굴지 기업들의 성공 신화는 사회적 자아실현에 대한 일종의 롤모델 같은 이미지를 심어준 게 사실이다. 열악한 조건에서 창업주가 발휘한 불굴의 의지와 기지, 노력, 신적(神的) 퍼포먼스에 가까운 개척 정신은 기업 드라마가 아니라 기업가 드라마라고 볼 수 있는, 인물열전(人物烈傳)을 보는 듯한 우직함마저 있었다. 그래서 당연히 드라마가 추구하는 포인트는 어려운 여건에서 기업을 이룩하고 시련과 경쟁 끝에 기업을 반석 위에 올려놓는 인간 승리의 치열함을 오라(aura)로 지닐 수밖에 없었다. 거기에 부수적으로 뒤따르는 것은 주인공의 인간관계의 피치 못할 결손과 엇갈린 애정 관계의 불가피성 등이 자칫 딱딱해질 수 있는 드라마에 변죽을 올리는 정도였다. 물론 이런 정통적인 수준의 '기업가 드라마'에서 시간이 흐를수록 다양한 시대 흐름의 변수와 문화적 요소가 드라마에 가미되면서 창업 신화 일변도의 드라마는 나름의 다채로운 기업 드라마를 파생시켰다. 어느 경우엔 기업 드라마라 하기에는 이른바 무늬만 기업이지, 결국 인간 군상의 욕망의 혈투와 물욕에 따른 이합집산을 보여주는 경우도 없지 않았다. 기업이 배경이긴 하지만 기업과 운영, 사회적 책임과 지배구조의 문제 등을 심도 있게 다룬 경우는 드물었다.

그렇게 다양한 형태와 뉘앙스의 기업 드라마가 있어온 지 반세기가 넘은 시점에 우리는 기업 드라마의 신기원을 이룩할 만한 성과를 보인 드라마를 만나게 되었다. 〈재벌집 막내아들〉은 자본을 매개로 하는 기업의 운영과 속성을, 욕망을 쫓는 사주 일가의 여러 인물 군상의 파격적인 행태를 통해 드라마적 흥미를 유도하고 있다. 그러나 여기까지는 기존의 기업 드라마에서 전혀 볼 수 없었던 장면이 아니고 그리 특별할 만하게 진전된 드라마적 요소가 있는 것은 아니다.

오히려 〈재벌집 막내아들〉의 드라마적인 신기원의 단초가 된 것은 주인공 진도준(송중기 분)을 통해 여러 팩션(faction) 사극이나 각종 판타지 드라마에서 많이 쓰이는 환생(rebirth) 코드를 거의 혁신적인 수준에서 개진했다는 점이다. 여느 판타지물에서는 주인공에게 우월적이고 특별한 존재라는 위상을 부여하기 위한 장치로, 또는 극적 개입을 위해 환생을 활용했다. 그런데 〈재벌집 막내아들〉에서의 환생은 극 중 내내 드라마의 전개, 혁신적 진행을 위한 동기(motive), 주인공의 행위에 당위성을 부여하는 일종의 동인(動因)이자 드라마적 현실 진행의 숨은 견인차로서, 이 기업 드라마의 새로운 성격까지 규정하는 요소로 작용했다.

전생의 기억을 떠올릴 수 있다는 것, 그리고 한 기업가 집안의 막내로 탄생하는 것과 연결될 수 있는 드라마적인 방법론(methodology)으로서 환생이라는 장치는 〈재벌집 막내아들〉이 지향하는 주제를 더욱 공고히 하는 배경의 힘으로 저류한다. 전생에 순양가가 거느린 계열사에 근무했던 아버지의 신분과 평범한 어머니, 그리고 주인공에게 닥친 불행의 연원이 현재 기업가의 행태와 연결될 때 그 전생의 기억은 무서운 파급력과 파괴력을 지니게 된다. 대중적인 심리 코드이며 흥행의 코드인 '복수'는 그런 순간에 화수분처럼 다양한 응집력과 원동력으로 태어난다.

또 전생을 떠올리는 기억의 가치는, 특히나 이 기업 드라마에서는 상당한 그리고 상상할 수 없는 수준의 돈의 가치로 재창출되며 이 드라마 특유의 오라와 묘미를 제공한다.

전생과 기억, 그리고 원수지간의 바뀐 신분과 역할을 통한 환생이라는 드라마적 콘셉트는 일종의 리벤지(revenge)의 속성을 적극적으로 채용한다. 하지만 주인공에게는 전생의 악한 기억에 전적으로 매몰되지 않으려는 나름의 노력과 근본적으로 현세적인 복수를 통해 현실을 바로잡으려는 정의감이 동시에 길항한다. 그런데 여기서 중요한 대목은 이 드라마가 그렇게 주인공의 환생과 전생의 기억을 소환하고 환기하는 능력을 통해 속악한 자본에는 속악한 방식으로 복수한다는 점에만 있는 것은 아니다. 오히려 주인공 진도준의 차분하고 담담한 리벤지 단계가 진행될수록 시청자들에게 다가오는 모종의 감정이랄까 정서는 '도대체 돈이란 뭘까?'라는 해묵은 질문과 '창업주의 자식들, 아니 인간은 도대체 어디까지 돈에 종속되고 놀아날 수밖에 없는 존재인가'라는 진부하지만 근원적인 질문에 시달린다. 그런데 여기서 흥미로운 점은 환생으로 얻은 신분과 전생의 기억을 열람할 수 있는 재주와 현실적인 투자 재능으로 무장한 주인공이 복수를 진행할수록 〈재벌집 막내아들〉은 여느 기업 드라마의 유형에서 벗어나 하나의 근원적인 도그마(dogma)를 산출한다. 그것은 바로 기업윤리다. 그동안 반세기 넘게 기업 사주의 창업 경영과 성공 신화의 무용담에 치중했던 드라마적 시각은 그간에 가려졌던, 수많은 기업의 사원들이 감내해야 했던 당대의 고통의 문제를 대의적(代議的)으로 소환한다는 점이다.

그런데 아이러니하게도 〈재벌집 막내아들〉은 이제껏 잘 다뤄지지 않고 은폐됐던 기업윤리와 기업 소속 직원들의 고통을 판타지물의 환생 코드와 불가역적인 기억의 재생을 통해 복기하듯 소환하고 있다. 이 드라마는 재벌가의 사주인 진양철 회장을 비롯한 여러 자식들의 탐욕적인 행태와 그 불구성(不具性)을 다루면서도 동시에 복구될 수 없는 불행과 고통의 근원을 바로잡으려는 방식으로서의 환생과 시간의 기억을 기업 드라마에 활용하는 참신함을 보였다.

기시감과 연상이 주는 흥미와 상상 어법의 드라마적 투사

한국의 산업을 이끌어온 굵직한 기업들에 대한 시민들 혹은 시청자들의 경험적 인식과 떠올림은, 픽션인 이 기업 소재 드라마에 상당한 기시감과 호기심으로 드라마에 대한 호응을 높였다. 즉, 확정적으로 언급하기는 어렵지만 은연중에 현실의 사실(fact)을 드라마적 배경과 골격으로 삼았다는 점에서 간접적인 리얼리티를 장치한다. 거기에 재벌의 고착된 윤리 경영 부재를 파기하고 갱신할 진도준이라는 캐릭터의 등장과 그 실력의 뒷배가 되는 환생이라는 기본 장치가 드라마의 혈관에 전생의 기억을 판타지로 수혈했다는 점은 흥미진진한 요소가 충분하다.

　드라마를 보며 시청자들이 갖는 기시감은 재벌들이 보여준 특징적인 행태와 국내외적인 사건, 사고의 드라마적인 차용으로 너무 당연한 연상 작용일 수밖에 없다.

　그것은 드라마가 시청자들을 향해 던져주는 일종의 흥미 유발의 미끼이면서, 현실을 사는 존재들이 가상 속에서 현실의 새로운 반영을 보고자 하는 욕구를 대리적으로 투사(投射)하는 고도의 감성대를 거느리게 한다. 우리가 흔히 알 만한 기업 그룹과 그 총수 일가의 삶을 원천으로 하는 드라마는 시청자들의 자연스러운 데자뷔를 충족시켜 주거나 또 교묘히 배신하면서 흥미와 테마를 공고히 하는 수완이자 프로세스를 공유해 보여준다.

　재벌과 그 기업 총수 진양철 회장 등은 당대 한국 사회에 존재했던 비슷한 유형의 기업과 총수를 자연스레 떠올리게 하면서 드라마는 허구를 실재화하는 듯한 연출력을 보인다. 하나의 드라마 속에 가상이라는 판타지와 실제라는 다큐멘터리의 상상적 결합의 흥미로운 연결자 역할과 주인공의 성격까지 규정하는 전생의 기억, 그리고 데자뷔 역할까지 〈재벌집 막내아들〉은 일종의 액자소설 같은 뉘앙스를 십분 발휘한다.

　픽션적인 구성과 다큐멘터리에 가까운 팩트의 흥미로운 개입과 진전이라는 측면에서 볼 때 〈재벌집 막내아들〉은 팩션 드라마라고 불러도 큰 무리가 없을 듯하다. 환생이라는 드라마적인 코드가 없었다면 굴지의 재벌 일가에 평범한 회사원이자 경제적 서민층이 진입하기는 현실적으로 어렵다. 그것도 공적인 최고경영자의 반열이 아닌 재벌가 내부의 경쟁 구도에서 활약하는 주인공 진도준의 활약을 볼 수는 없었을 것이다. 거기에 더해 이 드라마에서 사용하는 환생 코드는 진도준을 통해서 수시로 그리고 필요에 따라서 전생의 유익하고 의미심장한 기억들을 복기(復碁)하는 입체적인 지략의 면모를 보인다. 이 부분이 드라마의 극적 진행이나 반전에 톡톡한 효험을 던져주었다.

시청자와 주인공 진도준은 알지만 재벌가 구성원은 알 수 없는 극적인 비밀이 주는 긴장감을 베이스로 삼으면서 전생과 현생의 차이를 조율하고 모의하는 주인공의 기지와, 환희와 갈등은 이 드라마가 기본적으로 흥미로운 코드를 간직한 시대물임을 증거하기도 한다.

그런 의미에서 〈재벌집 막내아들〉은 현실의 구체적인 그룹 모델과 이를 일종의 원천으로 삼는 드라마적인 연출과 파생적 상상력의 결합이 시청자들의 흥미를 자극하며, 기업이란 돈의 흐름이 먼저가 아니라 사람의 마인드가 우선하는 세계라는 것도 새삼 환기한다. 그리고 당대에 경제사회적으로 큰 변화를 일으킨 사건과 사고 등은 기업 운영의 큰 호재와 악재로 삼으면서 극적 변전과 주인공의 투자 및 운영 수완 그리고 해결을 위한 해결사적 원천으로 자리 잡는다.

사회에는 여러 형태의 다양한 소외가 있다. 사람의 감정과 생각에도 즉물적으로 여러 소외감이 들락거리며 존재한다. 소외의 보다 적극적인 형태는 배제와 배척이고, 그 실행적 극단은 죽음이다. 〈재벌집 막내아들〉은 이런 드라마의 전생과도 같은 주인공의 배경에 모종의 죽음을 주변부로 깔았다.

환생이라는 코드는 그 비현실성과 불가능성에도 불구하고 드라마에서 극적 전개와 초월적 해결책을 매개하는 매력적인 장치임이 틀림없다. 죽음은 그 가운데 여러 형태의 인과관계를 파생하는 모티브로 작용하며 드라마의 원기를 북돋운다. 환생과 전생의 기억 그리고 죽음의 불가피성은 오히려 이런 비열하고 불온한 현실 세계의 권위 속으로 파헤쳐 들어갈 수 있는 수월한 드라마적 매개 역할을 톡톡히 해내는 일종의 돌파구 역할을 한다. 특히나 현대 판타지 기업 드라마 속에서 쉽게 그 재벌의 카테고리 안으로 진입할 수 없는 현실적 한계를 오히려 역설적으로 반영하기도 한다.

환생과 귀환, 기업윤리의 투사와
개인성 사이의 갈등 구조의 개연성 문제

무엇보다 〈재벌집 막내아들〉이 지닌 드라마적인 한계와 그 출구적 지향의 테제는 '기업윤리의 전근대성'을 어떻게 극복할 것인지에 은연중 초점이 맞춰져 있다. 그걸 극복하기 위한 캐릭터인 드라마 속 재벌집 막내아들(송중기 분)은 2회부터 15회까지 나름의 활약과 고군분투를 서슴지 않았다. 젊은 영재답게 영리하면서도 치열하고, 치열하면서도 여유를 잃지 않는다. 주인공이니까 당연히 그러한 부분도 있지만, 과거로 볼 수 있는 전생의 불행과 단절하려는 주인공의 현생의 행복 의지는 역설적이게도 과거를 현재화하면서 동시에 과거(전생)의 불행과 불만을 현세적으로 수정하고 교정해야 하는 역할에 초점이 맞춰져 있기 때문이다.

그래서 현실의 주인공 진도준은 전생의 또 다른 주인공 윤현우를 뒷배로 삼을 수밖에 없는 인물 구도를 보인다. 그런 차원에서 무엇보다 흥미로운 지점은 극의 말미로 갈수록 재벌집 막내아들이 자신의 전생의 기억들을 통해 현생의 자기 태생 및 성장과 현재의 위치가 불합리와 불법과 불공정의 토대 위에 구축된 배경임을 드러내는 점은 타당하다. 단순히 여느 드라마에서 환생이나 2차적 갱신의 생(生)이 드라마의 판타지적 장르의 촉매이거나 극적 인물들 상호 간의 비밀을 통해 흥미를 유발하기 위한 수단으로 사용되곤 했다. 그러나 〈재벌집 막내아들〉에서의 환생과 그 환생의 과정인 전생의 기억은 극 중 주인공의 의식을 지배하고 촉진

하는 고통의 오라로 아프게 작동하곤 한다. 언뜻언뜻 복기하듯 전개되는 이 전생의 서사(narration)는 한 가족을 비극으로 몰아넣는 기업의 무자비함과 그 윤리적 함몰의 사각지대를 나름 건드리고 때론 아프게 몰아치는 서슬을 도처에서 보인다. 의도했든 의도하지 않았든 〈재벌집 막내아들〉은 한 주인공의 두 인물이 서로 오마주(hommage)하는 그로테스크를 통해 시공간의 차이를 달리하는 진도준과 윤현우의 캐릭터적인 결합과 화해를 추구하는 측면이 완연하다.

하지만 그렇기 때문에, 이 드라마는 결정적인 패착으로 서사를 마무리하는 모습을 보인다. 즉, 현실에서 죽은 진도준이 다시 과거의 윤현우로 돌아가 생환, 혹은 귀환하듯 깨어나는 결말을 보인다는 점이다. 의도의 진의가 어떻든 시청자가 주목하는 것은 진도준이라는 윤현우를 바탕으로 삼은 현실의 투사(鬪士)가 어떻게든 아름다운 복수의 피날레를 엮어주길 바란다는 점이다. 이것뿐만 아니라 앞서 언급한 기업윤리의 참다운 실현이라는 결코 가볍지 않은 주제의식의 완성을 위해서라도 진도준의 최종적인 활약이 극의 개연성에도 기여한다. 물론 이 드라마의 개연성을 훼손하는 몇몇 주요 장면이 더 있지만 이 결말의 우연한 듯 전생의 윤현우로의 백기 투항은 어딘가 주제의식을 실종한 듯한 허망함마저 불러온다.

미학적 죽음과 환생이 윤현우의 손을 들어줄 수 있을지 몰라도 기업 드라마의 통쾌함과 리얼리티(reality)의 연속성은 진도준의 편을 더 들어주고 옹호하고 있다는 시각들이 근원적으로 우세하다.

또 한 가지 짚고 넘어갈 지점은 드라마의 개연성과도 연관되는 진도준을 제외한 재벌가 2세들의 대동소이한 무능력과 거기에 반비례하는 욕심과 저열함이다. 드라마상 주요 캐릭터의 문제는 그렇고 그런 악역들의 일종의 순환 배치 같은 성격으로 동일시된다. 재벌집 2세들의 돈과 권력을 향한 이합집산과 진흙탕 싸움은 어찌 보면 당연한 것이다. 그런데 그 재벌가의 자식들 전체를 뭉뚱그리면 결국 하나의 인물형에 불과한 듯한 유사성을 보인다. 물론 주인공인 막내아들 진도준과의 차별성을 돋보이게 하고 뚜렷한 선악의 축을 구분해서 갈등 구조의 전선을 단순화하려는 의도일 수도 있다. 그럼에도 악의 계열 속에 좀 더 다른 캐릭터의 특출난 창조가 아쉽지 않은 것은 아니다. 악과 선의 경계를 넘나드는 나약한 캐릭터의 개발이 이 〈재벌집 막내아들〉에서 불필요한 것은 절대 아니기 때문이다. 하나같이 속물적인 2세들 중에 주인공을 제외한 제3의 캐릭터가 창출됨으로써 드라마에 보다 입체적인 흥미와 매력의 모듈을 세우는 것은 앞으로도 종요로운 지점이다.

그럼에도 불구하고 〈재벌집 막내아들〉은 기존 기업 드라마의 통념과 상식을 일정 부분 탈피하고 기업윤리의 문제를 드라마의 속살로 들이는, 나름의 의미 있는 진전을 보여주었다. 흥미와 시청률을 무시하지 않으면서 현대사의 산업체들이 도외시하고 소홀히 했던 인권, 그리고 여전히 암울한 명맥을 이어가고 있는 현대 기업의 윤리적 허약성을 들춰내는 주제의식도 나름 거느리고 있다. 〈재벌집 막내아들〉은 자본과 기업의 윤리에 대한 현실 비판적인 기능을 겸비하면서도 판타지적 요소의 과감한 도입, 인물들 상호 간의 깨알 같은 재미의 디테일(detail), 재벌가의 행태를 눈요기할 수 있는 스케일적인 장치를 통해 기업 드라마의 확장성에 유의미한 진전을 보였다.

기업 드라마의 문제의 핵심과 새로운 문제의식으로의 도약은 드라마의 흥미와 흥행 그리고 주제의식의 참신함 모두에 통용되는 화두임을 이 드라마는 예견했다.

비가 그치지 않을지라도

tvN 드라마 〈슈룹〉을 중심으로

조영은

예나 지금이나 '내 새끼'를 위하는 일이라면 기꺼이 세 번 이상 거처를 옮기고, 불이 꺼진 깜깜한 방 안에서 예리하게 벼린 칼날로 떡을 썰 생각을 할 수 있는 게 어머니의 마음일 것이다. 그러나 오늘날에 이르러 우리가 주로 마주하게 되는 건 진심으로 자식을 위하는 마음보다, 세 번 이사를 하고 칼로 떡을 써는 일 그 자체에 더 몰두하는, 어딘가 모르게 기형적인 모습들인 것이 안타까운 현실이다. 그리고 이렇게 변모한 이 시대의 '맹모 삼천지교'는 TV 드라마 속에서도 꾸준히 재현되고 있다. 그중에서도 〈슈룹〉은, 현대가 아닌 조선시대를 모티브로 한 중세를 배경으로 변모한 어머니상을 등장시키고 있다는 점에서부터 다른 드라마들과 차별화된다.

바람을 일으키는 어머니, 헬리콥터

화려한 중궁전에 앉아 자식들과 신하들을 맞이하던 그간의 사극 속 다른 중전마마들과는 달리, 드라마 〈슈룹〉 속 중전 임화령은 눈앞에 있는 아들의 등짝을 서슴없이 내리친다. 그녀는 자애로운 국모의 얼굴보다는 우리에게 익숙한 억척스러운 어머니의 얼굴을 보이고 있다. 화령은 머리에 꽂힌 권력의 상징, 봉황 비녀를 빼내 둘째 아들이 친 사고를 수습하기 위한 협박 도구로 사용하고, 지엄한 궁궐의 법도는 아랑곳 않은 채 늦잠을 자고 있는 막내아들을 깨우러 드넓은 궐 안을 쏘다닌다. 다섯 아들을 둔 어머니는 자신의 아이들을 위해 치맛자락을 질끈 올려 잡고 '바람'을 일으키며 뛰어다니는 걸 마다하지 않는다.

〈슈룹〉 속에는 임화령을 비롯해 수많은 어머니들이 등장한다. 간택후궁인 고귀인은 다른 왕자들에 비해 심약한 아들 심소군이 기대만큼의 성과를 내지 못할까 불안해하며 배동 선발 시험과 세자 택현 과정 내내 아들을 질책하며 정신적으로 몰아세운다. 한편 중궁전 나인 출신으로 왕의 눈에 들어 후궁이 된 태소용은 자신의 미천한 신분 때문에 아들 보검군의 능력이 과소평가될까 전전긍긍하다 결국 권력을 쥔 악인들의 편에 서는 선택을 하고 만다. 이러한 아수라장 속에 맏아들을 잃은 중전 임화령은 철없는 네 명의 아들들을 안전하게 보호함은 물론이고, 독살 위협에 시달리는 며느리와 손자를 위해서 국본의 자리를 다시 쟁취해야만 한다. 결국 그녀는 "내가 단 한 번이라도 공부하라고 부탁한 적이 있었냐"라고 소리치며 울화통을 터뜨린다.

〈슈룹〉 속의 어머니들은 아들을 제왕의 후계자라는 최고의 자리로 이끌기 위해서 궁 안에 떠돌고 있던 은밀한 교육법을 따른다. 자식의 일에 직접 발을 벗고 나서는 건 당연한 일이다. 비록 〈슈룹〉의 배경이 조선시대를 모티브로 한 가상의 중세 국가라고는 하나, 이런 모습들은 현대를 살아가는 우리에게도 결코 낯설지 않다. 이렇듯 자녀의 주변을 맴돌며 일거수일투족을 감시하고, 모든 생활 방면에서 적극적으로 개입하며 문제를 대신 해결해 주는 유형의 부모를 우리는 흔히 '헬리콥터 부모'라 불러왔다.[1] 〈슈룹〉 속의 어머니들은 자식에게 주어진 문제를 대신 해결해 주기 위해 자신이 가진 모든 수단과 방법을 동원하기를 꺼리지 않는 전형적인 '헬리콥터 부모'의 모습을 보이고 있다. 명백한 선(善)으로 그려지는 임화령이라는 인물조차 이 사실에서 완벽히 자유로울 수는 없다.

파괴적인 어머니, 폭풍

끝내 새로운 왕세자의 자리를 차지하는 건 왕자들 중 한 명일 것이다. 그러나 치열한 경쟁에 뛰어드는 건 왕자들뿐만이 아니다. 그들의 어머니인 비빈들 역시 이 잔혹한 경쟁에 함께 뛰어들기를 자처한다. 근래의 드라마 속에서는 열과 성을 다하는 극성을 넘어, 파괴적인 행동을 보이는 어머니들이 다수 등장하기 시작했다.

〈행복배틀〉에서는 부촌에 위치한 주상복합 아파트 거주민으로, 수많은 SNS 팔로워를 거느린 '슈퍼맘' 오유진이 등장한다. 그녀는 마치 완벽한 가정을 이룬 것처럼 행동하며 헌신적인 어머니와 사랑받는 아내의 모습으로 자신을 꾸며내지만, 뒤에서는 딸을 유치원 학예회의 주인공으

---

1 이용화·김지현·임소연, 「헬리콥터 양육에 대한 진화론적 개념분석」, ≪Child Health Nursing Research≫, 20(4)(2014), 237~246쪽.

로 세우기 위해 다른 학부모를 모함하고, 다른 아이의 오디션 의상을 몰래 찢어 없애버리는 등 추악한 면모를 보이는 인물이다. 〈그린 마더스 클럽〉 속의 변춘희 역시 딸 유빈의 영재반 입성과 사회적 체면 유지에 필요한 수입원으로 환자들에게 불법적인 약물을 투여하는 일을 주저하지 않는다. 물론 〈슈룹〉 속에도 이러한 유형의 어머니가 등장한다. 아들 의성군을 위해서라면 탕약에 독을 타는 일도 서슴지 않는 황귀인과, 선대 세자를 독살해서 자신의 아들을 왕으로 세운 대비가 그러한 유형의 인물이다. 이들은 모두 내 아이를 위해 움직인다는 신념을 가지고 있다. 그 신념의 실현을 위해 거쳐야만 하는 경쟁이나, 행해야만 하는 불가피한 부정은 이들에게 당연한 것으로 그려진다. 이들은 자신의 모든 악행을 어머니라는 이름으로 정당화한다. 이쯤 되면 이들은 주변을 맴돌며 거센 바람을 일으키는 '헬리콥터'를 넘어선, 모든 것을 파괴하는 '스텔스기'[2]에 가깝다.

사실 어머니들의 이러한 파괴적 행동에는 은밀한 조력자들이 숨어 있다. 그것은 바로 한쪽으로 기울어진 책임과, 끊이지 않고 펼쳐지는 경쟁이다. 먼저 드라마 속에서 어머니들은 자녀의 유일한 양육자로 존재한다. 극 중 어머니의 곁에는 분명 아버지가 존재하지만, 이 아버지는 공동의 양육자로서 존재하지 않는다. 〈슈룹〉 속 왕자들의 아버지인 왕 이호는 형의 죽음을 묵인한 채 왕이 되었다는 죄책감을 안고 있으며, 이 죄책감은 그가 대비의 아들이라는 역할을 충실히 수행하도록 만든다. 〈행복배틀〉 속 강도준이나 이태호의 경우, 외도라는 도덕적인 결함으로 여성 인물의 '아내', '사랑받는 여성'이라는 정체성을 부각시키고 흔들리게 하는 남성 인물로만 극 속에서 존재한다. 이들은 분명 극 중에서

2   이용화·김지현·임소연, 「헬리콥터 양육에 대한 진화론적 개념분석」, 242쪽.

아이의 부모라는 이름으로 존재하는 명백한 아버지이지만, 아이의 양육과는 모두 확실한 거리를 두고 있다. 비단 아버지뿐만이 아니다. 양육은 오직 어머니의 책무로만 여겨진다. 양육을 행하는 개인이 모인 공동체, 즉 어머니들의 정기적인 모임 등은 이야기가 진행되는 동안 매우 쉽게 찾아볼 수 있지만 이 공동체는 양육의 책임을 공동으로 나눠 가지는 공동체가 아니다. 드라마가 조명하는 것은 오직 공동체 내에서 서로를 견제하고 권모술수를 꾀하는 어머니들의 모습뿐이다. 이렇듯 기형적으로 만들어진 상황 속에서, 인물들에게 끊임없이 제시되는 경쟁은 사회적 계급의 상승 혹은 유지라는 생존의 문제로 직결된다. 어머니들은 생존하기 위해 공격적으로 움직인다.

하지만 내 아이를 위한다는 명분으로 퍼붓는 공격에 영향을 받는 건 경쟁자들뿐만이 아니다. 〈슈룹〉 속 의성군의 경우, 어머니 황귀인의 욕망을 자신의 것으로 학습해 어머니의 악행에 동조하며 스스로가 온갖 편법을 행하고 남에게 해를 가하는 악인이 되어버린다. 오유진의 딸 하율은 과한 통제의 영향으로 지나치게 소극적인 성격을 가지게 되어 정신적인 고통을 호소하는 방법도 알지 못한 채 학대에 시달린다. 변춘희의 딸 유빈은 같은 학원에 다니는 아이들 중 자신을 제외한 모두가 영재원에 합격하자, 방 안에 틀어박혀 가지고 있던 문제집을 찢어버리기까지 한다. 그런 딸을 타이르려 하는 변춘희에게 딸이 오열하며 외치는 말에는 '엄마가 시키는 대로 다 했는데 왜 나만 안 되는 거냐'는, 절망이 뒤섞인 원망이 담겨 있다. 파괴적인 행동을 보이는 어머니의 아이들은 이처럼 정신적인 고통을 호소하거나, 어머니의 악행과 그릇된 신념을 학습해 결국 어머니와 함께 파멸한다. 결국 아이를 위한 어머니의 신념은, 욕망을 자식에게 투영한 모순적인 강박으로 변모한다.

나란히 걷는 어머니, 우산

물론 이것은 전부 TV드라마가 지닌 권선징악이라는 기조하에 악인 캐릭터가 받는 응당한 처벌이라고 할 수 있다. 파괴적인 행동을 일삼았던 어머니들은 악인으로서 사실상 사회적으로 제명되는 상황을 맞이하거나 심지어는 목숨을 잃는 결말을 맞이한다. 이들은 각자 자신이 저지른 악행에 걸맞은 형벌을 받는 것으로 이른바 속죄의 과정을 거친다. 그러나 〈슈룹〉은 파괴적인 행동으로 자녀까지 파멸에 빠뜨리는 어머니를 단순히 처벌하고 속죄하게 하는 것에서 멈추지 않는다. 〈슈룹〉은 임화령이라는 존재를 통해 '아이와 함께 나아가는 어머니'라는 성장한 자아로 인물을 나아가게끔 만든다. 그리고 여기에는 임화령이 겪게 되는 갈등이 배경으로 존재한다.

궁궐 안, 왕자들을 위한 빠른 걸음으로 '치맛바람'을 일으키던 중전 임화령은 얌전하고 총명하던 셋째 아들 계성대군이 실은 여성의 정체성을 가진 퀴어라는 사실을 알게 되는 것으로 첫 번째 전환점을 맞이한다. 연달아 그녀가 맞이하는 두 번째 전환점은 바로 자신의 자랑거리, 완전 무결했던 맏아들 세자의 죽음이다. 이처럼 임화령이 놓이게 되는 문제적 상황들은 아이들을 모범적인 국본과 종친이라는 정해진 답으로 이끌기 위해 애쓰던 인물에게 진정으로 아이들을 위하는 길이 무엇인지 자문하고 올바른 답을 찾을 수 있도록 만든다.

임화령은 맏아들의 죽음 이후 아이들에게 강제성을 띤 궁중의 교육법을 시도하지 않게 된다. 그녀는 엄격한 법도를 지닌 중세의 궁궐 안에서 계성대군이 최대한 자신의 정체성을 부정하지 않도록 존중하며 외부의 시선으로부터 그를 보호하고, 죽은 형인 세자의 유지를 받들어 새로운 왕세자가 되기로 결심한 성남대군에게는 어머니로서의 신뢰를 보여줌과 동시에 그가 스스로 주어진 문제를 해결할 수 있는 성숙한 어른임을 지속적으로 상기시킨다. 이때 임화령은 아들의 옆에서 직접 우산을 들어주며 비 오는 저잣거리를 함께 걷는 어머니의 모습으로 그려진다.

우산을 든 어머니 임화령은 자신의 아이들뿐만 아니라 주변의 다른 비빈들과 왕자들에게까지 영향을 끼친다. 임화령은 자신이 들고 있던 우산을 다른 모자들에게 하나씩 내어주며 그들이 나아가야 하는 길을 알려주는 일종의 수호자이자 길잡이로서 움직인다. 그녀는 택현 도중 기력을 잃고 지쳐 쓰러져 있던 왕자에게는 따뜻한 밥상을 내어준다. 미천한 가문 출신인 어머니를 원망하던 왕자에게는 신분이 문제가 아닌, 편법을 이용하려던 태도가 그를 택현에서 탈락하게 했음을 일깨워준다. 물론 그들의 어머니에게는 직접적으로 징벌을 내리기도 하지만, 그보다 더 중요하게 부각되는 건 화령이 제공하는 '기회'다. 진정으로 자식을 위하는 부모는 어떤 부모인지, 직접 고심하며 찾아낸 답을 함께 수용할 수 있도록 하고, 자식과 허심탄회하게 이야기함으로써 서로를 용서할 기회를 제공하는 임화령의 모습을 빌려 〈슈룹〉은 '자식을 위한다는 이유로 잘못된 길을 택한다면 그것은 자식을 다치게 할 수도 있다'고, 진정한 부모는 '앞서 가는 것이 아닌 먼저 가본 길을 알려주는' 사람이라고 말하고 있다. 〈슈룹〉이 내린 일종의 '좋은 부모'에 대한 정의인 것이다.

그리하여 드라마 〈슈룹〉의 마지막은 여전히 비가 오고 있는 궁궐의 정전 앞, 어도 위에 홀로 비를 맞으며 서 있던 어머니 임화령의 옆으로 우산을 든 아들 성남대군이 다가와 그들이 나란히 서 있는 뒷모습으로 장식된다. 궂은비가 내리는 저자의 거리를 묵묵히 함께 걸어가던 우산을 든 어머니는, 이제 아들이 들고 있는 우산 아래에서 비를 피하며 함께 정도(正道)를 걸어 나간다.

여전히 빗속에 서 있지만

사랑하는 내 아이를 세상에서 가장 행복한 아이로 만들어주고 싶은 부모의 마음은 만국 공통이며, 아이들에게 있어 세상의 온갖 위험으로부터 기댈 수 있는 이는 오직 부모뿐이라는 사실은 동서고금을 막론하고 어디에서나 유효하다. 물론 어느 누구도 좋은 부모가 어떤 부모인지에 대한 답은 함부로 내릴 수 없을 것이다. 그러나 부모의 사랑이 하나의 목표만을 고집하고 타인을 공격하는 비뚤어진 방향으로 나아갈 때, 아이는 끊이지 않는 비바람 속에서 위태롭게나마 걸을 수 있는 힘마저 잃어버린다. 그것이 설사 드라마 속의 만들어진 모습에서 얻은 결론일지라도, 이러한 재현과 판단이 현실과 완벽히 다르다고는 할 수 없다.

아이를 진정으로 사랑하는 일은 비바람과 부딪쳐 그것을 몰아내려고 하는 어리석음이 아니라, 아이가 빗속을 조금이라도 나아갈 수 있도록 스스로 그 방법을 깨우칠 때까지 옆에서 묵묵히 기다려주는 일이 아닐까. 〈슈룹〉 속 어머니 임화령과 그의 우산은 이처럼 지금을 살아가는 우리에게 필요한 '좋은 부모의 길'을 제시한다는 점에서 의의가 있다. 〈슈룹〉의 마지막 장면은 비가 완전히 그쳐 해가 쨍쨍한 맑은 날이 아니다. 화면 속의 빗줄기는 여전히 길을 축축하게 적시고, 궂은 날은 언제 갤지 모른 채 끊임없이 이어진다. 그러나 설사 비바람이 그치지 않을지라도, 우산을 들고 길을 나설 수 있게 된 아이는 부모와 함께 나란히 인생을 걸어갈 수 있는 한 명의 어른이 될 것이다.

이젠 사공도 다다익선

MBC 예능 프로그램 〈태어난 김에 세계일주〉 시리즈의 흥행을 보며

최현석

프롤로그

"지금껏 보지 못한 새로운 스타일의 극사실주의 여행 예능 프로그램." 올해 초 방영된 MBC 예능 프로그램 〈태어난 김에 세계일주〉 시리즈[1]의 소개 문구이다. 이 문구에 걸맞게 〈태어난 김에 세계일주〉는 웹툰 작가 '기안84'와 여행 유튜버 '빠니보틀', 시즌 1의 경우 배우 '이시언', 시즌 2의 경우 방송인 '덱스'가 출연해 시청자에게 같이 여행을 떠나는 느낌과 대리만족을 주었다. 대중의 반응은 긍정적이었다. 큰 화제를 불러일으켜, 한국갤럽의 '한국인이 좋아하는 방송영상프로그램'[2] 통합 11위, 예능

---

1   '시즌 1'은 2022년 12월 11일~2023년 1월 22일에 방영되었고, '시즌 2'는 2023년 6월 11일~2023년 8월 13일에 방영되었다.

5위에 꼽히기도 하는 등 수치를 통해서도 2023년 가장 흥행한 예능 프로그램 중 하나임을 확인할 수 있었다. 〈태어난 김에 세계일주〉 시리즈는 여행 프로그램이라는 익숙한 포맷 속에서 참신함을 이끌어내기 위해 다양한 시도를 했고, 그 결과 대중의 호평과 화제성을 모두 잡을 수 있었다.

특정 프로그램 포맷이 유행하면 아류작을 우후죽순 방영하는 한국 예능의 상황에서 〈태어난 김에 세계일주〉 시리즈는 자신들이 내세운 "지금껏 보지 못한 새로운 스타일의 극사실주의 여행 예능 프로그램"이라는 슬로건을 충실히 수행하며 새로운 방향을 제시했다. 그렇다면 어떠한 부분에서 기존의 방식과 차별화했기에 대중이 참신함을 느꼈을까?

즐겁기만 한 여행은 없다

〈태어난 김에 세계일주〉 시리즈는 "사공이 많으면 배가 산으로 간다"라는 속담의 반례를 보여주었다. 출연진 중 A는 즉흥적이며 본인이 직접 경험하는 것을 추구한다. 또한 뛰어난 적응력을 보이며 현지인들과 어울리는 모습을 보여준다. 또 다른 출연자 B의 경우 계획적이며 힐링과 풍경을 즐긴다. 그리고 그는 A와 달리 분위기에 적응하고 현지인들과 어울리는 것에 어려움을 느끼기도 하며 풍경과 힐링을 즐긴다. 이들은 여행 중 사사건건 의견이 합쳐지지 않는 모습, 더 나아가 갈등 상황이 프로그램 속에 지속적으로 나타난다. 시청자들은 이들이 실제로 싸우는 것 아닌가 생각할 수도 있다. 기존의 여행 프로그램에서는 갈등 상황이 생기면 연출진들이 일정 부분 조정하거나 출연진들이 수위를 조절하는 식으

2   2023년 7월 조사.

로, 〈태어난 김에 세계일주〉와 같이 여행의 이면을 강조해 연출하는 경우는 드물다. 불편한 진실이기 때문일 것이다. 하지만 출연진들의 갈등을 제작진의 개입을 최소화하며 보여주는 연출은 실제 여행에서 겪은 갈등 상황을 떠올리게 하며 공감을 불러일으킨다.

기존 여행 프로그램에서 갈등 상황이 드러나지 않았던 것은 아니다. 그러나 차이점은 갈등 상황에 집중했는가에 있다. 기존 여행 프로그램의 경우 갈등 상황이 해결되는 것에 초점을 맞춘다. 갈등 상황이 해결되면 출연진들은 더욱 돈독해지고 화기애애한 분위기를 연출하며 합치된 의견으로 함께 여행을 한다. 즉 돈독한 분위기 연출을 위한 극적 장치로 갈등 상황을 활용하며 갈등 상황에 대한 정답을 정한다. 하지만 〈태어난 김에 세계일주〉는 갈등이 해결되는 모습이 나오지 않은 경우도 허다하다. 이들은 의견이 맞지 않으면 각자 자신만의 일정을 소화하기도 한다. 즉, 정답을 제시하지 않는다. 시청자는 성향이 다른 출연자의 여행 방식을 보며 자신에게 공감되는 면을 찾기도 하고 반대되는 생각을 하기도 한다.

각자의 여행 방식에 대한 존중은 〈태어난 김에 세계일주〉 연출의 주요한 특징이다. 출연자들은 여행 방식에 대해 의견 충돌을 보이고 서로를 이해할 수 없다는 모습을, 프로그램에서는 이들의 여행 방식을 모두 보여줌으로써 시청자들에게 다양한 여행 방식을 소개하고, 정답을 정하지 않음으로써 같은 프로그램 내에서 다양한 색채를 드러내며 연출한다. 출연진들의 갈등 상황을 가감 없이 보여주면서도 각자의 여행 방식을 존중하며 공감을 이끄는 연출은 시청자들에게 새로움을 느끼게 하고 프로그램의 호평을 이끈 요소로 작용했다.

출연자, 연출 방식의 혼합과 시너지

웹툰 작가 기안84는 대중에게 기이함으로 많은 관심을 받는 인물이다. 언뜻 보기에 이상해 보이며 기이한 그의 행동은 그 자체만으로 콘텐츠가 되었다. 〈태어난 김에 세계일주〉 시리즈에서도 그의 개성 있는 모습은 화제가 되며 오락성을 부여하는 주요한 콘텐츠가 되었다. 하지만 그의 특이한 행동만이 프로그램의 성공을 이끌었다고 보지는 않는다. 여행 유튜버 빠니보틀, 배우 이시언, 방송인 덱스 등 또 다른 출연진들의 개성 있는 모습과의 조화는 〈태어난 김에 세계일주〉 시리즈의 성공에서 핵심적인 요소였다. 제작진은 각 출연자의 성향이 모두 다르다는 것을 인지하고, 각각의 출연진에게 역할을 부여하고 조화시켰다. 시즌 1의 경우 프로그램 진행의 중심이 되는 출연자(기안84)와 그에 대비되는 출연자(이시언), 그들 사이를 중재하는 출연자(빠니보틀)로 캐릭터를 구축했고, 시즌 2에서는 프로그램 진행의 중심이 되는 출연자는 동일했지만, 남은 두 출연자가 일종의 조력자 역할을 한다. 각각의 출연진들이 균형을 맞추어 개개인의 매력을 드러냈고 웃음 포인트로 작용할 수 있었다.

성향이 다른 출연진들이 갈등만 겪는 것이 아닌 서로를 이해하는 모습을 보여준다. 언제 싸웠냐는 듯이 잘 어울리는 모습을 보여주는 이른바 '현실 친구'의 모습은 시청자들이 웃음을 자아내게 한다. 출연진들이 실제로 사이가 나쁜 것이 아닌 친한 사이라는 점과 현실에서도 만나면 싸우지만 지속적으로 관계가 이어지는 모습을 어렵지 않게 볼 수 있는 점이 어우러져, 시청자는 이들의 관계에 공감하고 재미를 느낀다. 이들의 진솔한 모습은 예능 프로그램 속에서 다큐멘터리적 색채를 느끼게 하며 드라마적 구성을 가능하게 한다. 그리고 그 속에서 웃음을 유발하는 장면까지 연출한다. 이는 예능적 장면만이 시청자에게 재미를 줄 수 있는 것이 아닌 출연진 간의 인간적인 모습에 시청자들이 공감함으로써 웃음 포인트로 기능함을 시사한다.

여행 유튜버 빠니보틀은 텔레비전에서 자주 볼 수 있었던 인물이 아니었다. 하지만 여행 경험이 많다는 특징을 살려 출연진들이 여행에 어려움을 겪거나 갈등 상황이 발생했을 때 중재하는 역할 역시 수행하며 프로그램의 감초 같은 역할을 한다. 여행 유튜버인 그가 프로그램 내에서 중요한 역할을 수행하는 것은 흔히 보던 연예인만이 방송의 중심이었던 기존의 지상파 방송 경향과 다른 흔치 않은 구성이 차별점이 되었다. 연출 방식에서도 차이가 있었는데, 코로나19 시기 선풍적인 인기를 끌었던 여행 유튜브의 방식인, 출연진들이 고프로를 켜고 카메라에 직접 말하는 모습을 많이 담았다. 지상파와 여행 유튜브 간의 간격을 모호하게 설정하면서 지상파만의 여행 예능을 만들어 냈다.

〈태어난 김에 세계일주〉 시리즈는 각 출연진이 본인만의 뚜렷한 개성을 드러내며 일종의 캐릭터로 기능해 프로그램의 흐름을 풍성하게 한다. 하지만 방송 내에서 제작진의 개입은 거의 보이지 않는다. 즉, 연출되지 않은 출연진의 개성이 조화를 이루는 모습에 시청자는 자연스러움과 재미를 느낀다. 그리고 출연자뿐만이 아닌 지상파와 유튜브의 연출 방식이 조화를 이루어 신선함을 선사했다. 근래의 예능 프로그램에서 찾기 어려웠던 자연스러운 개성의 존중, 조화의 과정은 〈태어난 김에 세계일주〉 시리즈가 기존 예능과 다름을 보여주는 주요한 점이었다.

다다익선(多多益善)과 다다익고(多多益苦)

〈태어난 김에 세계일주〉 시리즈는 출연진들이 여행 가이드가 아닌 같이 여행을 다니는 여행객, 여행 메이트로 시청자에게 다가온다. 시즌 1의 남미, 시즌 2의 인도의 경우 모두 쉽게 갈 수 없는 여행지이며 실제로 대중의 선호도에서 후순위에 위치한 여행지이다. 유명한 여행지가 아닌 상대적으로 비주류이고 난도 있는 곳에서 고군분투하는 출연진의 모습에서 '리얼함'이 강조된다. 기존 여행 프로그램의 일방적인 정보 전달, 혹은 그들만의 힐링을 보여주는 모습과는 달리 〈태어난 김에 세계일주〉 시리즈는 출연진들이 어려움을 겪는 모습을 보여주며 같이 여행하는 느낌을 들게끔 연출한다. 혹자는 이들이 속칭 '생고생'을 하는 모습에 즐거움을 느꼈다고 평가하기도 한다. 사실 여행에 즐거운 순간만 있는 것은 아니다. 이동 중의 불편함, 식사의 불편함 등 여행에서 불편함과 그에 따른 힘듦은 필연적이다. 연출진은 여행의 고됨을 고스란히 보여주며 오히려 대중의 공감을 이끌었다. 여행의 고됨에 공감한 시청자들은 프로그램 속 출연진들의 모습을 보며 같이 여행하는 느낌을 받고, 여러 감정에 동일하게 호흡할 것이다.

이들은 단순히 여행객을 넘어 현지인들과 소통하며 그들의 문화를 즐기며 잠시 동화되기도 한다. 인도의 열차를 타며 현지인과 대화하는 장면, 힌두교 사원에서 무료 급식을 먹는 장면 등은 시청자에게 그들의 문화를 보여줌과 동시에 마치 우리가 그들과 같이 소통하는 듯한 느낌을 선사한다. 출연진들은 열차에서 인도의 문화를 체험하며 지치기도 하며 상한 음식을 먹고 배앓이를 하기도 한다. 일반적인 여행객이라면 쉽게 시도하기 어려운 일이지만 출연진들은 부딪친다. 또한 〈태어난 김에 세계일주〉 시리즈는 현지인과 소통하며 느끼는 체험의 영역뿐만이 아닌 다양한 풍경을 보여준다. 단순히 반복되는 연출이 아닌 다양한 볼거리, 자연환경 등을 보여주어 힐링이나 풍경을 즐기는 시청자들을 만족시킬 수 있었다. 연출자들은 그 풍경을 보여주기까지 출연자들이 겪은 고됨을 보여주고자 시도했다. 실제로 여행에서 다양한 풍경을 보기 위해서는 고생이 수반되는 것이 일반적이다. 기존의 프로그램은 과정이 생략된 결과만을 보여주는 경우가 대부분인 데 반해 과정을 동시에 보여줌으로써 같이 여행하는 듯한 느낌과 함께 성취감을 더욱 배가시킨다.

출연자들은 다양한 모습을 보여주며 흔히 여행에서 시도하는 것부터 일반적으로 시도하지 않는 것에 대한 도전, 다양한 풍경을 담기 위한 여정과 그 과정 속에서의 고됨을 끊임없이 보여준다. 출연자들이 많은 것을 시도할수록 그들의 고생은 늘어나지만 시청자들은 볼거리가 풍성해지며 즐거움을 느낄 수 있는 요소가 늘어난다. 출연자 입장에서는 다다익고(多多益苦)이지만, 시청자 입장에서는 다다익선(多多益善)인 셈이다.

다양함을 보여주는 법: 미디어의 미래

〈태어난 김에 세계일주〉 시리즈는 다양함을 서사적 연출로 묶어냈다. 시리즈를 모두 시청했을 때 내가 여행을 마친 느낌을 들게끔 했다. 출연진 개개인의 이야기를 다채롭게 보여주는 과정에서 의도적인 상황 연출이 아닌, 자연스러움과 그에 대한 배경을 제공하며 재미를 선사했을 뿐만 아니라 출연진들의 여행 과정에 몰입하고 공감하며 시청할 수 있게끔 만들었다. 많은 종류의 다양함을 보여줌에도 어색하지 않고 자연스럽게 시청자들이 받아들이게끔 한 연출이 〈태어난 김에 세계일주〉 시리즈의 종합적인 흥행 요인이라고 말할 수 있겠다.

〈태어난 김에 세계일주〉 시리즈는 다양함을 보여주는 법과 대처하는 법을 방송을 통해 보여준다. 개인의 취향과 개성은 다양해졌으며 우리는 다양함의 존중을 원하고 있다. 일반인보다 더 특이한 기안84의 행동에 즐거움을 느끼고 남미나 인도 현지인들의 문화를 자연스럽게 받아들이는 우리의 모습은, 다양해졌음에도 타인의 시선을 의식하고 다름을 좋지 않게 보는 우리 사회의 일면을 개선할 수 있는 첫걸음이 될 것이다. 다양함을 받아들이고 존중하는 사회로 변화하는 가능성을 〈태어난 김에 세계일주〉 시리즈의 성공이 시사한 것이다.

변화된 사회를 알리는 것은 미디어의 의무이다. 의무를 다하기 위해 미디어는 흐름에 도태되는 모습을 보이지 않아야 할 것이다. 그리고 이들의 성공을 계기로 우리 사회의 구성원이 더욱 다양해지고, 다양함이 존중받는 분위기로 나아가는 과정에서 미디어의 역할을 보여주었으면 한다.

찢어지면 어때, 다시 붙이면 그만이지

우지수

바야흐로 워킹맘 전성시대

2023년 대한민국에는 '일하는 엄마'를 소재로 한 콘텐츠가 유독 많았다. 킬러와 엄마라는 두 위치에서 갈등하는 〈길복순〉부터 자신의 커리어와 아이를 이유로 시어머니에게 퇴사를 종용받는 〈대행사〉의 조은정(전혜진 분), 임신과 육아로 꿈을 포기한 20년 차 가정주부의 의사 도전기 〈닥터 차정숙〉이 그러하다. 이 중 많은 사랑을 받은 〈닥터 차정숙〉은 그동안 미디어가 그리고 있는 엄마의 이미지와 사뭇 다른 모습을 보여준다.

　한동안 미디어에서 그려내는 엄마의 이미지는 어딘가 억척스럽지만, 가정과 자녀들에 희생하는 모습들이 주로 그려졌다. 〈스카이캐슬〉과 〈펜트하우스〉에서는 아이를 전적으로 서포트하는 엄마의 모습을, 〈슈룹〉역시 왕자들의 학구열에 불타오르는 후궁들과 중전의 모성애가 두드러지는 장면이 많았다.

드라마는 현실을 재현하며 재구성한다. 미디어가 담아내는 '엄마'의 모습은 현실의 엄마들과 별반 다르지 않다, 집안일과 자녀의 학업을 도맡아 모두 성실히 해내는. 〈닥터 차정숙〉 역시 여느 드라마처럼 시어머니 수발과 남편에게 인정받지 못하는 아내의 모습으로 시작한다. 하지만 죽을 고비를 넘기며 자신의 삶을 찾아가는 차정숙의 여정은 그동안 아이를 충실하게 키워내고 가정을 지키는 게 성공한 삶이라고 보여주던 미디어에 대항해 '이렇게 살아도 괜찮아'라는 당찬 메시지를 전한다. 드라마 〈닥터 차정숙〉이 어떻게 많은 시청자의 공감을 끌어냈는지 현 대한민국 사회가 마주한 현실과 관련해 들여다보고 과거 드라마와의 차별점을 통해 이 드라마가 성공적으로 막을 내린 이유에 대해 분석해 보고자 한다.

코로나19 후유증, 병명은 경력 단절

코로나가 우리의 삶을 휩쓸고 지나간 후 많은 것이 제자리를 찾은 듯 보이지만, 그 후유증을 아직 견뎌내고 있는 사람들이 있다. 바로 '경단녀'. 풀어 말해, 경력 단절 여성들이다. 코로나19 유행 동안 출산과 육아로 직장을 잃은 여성이 늘어나면서 만 25~54세 여성 10명 중 네 명이 경력 단절을 경험한 것으로 조사됐다. 코로나19로 인한 원격 수업이나 돌봄 기관의 임시 휴원은 육아와 일을 동시에 하는 워킹맘에게 치명적이다. 이러한 이유로 집에 있는 자녀를 돌볼 수 없는 상황에서 다른 방안이 없는 여성들은 자발적으로 일을 그만둘 수밖에 없다.

대부분의 OECD 국가 여성 고용률은 20대부터 40대까지 꾸준히 상승하다 50대 이후 하락하는 것으로 나타나지만, 대한민국의 경우 30대에 크게 하락했다가 40대에 다시 상승하는 양상을 보인다. 이 조사 값의 뜻을 해석해 보면, 우리나라의 많은 여성이 돌봄과 육아라는 벽 앞에서 결국 자신의 커리어를 포기하는 경우가 많다는 것이다. 이러한 우리 사회의 현실은 미디어에서도 여실히 반영되고 있다. 〈스카이캐슬〉의 한서진(염정아 분)의 대사 중 "결혼 전에 잠깐 교사 생활을 했지만, 아이가 생기면서 관뒀어요"는 대한민국에서 아이를 온전히 키워내기 위해 여자는 자신의 직업을 포기해야 하는 것을 짐작할 수 있다. 마찬가지로 노승혜(윤세아 분) 역시 "불문학 박사과정을 수료했지만, 첫아이가 초등학교에 입학하면서 논문 준비는 접었어요"는 실제로 연구직이나 전문직에 종사하는 여성 중에서도 임신, 출산, 육아로 인해 연구 활동 저하와 업적 저하가 경력 단절로 이어지는 현실을 반영한다.

한편, 일과 가정 두 마리 토끼를 잡기 위해 고군분투하는 워킹맘의 이미지는 드라마에서 주로 단호하고 독한 여성으로 표현된다. 드라마 〈미생〉의 선 차장(신은정 분)은 차장이라는 직급에 있으면서도 매번 아이의 어린이집 하원을 걱정한다. 극 중 "워킹맘은 늘 죄인이지. 회사에서도 죄인, 어른들께도 죄인, 애들은 말할 것도 없고"라는 대사는 아이와 어른들께 늘 죄송한 마음을 가지고 살아가는 워킹맘의 심정을 대변한다. 드라마 〈VIP〉에서 송미나(곽선영 분) 역시 육아로 인해 직장에서 난처해하는 모습이 자주 등장한다. 결국 독박 육아와 일을 병행하는 것에 지친 송미나는 남편에게 집을 나갈 것을 고한다.

이 외에도 우리는 미디어에서 워킹맘인 등장인물이 일과 아이라는 두 갈림길 앞에서 갈등하는 모습을 종종 볼 수 있다. 물론 둘 다 쟁취해내는 등장인물도 존재하지만, '일과 가정은 양립 불가능하다'라는 굳건한 명제 안에서 '가능'이라는 새로운 결과 값을 도출하기란 현실에서 너무나 어려운 일이다. 이와 같은 이유로, 각자의 자리에서 경력을 쌓아가던 여성들이 아이가 성장한 후 다시 원래의 일자리를 되찾는 것은 불가능에 가깝다. 우리 사회 분위기가 경력 단절이라는 빨간 줄이 그어져 버린 여성을 반기지도 않을뿐더러, 예전처럼 일을 다시 시작할 수 있다는 자신감도, 젊은 날과는 다른 신체적인 조건도 당당히 내세울 것이 없기 때문이다. 그저 그들이 다시 일어설 수 있는 작은 발판도 준비되어 있지 않다는 사실에 서글퍼질 뿐이다.

차정숙이 집도하는 인생 봉합기

"20년 차 가정주부에서 1년 차 레지던트가 된 차정숙의 찢어진 인생 봉합기를 그린 드라마." 〈닥터 차정숙〉의 한 줄 소개이다. 드라마 〈닥터 차정숙〉은 2023년 4월부터 JTBC에서 방영된 18.5%라는 성공적인 시청률로 막을 내린 드라마다. 새롭고 자극적인 맛으로 떠오르는 OTT 콘텐츠와의 경쟁 속에서 10% 이상의 시청률을 기록한 것은 대박 중 초대박이라고 말할 수 있다. 시청자들의 입맛도 점점 자극적으로 변해가는 흐름 속에서 휴머니즘 드라마라고 할 수 있는 〈닥터 차정숙〉의 어떤 점이 시청자들의 마음을 사로잡았을까?

　순종적인 며느리로 순탄하면서도 결코 마음 편치 못한 삶을 살던 정숙(엄정화 분)에게 찾아온 급성 간부전은 정숙의 삶을 완전히 뒤바꿔 놓는다. 죽을 고비를 넘기고 나니 무서울 게 없어진 정숙은 그동안 아이를 키우며 잊고 살았던 '의사'라는 꿈에 도전하기로 결심한다. 행운처럼 찾아온 기회로 다시 의사가 된 차정숙의 인생은 병원에 입성함과 동시에 이전과 180도 달라진다. 자신보다 어린 레지던트에게 된통 깨지고, 담당

환자가 도망치고, CPR 중 감전돼 쓰러지는 등 스펙터클한 일들이 계속해서 벌어진다. 20대와 사뭇 다른 자신의 암기력과 따라주지 않는 체력적인 조건은 40대 아줌마가 감당하기에 버거운 것은 사실이다. 같은 병원에서 근무하는 아들 정민(송지호 분)은 힘든 레지던트 생활을 견뎌야 하는 엄마가 걱정되지만, 그런 아들에게 정숙은 정신력으로 버틸 수 있다며 투혼의 의지를 보여준다. 병원 사람들도 남편도 나이만 많고 일에 어리숙한 정숙을 인정하지 않고, 그만두기만을 바라지만 그럴수록 정숙은 보란 듯이 성장한다. 특히 정숙의 성장 계기의 발판은 바로 20년 동안 쌓아온 주부 경력이 진가를 발휘한다는 점에서 색다르게 다가온다.

드라마는 그동안 마이너스 요소로 평가받았던 정숙의 세월이 결코 헛된 시간이 아니었다는 것을 다양한 에피소드를 통해 보여주면서, 정숙이 의사로 인정받는 과정을 시청자에게 이해시킨다. 연령대와 성별에 상관없이 가지각색의 환자와 소통하는 뛰어난 공감 능력, 젊은 의사들은 기피하는 일을 나서서 하거나 환자를 돌보는 데 있어 전심을 다 하는 모습은 그녀가 다른 의사들보다 부족하지 않다는 것을 보여준다. 약점이 강점이 될 수 있다는 드라마의 메시지는 정숙과 비슷한 상황을 겪어 봤거나 처한 사람들에게 새로운 희망의 메시지를 불어넣는다.

이렇게 찢어진 차정숙의 인생은 레지던트 복귀로 다시금 봉합한 듯 보이지만, 대학 때부터 이어진 고질적인 흉터는 레지던트 생활과 동시에 다시 벌어지기 시작한다. 바로 남편 서인호(김병철 분)와 그의 첫사랑 최승희(명세빈 분)의 불륜이다. 자신과 똑같은 팔찌를 하고 있는 최승희의 SNS 속 여행지가 남편 서인호의 학회 장소와 겹치면서 시작되는 의심의 불꽃은 시간이 지날수록 점점 커지기만 하고, 결국 온 가족이 사실을 알게 되는 순간이 찾아온다. 정숙은 자신에게는 무심해도 가정은 온전히 지키던 남편의 배신에 평생 겪어도 모를 좌절감을 온몸으로 맞이한다. 울부짖으며 가슴을 치는 정숙의 모습을 보며 그녀의 인생이 얼마나 비참한가 하고 안타깝게 느껴진다. 그러나 남편의 바람에도 꿋꿋하게 병원 생활을 이어나가며 환자를 돌보는 가운데 위로를 얻는 정숙의 모습은 잔잔한 감동을 불러일으킨다. 남편과의 갈등 상황을 겪으며 건강이라는 또 다른 위기를 맞이하는 정숙. 많은 위기를 겪었던 탓인지 이번에는 초연하게 대응한다. 자신이 있던 자리를 갈무리하고 새로운 삶을 시작하기 위해 준비하는 그녀의 모습과 함께 마지막 장면의 대사는 시청자들의 심금을 울린다. "살아 있어서 볼 수 있는 모든 것들에 감사합니다. 그래서 이 순간, 이대로 행복하다고 믿습니다." 살아 있다는 것에 대한 감사. 그렇게 차정숙의 수술은 완벽하게 끝이 난다.

줌마렐라보다는 홀로서기

아줌마가 등장하는 드라마의 경우 빠지지 않고 등장하는 캐릭터가 있다. 바로 아줌마를 사랑하는 미혼의 젊고 잘생긴 남성이다. 〈닥터 차정숙〉 역시 그러한 인물이 등장한다. 바로 외과 교수인 로이 킴(민우혁 분)이다.

아줌마의 파격 변신을 주제로 한 이른바 '줌마렐라' 드라마는 이전에도 여럿 있었다. 2008년에 방영된 남편에게 버림받은 39세 아줌마와 국민 배우의 사랑 MBC 〈내 생에 마지막 스캔들〉, 바람난 남편에게 쫓겨난 전업주부가 재벌 2세를 만나 새로운 인생을 시작하는 SBS 〈조강지처 클럽〉 등 아줌마의 인생은 백마 탄 왕자를 만나 새로운 인생을 시작하는 서사 구조로 이루어졌다. 그동안 30대 이상의 기혼 여성을 대상으로 한 줌마렐라 드라마는 여성들의 로망을 대리만족시켜 주며 큰 인기를 끌었으나, 여성의 사회적 지위가 상승하면서 남편에게 기대는 여성보다는 주체적으로 자신의 삶을 끌어나가는 이야기가 더욱 주목받는 추세다.

차정숙은 로이 교수를 선택하지도, 다시 서인호와 재결합하지도 않는다. 로이 교수는 정숙에게 꾸준히 구애하는 모습이 나오지만, 정숙은 로이를 그저 자신에게 많은 도움을 주는 교수로 생각할 뿐, 그 이상은 없다. 이러한 이야기 전개가 그동안 줌마렐라 신화에 질린 시청자에게 색다르게 다가온다. 사실 '남자'라는 성별에 지칠 대로 지친 정숙에게는 더 이상의 로맨스가 개연성이 없을뿐더러, 자신의 병원을 차리고 봉사활동을 다니며 새로운 삶을 시작하는 정숙의 모습으로 맺어지는 드라마의 결말은 그녀의 안온한 인생을, 또 시청자 자신의 인생을 응원하게 한다.

맺으며

드라마는 그 어떤 방송 프로그램보다도 우리 삶에 깊게 관여한다. 현실을 반영하고 또 다른 이데올로기를 생산해 내기도 한다. 드라마의 목적은 보는 사람이 새로운 것을 꿈꾸게 하고, 위로받게 하고, 사회가 긍정적으로 나아가는 데 중요한 역할을 한다. 이러한 관점에서 바라볼 때 〈닥터 차정숙〉은 현시점에서 가장 필요한 드라마가 아닐까 하는 생각이 든다. 팬데믹 이후 많은 사람이 자신의 터전을 잃고 다시 일어설 용기가 필요할 때인 만큼 〈닥터 차정숙〉이 전하는 온전히 자신의 상처를 봉합하고 일어서는 이야기는 우리 개개인에게 시사하는 바가 크다. 주변을 살필 줄 아는 공감능력과 차정숙이 보여주는 삶에 대한 긍정적인 태도는 이 세대를 살아가는 사람들이 갖춰야 할 덕목이다. 또한 이전과는 다른 아줌마 이야기를 통해 경력 단절 여성에 대해 생각하게 하고 그들에게 용기를 불어넣는 메시지를 전달하는 것은 미디어 제작자에게 남겨진 가장 중요한 숙제이다.

백세시대, 오십이면 청춘이지!

JTBC 드라마 〈닥터 차정숙〉

조수인

'청춘'의 사전적 의미를 찾아보면, 십 대 후반에서 이십 대에 걸치는 인생의 젊은 나이, 혹은 그 시절이라 정의하고 있다. 하지만 '청춘'을 한자로 풀어보면, 푸를 '청'에 봄 '춘'이다. 새싹이 파랗게 돋아나는, 막 시작하는 푸르른 봄을 의미한다. 그렇다면 나이와 상관없이 무엇이든 시작하는 사람, 푸르른 봄 같은 사람을 '청춘'이라고 부를 수 있지 않을까? 2023년 '청춘'이라는 단어와 가장 어울리는 드라마가 있었다면, JTBC 드라마 〈닥터 차정숙〉을 빼놓을 수 없다. 〈닥터 차정숙〉은 평범한 가정주부였던 주인공 차정숙이 1년 차 레지던트가 되어 병원에서 겪는 고군분투를 그린 휴먼 드라마이다.

여성 원톱 주연 드라마를 향한 우려의 시선을 완전히 없애고, 〈닥터 차정숙〉은 최고 시청률 18.5%(닐슨코리아 유료 가구 플랫폼 기준)를 기록하며, JTBC 역대 드라마 순위 4위에 올랐다. OTT와 뉴미디어로 시청자들이 옮겨가고 다양한 볼거리가 쏟아지고 있는 와중에, TV 드라마로서 20%에 가까운 시청률을 기록한 것은 그야말로 홈런이다. 또한 여전히 남성 캐릭터, 남성 배우가 주류를 차지하고 있는 방송계에서 가정주부라는 캐릭터와 중년 여배우 엄정화가 만나 쏘아 올린 작은 공의 위력은 가히 대단했다. 멜로나 로맨스물에 국한됐던 드라마의 여성 캐릭터, 지극히 희생적인 모성애를 강요받던 엄마라는 역할이 어떻게 '닥터 차정숙'에 다다르게 되었는지 그 여정을 돌이켜 보려고 한다. 또한 미디어가 선택하는 캐릭터, 말하고 싶은 메시지는 시대의 흐름에 따라 어떻게 변화해 왔는지 '여성', '엄마', '중년'이라는 3가지 키워드를 가지고 살펴보고자 한다.

시대 흐름에 따른 여성: 엄마 캐릭터의 변화

고두심, 김혜자, 김해숙, 김미경 등의 공통점은 바로 '국민 엄마'라는 수식어를 가진 배우들이라는 것이다. 오랫동안 미디어는 여성에게 가사노동의 주체, 남편과 아이들을 잘 섬기고 돌보는 '엄마'의 역할을 부여해 전형적인 엄마의 모습을 꾸준히 강요해 왔다. '국민 엄마'라는 수식어가 생길 만큼 가족을 위해 헌신하는 엄마의 캐릭터는 본보기가 될 만한 가정에서의 여성, 혹은 엄마의 모습으로 미디어를 통해 그려져 왔다. 드라마 속의 엄마 캐릭터들은 한 명의 인간 혹은 여성으로서의 주체적인 삶보다는, 희생적이고 순종적인 모성애의 이미지로 꾸준히 그려져 왔다. 보통 우리가 본 드라마 속의 '엄마' 캐릭터에 직업은 당연히 없었으며 자신의 꿈을 포기하고 가정을 먼저 돌보고 챙겼다. 또한 엄마들은 가정에서 남편, 자식들보다 먼저 자신의 욕구나 욕망을 노골적으로 드러낼 수도 없었다.

하지만 시대적 변화의 흐름에 따라 '엄마'의 캐릭터도 많은 변화를 겪었다. 여성 캐릭터를 주인공으로 하는 드라마들이 큰 흥행을 거두면서 여성, 엄마에게 주어지는 캐릭터 이미지와 서사가 더 다양해지고 공정해졌다. 흔히 우리가 잘 아는 이미지로 고정되어 있던 중년 여성 캐릭터는 다양한 변주를 통해 온전히 자신의 이야기를 전하는 주인공으로서 역할을 충분히 해낼 수 있게 되었다. 특히 올해 상반기 높은 시청률을 기록한 드라마들만 살펴보더라도 중년 여성 캐릭터를 전면에 내세운 콘텐츠가 얼마나 다양해졌고, 높은 화제성을 기록했는지 알 수 있다. JTBC 〈닥터 차정숙〉 외에도 JTBC 라미란 주연의 〈나쁜 엄마〉, 전도연 주연의 tvN 〈일타 스캔들〉 등 그야말로 여성 원톱 주연 드라마 천하였다. 이렇게 중년 여성 캐릭터가 사랑받은 이유에 어떤 것들이 있는지 알아보자.

변화의 두 가지 배경

이렇듯 중년 여성 캐릭터가 사랑받게 된 배경을 두 가지 이유 정도로 해석해 볼 수 있겠다. 먼저 콘텐츠 소비의 주체가 된 중년들의 등장이다. 과거 미디어, 콘텐츠의 주 소비층은 10~30대였다. 그래서 콘텐츠의 소재나 주제, 등장인물과 스토리 등 역시 젊은 층에 맞춰져 있었다. 하지만 중년들은 일명 '트로트 신드롬'을 일으키며 새롭게 콘텐츠의 주 소비층으로 등장했다. 가수 임영웅을 좋아하고, 임영웅과 관련된 콘텐츠를 소비하는 현상을 일컫는 '히어로 노믹스'라는 말이 등장할 정도로 중년층의 콘텐츠 소비 화력은 상상 이상이다. 중년들은 단순 콘텐츠 시청 외에도 광고 제품을 구매하거나 음원을 스트리밍하는 등 적극적인 콘텐츠 소비 활동을 펼치며 주체로 자리 잡았다.

과거와 달리 자신의 커리어를 유지하면서 개인의 라이프스타일을 중요하게 생각하는 중년들이 많아졌고, 이에 따라 시간적, 물질적 여유가 생긴 중년층들은 주도적으로 콘텐츠를 향유하고 소비하고 있다. OTT의 등장과 유튜브 등 미디어 플랫폼이 다양해지면서 젊은 시청자들이 다른 곳으로 이동했고, TV 앞에 중년들이 모이기 시작한 것이다. 실제 주 시청층, 주 소비층의 변화로 중년들의 높은 공감을 얻으면서 중년을 소재로 한 콘텐츠가 다양하게 늘어난 것 역시 그 이유에 기인하고 있을 것이다.

두 번째는 모성애를 향한 새로운 시선을 그 이유로 들 수 있겠다. 과거 여성과 엄마라는 캐릭터에 씌워진 프레임이 아주 단조롭고 단순했던 것에 반해, 다양한 관점과 시선이 생겼다. 중년 여성 캐릭터는 보통 주인공의 어머니, 혹은 시어머니 등의 역할에 한정되어 희생적인 이미지에 머물러야 했다. 'K-모성애'라는 말이 있을 정도로 한국 드라마에서 어머니의 모성애는 절절하고 눈물 나는 사랑과 헌신 그 자체였다. 여성의 사회적 지위와 역할이 이미 높은 수준에 올랐음에도, 드라마 속의 어머니 캐릭터는 늘 왠지 모르게 〈전원일기〉(1980~2002년 방영, MBC 드라마)' 시절에 머물러 있는 것처럼 느껴졌다.

〈닥터 차정숙〉에서 차정숙은 약 20년간을 가정주부로 살았다. 과거라면, 차정숙이 레지던트의 삶을 선택하지 않고, 원래 살았던 모습 그대로 가정주부로 사는 것이 모성애와 더 가깝다고 생각했을 것이다. 하지만 차정숙은 가정주부로 사는 삶을 졸업하고, 자아실현을 선택했다. 이는 사회적으로 긴밀하게 연결되어 있던 기존 가족 구성원 단위가 개인적인 성격의 가족 형태로 변화한 데 따른 것이기도 하다. 따라서 가족 구성원으로서 엄마의 자아실현이 모성의 파괴가 아니라, 모성의 발현이 될 수 있다는 것을 말한다. 또 타인이 규정한 모성이 아닌, 내가 직접 선택하고 책임지는 새로운 형태의 모성을 제시하고 있다.

주부가 아닌 닥터 차정숙의 인생 리부팅!

〈닥터 차정숙〉은 평범한 20년 차 가정주부가 다시 1년 차 레지던트가 되어 병원에서 겪는 고군분투기를 그린 드라마이다. 차정숙은 자신의 꿈을 다시 펼치기 전까지 평범한 아내, 엄마였다. 덕분에 남편은 병원에서 잘 나가는 베테랑 의사였고, 아들 역시 자신이 목표한 대로 의대를 졸업하고 병원에서 일을 시작했다. 가족 구성원들이 자신의 꿈을 이뤄가는 동안, 남겨진 유일한 사람은 차정숙이었다. 그녀가 20년 만에 다시 '나'를 찾게 되는 과정은 헌신적인 아내, 희생적인 엄마의 모습이 아닌 오로지 주체적으로 꿈을 꾸고, 자신의 삶을 만들어나가는 한 인간의 모습이었다.

심리학자 매슬로(A. H. Maslow)는 인간의 욕구를 5단계로 나누며 최상위에 '자아실현'을 올려두었다. 인간 발달의 최종 목표를 '자아실현'으로 본 것이다. 〈닥터 차정숙〉은 중년 여성의 욕구가 어디를 향하고 있는지 그 시선을 따라간다. 결국, 자아실현을 통해 궁극적인 목표에 도달하고자 하는 인간의 가장 솔직한 욕구를 표출한다. 중년 여성에게 요구하던 캐릭터가 아닌, 한 인간으로서의 솔직함이 차정숙에게 우리가 열광하게 된 이유일 것이다. 엄마가 직업인 삶이 아니라, 진짜 내가 원하는 직업, 한 인간으로서 원하는 삶의 모습을 개척해 가는 차정숙의 모습은 시청자들이 저절로 그녀를 응원하게 했다. 여성의 자아실현이 불필요하던 시절을 지나, 한 인간으로서 추구할 수 있는 당연한 욕구로 받아들여지게 되었다.

차정숙이 다시 온전한 자신을 찾기 위해 선택한 여정은 처음부터 응원과 지지를 받지 못했다. 남편 '서인호'는 불륜녀와 함께 근무하고 있는 자신의 병원 레지던트로 들어오겠다는 아내 차정숙이 불편하기만 했다. 자식들은 자신을 뒷바라지해 주던 엄마의 빈자리가 느껴져 손해를 보는 것처럼 느껴졌다. 시어머니 역시 갑자기 일하러 나가겠다는 며느리의 선택이 전혀 달갑지 않다. 이런 주변 인물들 역시 다시 새로운 도전을 하는 것을 두려워하고 주저하는 중년 여성들의 상황과 비슷한 설정으로 깊은 공감을 끌어냈다.

하지만 차정숙은 이러한 주변의 만류와 방해 공작에도 불구하고 끊임없이 현실을 묵묵히 돌파해 나간다. 갑자기 찾아온 급성 간염을 보란 듯이 이겨내고, 다시 레지던트 면접을 본다. 이미 20년이나 늦은 면접이었고, 나이도 훨씬 많았지만 아무도 차정숙을 막을 수 없었다. 결국 차정숙은 아들보다 더 높은 점수로 레지던트가 된다. 레지던트가 된 이후에도 위기는 계속 찾아온다. 남편의 사내 불륜을 알게 되고, 남편의 다른 자식이 있다는 것도 알게 되면서 다시 자신의 건강까지도 더 나빠진다.

〈닥터 차정숙〉이 중년 여성의 캐릭터를 소재로 한 이전의 드라마들과 다른 차별점은 이러한 위기 상황에서 더 도드라지게 나타났다. 위기 상황에서 다시 누군가를 의존하려고 하거나, 뻔한 로맨스 클리셰로 이야기를 끌고 가 매듭짓는 것이 아니라 더욱 홀로서기에 집중했다. 물론 차정숙에게도 '로이'라는 백마 탄 왕자가 잠깐 찾아오기도 했다. 차정숙은 로이의 마음을 평생 잊지 않겠다고 에둘러 그의 마음을 거절했지만, 로이는 다시 자신을 평생 옆에 두라는 대답으로 고백을 했다. 하지만 차정숙은 그의 마음을 끝내 거절했다.

특히 본인의 레지던트 면접장에서 엄마를 마주치게 된 아들의 서사도 흥미로웠다. 자신을 뒷바라지해 주던 엄마가 직장 동기가 된다는 것은 꽤 어색하고 부담스러운 상황이다. 처음엔 엄마에게 병원에서 아는 척을 하지 말라고 하는 등 적대적인 태도를 보인다. 하지만 결국 아들은 불완전한 상황 속에서 자신의 꿈을 찾아가는 엄마의 여정을 누구보다 더 지지하고 응원한다. 엄마가 어려워하는 병원 일을 유튜브 영상을 보내주며 가르쳐주거나 당직을 대신 서주려고 하는 등, 늦은 나이에 레지던트 생활을 시작한 엄마를 가장 가까이에서 돕고 이해해 준다. 이는 앞서 말했듯 모성 수행에 대한 새로운 시선을 보여준다. 엄마의 역할을 위해 포기했던 것들을 다시 찾는 것을 응원하고, 자식들 역시 자신만을 바라보며 희생하는 엄마를 더는 바라지 않는다는 메시지를 던져준다.

결국 차정숙은 불륜을 저지른 남편과 이혼했다. 또 차정숙은 자식들만 쳐다보고 바라며 사는 삶을 선택하지 않았고, 남편 외에 새롭게 기대할 만한 대상을 찾지도 않았다. 차정숙은 혼자서 만들어나갈 평범한 하루하루를 선택했다. 전공의가 되고, 자신의 병원을 개원하고, 봉사활동을 하며 사는 삶으로 마무리되는 〈닥터 차정숙〉에서 주인공 차정숙의 마지막 대사가 인상 깊었다. "살아 있어서 볼 수 있는 모든 것에 감사합니다. 그래서 이 순간을 행복하다고 믿습니다." 누구의 도움이 아니라 차정숙 스스로 만든 주체적인 삶이 진정한 행복을 만들었다는 결말은 아마 어떤 이유로든 무엇인가를 주저하고 있던 중년 여성들에게 큰 용기를 주었을 것이다.

그럼에도 불구하고 '닥터 차정숙'

중년 여성 배우들이 다양한 캐릭터와 소재로 콘텐츠의 중심 인물이 되었지만, 가부장적 사회에서 그들에게 새롭게 부여하는 역할의 한계는 너무나 뚜렷하고, 변화는 아직 미미하기만 하다. '응답하라 1988'에서 엄마 역할을 맡았던 '김선영' 배우 역시 한 영화 인터뷰에서 이러한 상황에 대해 아쉬움을 토로하기도 했다. "작품 대부분이 남자 역할이고, 여자 역할이 아주 작다. 그 와중에도 50대 여성이 들어갈 수 있는 시나리오가 많지 않다"고 말했다. 아직 중년 여배우들이 극 중 '엄마'라는 역할의 한계를 완전히 벗어나기엔 더욱 담대한 시도들이 필요해 보인다.

〈닥터 차정숙〉에서 주연을 맡아 차정숙을 연기한 배우 '엄정화' 역시 드라마 제작발표회에서 "지금 자신의 인생과 차정숙의 인생이 많이 닮아 있어 뭉클했다"라고 밝히기도 했다. 아마 배우 '엄정화' 역시 50대가 되면서 중년 여성 배우로서 많은 고민과 어려움이 있었을 것이다. 하지만 차정숙의 새로운 도전과 담대한 용기가 이를 연기한 배우 엄정화의 삶에도 큰 영향을 끼쳤을 것으로 생각한다. 여성 캐릭터와 서사가 더 다양해지고 지속할 수 있기 위한 고민이 필요한 시점이다. 단순한 여성 주인공 역할 그 이상의 메시지를 담을 수 있는 고민 역시 병행되어야 할 것이다.

또한 〈닥터 차정숙〉의 이야기 전개에서 차정숙이 조금 더 주도적인 캐릭터가 되지 못한 부분에 대해 아쉬움이 남는다. 남편의 불륜, 시어머니의 구박, 몸의 병까지 얻었지만 20년 만에 나선 사회활동 자체도 환영받지 못하며 어려움을 겪는 전형적인 여성 캐릭터이다. 다시 시작한 병원 생활에서도 '로이'라는 이성에게 도움을 받거나 흔들리는 모습을 보이는 등 일부 의존적인 여성의 캐릭터도 여전히 남아 있었다. 결말

역시 불륜한 남편과 이혼은 했지만, 관계를 다시 끌고 간다든가 불륜녀와 구체적인 해소의 과정 없이 그녀를 용서하는 등 결국 뚜렷한 공격 없는 미지근한 방어만 남은 모습 역시 개운하지 않았다. 여성 캐릭터와 서사에 대한 더욱더 주도적이고 주체적인 소재들이 다채롭게 만들어지기를 바란다. 여성의 복잡하고도 어려운 욕망을 더 섬세하게 담아낼 수 있는 작품들이 많이 만들어졌으면 하는 바람이다.

그럼에도 불구하고, 우리가 〈닥터 차정숙〉에 열광한 이유는 반대의 길을 선택했기 때문일 것이다. 〈닥터 차정숙〉은 남성이 아니라 여성을 선택했고, 20대 여성이 아니라 중년 여성을 선택했다. 모두가 늦었다고 하는 나이에 레지던트라는 새로운 시작을 선택했다. 숱한 위기와 어려움 속에서도 결국 차정숙은 혼자 스스로 살아가는 인생을 선택했다. 이 모든 선택을 우리는 지지하고 응원하면서 차정숙의 발걸음을 따라갔다. "레지던트를 거쳐 의사가 되면 오십이다"라고 말한 남편에게 차정숙은 "백세시대, 오십이면 청춘이지!"라고 답한다. 주저하고 있던 모든 청춘에게, 새롭게 시작하는 모든 청춘에게 큰 위로와 공감을 준 작품이었다. 정답만 외치는 사회에서 반대의 길, 새로운 선택들도 있다는 것을 보여주는 〈닥터 차정숙〉과 같은 작품들이 계속해서 나올 수 있기를 기대해 본다.

'아이'여선 안 되는 세상

김채은

아이를 좋아하십니까?

"당신은 아이를 좋아하십니까?"

무작위 열 명에게 이렇게 묻는다고 가정해 보자. 셋쯤은 좋아한다고 답하고, 셋쯤은 우는 소리가 시끄럽다거나 하는 이유로 싫어한다고 답하고, 또 셋쯤은 이도 저도 아니며 별다른 생각이 없다고 할지 모른다. 남은 한 명의 대답을 듣지 못한 채로, 그렇다면 "우리나라는 아이를 아껴줍니까?" 하고 다시 그 열 명에게 물어보자. 이번에는 대답이 모호해진다. 아껴준다는 확실한 증거도, 그렇다고 확실하게 무관심하다는 증거도 없다. 개개인의 생각이 아닌 나라 단위와 아이를 엮어보았을 때 그나마 머릿속에 떠오르는 건 일명 '민식이법'이나 출산장려 정책일 것이다. 그러나 이런 정책과 법 몇 줄로 정말 나라에서 태어나는 아이들이 소중히 여겨질 수 있을까? 이쯤에서 가장 첫 번째 질문에 아직 보여주지 않았던 한 명의 답변을 꺼내고자 한다. "당신은 아이를 좋아하십니까?" 그 질문에 대한 마지막 답은, "그건 호불호를 따질 문제가 아니다"라는 말이다. 이 글에서는 아직 어른이 되지 못한 이들, 즉 아이나 청소년들을 중심으로 다루는 예능 프로그램과 그 프로그램들이 사회에 미치는 영향력을 말해보고자 한다.

아이의 삶

최근 타인의 말을 듣지 않고 제멋대로인 사람을 칭하는 말로 '금쪽이'라는 단어가 유행 중이다. '금쪽이'라고 칭하는 사람들의 나이는 천차만별이지만, 그 뜻의 공통점은 바로 대부분의 사람들이 문제아들을 보며 떠올리는 성질이란 것이다. 본래 금쪽이란 말은 작은 금 조각을 뜻하는 말로, 아주 귀중한 것이란 의미를 담고 있다. 그렇기에 한국에선 전통적으로 자식을 비유하는 말로 쓰여 오기도 했다. 그러나 그 뜻이 변화하기 시작한 것은 채널A에서 매주 금요일 오후 8시에 송출되는 〈요즘 육아 금쪽같은 내 새끼〉(이하 〈금쪽같은 내 새끼〉)의 방영 이후부터. '금쪽같은 내 새끼'라는 수사어를 프로그램이 차용해 '금쪽이'라는 명사형을 새로 만들었기 때문이다. 〈금쪽같은 내 새끼〉는 오은영 박사를 중심으로 한 출연진들이, 육아 관련 문제를 겪고 있는 일반인들의 사연을 받아 스튜디오에서 VCR을 보고 솔루션을 제안하는 예능 프로그램이다.

이 프로그램의 가장 큰 특징 중 하나는, 사연자인 아이의 이름을 직접 부르지 않고 매화마다 '금쪽이'로 바꿔 부른다는 것이다. 아이가 외동이 아닌 경우에는 '금쪽이 1호', '금쪽이 2호', 심지어는 '은쪽이'로까지 부르면서까지 프로그램은 TV라는 공개적인 매체에 얼굴을 비춘 아이가 쉽사리 자신의 실명을 불리며 비난받지 않도록 미래를 고려해 주고 또 생각해 준다. 그러나 본래의 선량한 의도와는 달리 수용자들은 아이들을 보호하려 부르는 '금쪽이'라는 호칭을 변질시켰다. 이제 '금쪽이'는 어른들이 흔히 문제아 같은 행동을 벌이는 사람을 다시 틀에 가두는 단어가 되어버렸다.

분명 올바른 육아 방법을 코칭해 주는 프로그램에서 사용한 단어가 이렇게 변질을 겪은 것은 비단 방송만의 잘못은 아니다. 다른 예시를 들어보자. 현대 사회에 살며 여러 매체를 이용하면서 '잼민이'라는 단어를 들어보지 못한 어른이 있을까? 'ㅇ린이'라는 단어는? '잼민이'는 철없이 민폐를 끼치는 저연령층 아이들을 나타내는 멸칭 신조어다. 더 이전에 만들어진 'ㅇ린이'는 지금까지도 무언가에 서툰 사람이라는 뜻을 가져, 게임을 잘 모르는 '겜린이'나 매운 걸 잘 먹지 못하는 '맵린이' 등 여러 예시로 변형되어 쓰이고 있다. 어린아이를 대접하기 위해 만들어진 '어린이'라는 단어가 오히려 아이를 깎아내리는 방식으로 쓰이고 있는 형국이다. 심지어는 현 사회에서 아이를 지칭하는 단어 중 존중하는 뜻을 가진 것보다 멸칭이 더 많아 보이는 지경이다.

사실, 아이는 그렇게 매사에 완전히 서투르거나 약하지 않다. 매 순간 자신이 바라는 것을 위해 떼를 쓰거나 울지도 않고, 눈높이에 맞춰 설명해 주면 이해할 수 있는 아직 성장 중인 인간일 뿐이다. 그러니 어른의 서투르거나 약한 면을 어린이로 빗대어 표현하는 것은 무례이며 편견이 될 것이다. 입에 붙어버린 잘못된 말버릇을 떼어내는 것은 쉬운 일이 아니지만, 그럼에도 이 사회의 아이들을 책임져야 하는 어른으로서 그 정도의 과제는 감내할 만한 가치가 있다.

'여전히' 아이인 이의 삶

MBN에서 방영하는 〈어른들은 모르는 고딩엄빠〉(이하 〈고딩엄빠〉)는 벌써 시즌 4까지 이어지고 있는 관찰 예능 프로그램이다. 10대에 아이를 가진 일명 '고딩엄빠'의 사연을 받고 출연진들이 스튜디오에서 그들의 생활을 본다는 점에서는 〈금쪽같은 내 새끼〉와 포맷이 크게 다르지 않다. 〈금쪽같은 내 새끼〉에서는 육아 문제의 중심인 아이와 부모를 다루지만, 〈고딩엄빠〉에서는 임신과 출산 그리고 육아를 겪고 있는 청소년들의 전반적인 이야기를 다룬다는 것이 차이점이다. 그동안 한국 사회에서 미성년자 부모, 특히나 미혼모는 주목받지 못했다. 정확히는 그들이 올바르지 못하다는 편견에 의해 사람들이 쉬쉬하며 꺼리는 대화 주제가 된 것이다. 그럼에도 〈고딩엄빠〉는 "벼랑 끝에 선 고딩엄빠들이 어엿한 사회의 일원으로 성장할 수 있도록 응원하고 지지하며 방법을 모색해 본다"라는 기획 의도를 내걸었다. 그런 배경을 떠올렸을 때, 〈고딩엄빠〉가 청소년 부모들을 수면 위로 떠올린 것은 그 가시화에 있어서 커다란 의미가 있다.

〈고딩엄빠〉는 일반 관찰 예능처럼 스튜디오의 패널들이 사연자들의 VCR을 보는 형식이지만, '사연 재구성 방식' 또한 채택하고 있다. VCR을 보기 전에 사연자들이 어떤 사정으로 왜 부모가 되었는지를 간략하게 보여주며 시청자들이 본래 청소년 부모에게 가졌던 선입견을 해소하고 공감을 유도하는 것이다.[1] 이러한 과정은 프로그램의 사연자들을 넘어서 그들이 가진 사회의 주류에서 벗어난 '소수자'라는 특성까지 좀 더 또렷하고 너른 관점으로 바라보게 한다.

---

1   "[리뷰] '고딩엄빠'의 명과 암", OTT 뉴스, 2022.4.21, http://ottnews.kr/View.aspx?No=2285373(검색일: 2023.10.15).

그러나 가시화의 의의를 넘어서는 기획 의도 전달에 대해서 회의감이 드는 것이 사실이다. 앞서 말했듯, 지금까지 세상의 시야에서 가려지도록 꽁꽁 감춰진 사회 구성원들을 모두의 앞에 드러낸 것은 분명 큰 도약이다. 그러나 고등학생 부모들이 어엿한 사회의 일원으로 성장할 수 있도록 응원하고 지지하며 방법을 모색해 본다는 프로그램 기획 의도대로 현재 방송의 방향이 잘 설정되어 있는가? 사연자들의 삶은 방송 출연 이전보다 확실히 더 단단해지고, 안정적인 궤도로 흘러가고 있는가?

〈고딩엄빠〉의 공식 홈페이지를 들어가 보면, "아름다운 선택을 한 고딩 엄빠들을 응원해 주세요!"라는 문구가 크게 보인다. 그러나 시청자 게시판의 생각은 제작진들과 완전히 같지 않은 모양이다. 시청자 게시판에는 자칫 〈고딩엄빠〉가 미성년자의 임신과 출산을 미화하는 프로그램이 되어버릴까 걱정이라는 의견이 수두룩하다. 본래 '미화'라는 단어에는, 사실과는 다르게 아름다운 것처럼 꾸민다는 뜻이 담겨 있다. 청소년의 임신과 출산은, 또 그 주체에 놓인 청소년은 제작진의 의견대로 '아름다운 것'일까, 혹은 일부 시청자들의 생각처럼 '아름답지 않은 것'일까?

고민이 많아질 이쯤에서 우리가 다시 한번 떠올려야 할 것은 바로 그 부모들 또한, 어른의 보호 아래 놓인 청소년이란 점이다. 성인이 되기도 전에 아이를 잉태해 낳고 키우는 선택을 했지만, 그들은 어른(grown-up)이 아닌 다 성장하지 못한 존재이고 동시에 온전한 삶으로 이끌어져야 할 피보호자다. 그러니 그들의 선택에 어떤 의견을 가지고 있더라도 그들이 어엿한 사회의 일원으로 성장할 수 있도록 지지하고 도움의 손길을 내밀어야 하는 것은 부정할 수 없이 자명한 사실이다.

그러나 〈고딩엄빠〉는 〈금쪽같은 내 새끼〉와 비교했을 때, 자체적으로 가진 솔루션이 부족하고 그들의 신변을 보호하려는 대책도 없다.

게다가 그렇게 갑자기 부모가 된 청소년들을 바라보는 대중의 시선엔 일부 따스한 흐름도 있지만, 아직은 대부분 차갑기만 하다. 준비가 된 사회라는 수면 위로 가벼운 돌을 던졌다면 그건 아름다운 파장이 됐겠지만, 작금의 상황에서 청소년들에게 도움이 될 수 있을 방법은 알량하게도 공식 홈페이지를 통한 몇 푼의 후원뿐이다.

아이'였던' 이의 삶

〈금쪽같은 내 새끼〉와 〈고딩엄빠〉의 공통점을 꼽자면, 그건 사회에서 숨겨야 할 사람으로 취급 받아온 어린 사람들을 조명하고 응원한다는 점이다. 자제하지 못해 쉽게 폭력을 휘두르는 아이부터 틱 증상을 가진 아이, 트라우마로 바깥에 나오길 꺼려하는 아이, 그리고 청소년 우울증을 가져 습관적으로 자해하는 아이와 남편 없이 홀로 아이를 키우려 하는 미혼모 아이까지 그들은 지금까지 사회에서 배척당해 온 존재들이었다. 지하철 같은 공공장소에서 행인들이 마주치고 싶어 하지 않아 했고, 또 알아가려 하지도 않았던, 속칭 '비정상인' 말이다. 예능이라는 카테고리 아래에서, 다수라는 이유로 자신들을 '정상인'이라 여기는 사람들끼리 웃고 이야기했던 프로그램들은 너무나도 많다. 그곳에는 똑 부러지고 잘 웃으며 아픔이 없어 보이는 어린이나 화목하고 문제없는 가정을 이룬 부부, 그리고 장애 없이 스스로 거동할 수 있는 말끔한 성인들뿐이다. 하지만 지구상 80억 인구 중 그런 사람은 정말 몇이나 될까? 방송을 시청하는 수용자들인 우리는 스스로 내가 과거, 현재, 미래를 통틀어 평생 '정상인'이리라 장담할 수 있는가?

할 수 없을 것이다. 그렇기에 우리는 '비정상인'들의 이야기를 담은 방송을 원한다. 〈금쪽같은 내 새끼〉를 보고 한 아이는 자신만이 이런 아픔을 겪고 있지 않구나 하며 깨달을 수 있을 테고, 또 어떤 부모는 젊을 적 자신의 훈육 방식이 아이에게 상처 주었음을 깨닫고 용기를 내어 뒤늦은 사과라도 할 수 있을 것이다. 〈고딩엄빠〉를 통해 청소년 부모들의 고충을 사회가 알고 연대해 그들을 위한 새 정책을 만들도록 이끌 수 있을 것이며, 그저 불건전하고 어울려선 안 되는 문제아로 보던 그들을 외면하기보단 조금이라도 더 열린 마음가짐으로 마주할 수도 있으리라.

하지만 일각에서는 이런 현실을 꼬집는 프로그램들이 결혼과 출산에 대한 공포를 키우며 부정적 메시지를 심는다는 의견도 있다. 그렇다면 관점을 바꿔 다시 보자. 오히려 한국 사회에서 결혼과 출산, 그리고 육아가 그간 지나치게 아름다운 모습으로 그려져 왔던 것은 아닐까? 한 생명을 열 달간 몸속에서 키우다가 낳는 것만으로도 쉬운 일이 아닌데, 막상 낳고 나면 아득한 육아 기간이 부모를 기다리고 있다. 게다가 아이는 스스로 생각할 수 없고, 움직일 수 없는 화분의 화초가 아니다. 드라마에서 나오듯 매사에 차분하고, 공공장소에서 울지도 않으며, 부모의 속을 썩이지 않는 아이들은 오히려 소수이다.

그렇지 않은 것이 보통의 아이다. 때로는 정신 사납고, 시끄럽고, 스스로의 감정을 주체할 수 없는 그런 존재. 우리가 바로 그 아이들이었다. 다만 잊어버렸을 뿐이다. 개구리가 올챙이 적을 기억하지 못하듯 말이다.

우리는 한때 모두 아이였다

아이 시절을 겪지 않은 어른도 있을까? 글을 마무리하는 과정에서 던지기엔 어쩌면 너무 당연해 보이는 질문이다. 그렇기에 모두가 답할 수 있는 쉬운 질문이기도 하다. 그 정답은 '아니요'다. 우리는 한때 모두 누군가에게는 금쪽같이 소중한 아이였고, 그렇기에 이렇게 한 사회의 어엿한 어른으로 자랄 수 있었다. 물론 스스로가 완전한 어른이라고 느껴지지 않고, 오히려 '비정상'에 가까운 사람이라고 느껴질 수 있을 것이다. 하지만 그렇기에 아이에게 더더욱 '정상성'이라는 잣대를 세워서는 안 된다. 비정상적인 아이를 포용하고 아껴주지 않는 사회는 당연하게도 비정상적인 어른 또한 받아들일 그릇이 되지 못하니까 말이다.

〈금쪽같은 내 새끼〉와 〈고딩엄빠〉라는 프로그램은 아이들, 여전히 아이인 이들, 또 아이였던 이들을 위한 이 시대의 큰 한 걸음이다. 어떤 형태로 있든 사회 구성원인 한 명의 인간을 위해 다 함께 나아가고자 하는 프로그램의 시도에, 화답하고 지지할 수 있는 것은 그 누구도 아닌 수용하는 시청자들일 것이다. 설령 프로그램이 본래의 긍정적인 취지를 잃어가고 있는 지금과 같은 상황에도 말이다.

아이에 관해서는 호불호를 논할 문제가 아니라지만, 방송에 관해서는 이에 대해 논해볼 수 있을 것이다. 좋은 방송이란 무엇인가? 어떤 이는 하루의 피로를 다 씻어낼 재미있는 개그 프로그램이라 답할 것이고, 어떤 이는 손에 땀을 쥐며 몰입하게 만드는 드라마라고 답할 것이다. 의견이야 수백 가지겠지만 확실한 건, 어떤 이는 그 질문에 '더 인간답게 살 수 있도록 하는 방송'이라 답하리란 것이다. 그러니 편견을 벗고, 열린 마음으로 연대하자. 그 아이가 어떤 형태였든 그건 우리였으며, 우리이며, 우리일 것이니 말이다.

사랑의 배후에는 무엇이 존재하는가

JTBC 드라마 〈사랑의 이해〉 속 재현된 사랑의 비환상성

황지원

로맨스의 뒤편에 서보기

로맨스 드라마는 사랑의 환상성을 제안한다. 방식에 변주는 있을지언정,
사랑만이 낭만적 유토피아를 구축하며 너와 나의 합일을 이루어낼 수 있
다는 것이 로맨스 드라마의 최종적인 귀결 지점인 것이다. 그러니까 사
랑만이 주체를 구원한다는 믿음 아래에서 문화산업은 사랑을 천진하게
긍정하고 있다. 로맨스의 계보를 한번 살펴보자. 로맨스의 원형인 기사
도 문학부터 현대의 칙릿(싱글녀) 로맨스까지 계보적 로맨스 서사는 전부
'사랑의 환상'에 대해 발화한다. 그렇다면 역설적으로 드라마와 미디어가
사랑의 환상성을 끊임없이 재현하고 있는 이유는 무엇인지 상기해 보아
야 할 필요가 있다. 모든 재현의 욕망은 곧 재현 불가능성을 담보로 하고
있기에, 결국 사랑은 본질적으로 없음에 의탁하는 것은 아닌지에 대해서

말이다.

드라마 〈사랑의 이해〉(JTBC, 2022.12.21~2023.2.9)는 전통적 로맨스 드라마 시청자들의 기대를 배반한 채 어딘가 답답하고 불편한 감각을 제공한다. 이 답답함의 기원이 단지 드라마가 자극적이지 않고, 전개속도가 빠르지 않으며, 문학적 은유를 통해 서사를 전개하고 있기 때문만은 아닐 것이다. 대신 〈사랑의 이해〉는 사랑이 단지 마음의 문제만을 전제로 하고 있지 않다는 사실을 점진적으로 가시화한다. 환상이 거세된 현실을 마주하는 일은 언제나 '불편한' 일이다. 그렇기에 〈사랑의 이해〉의 인물들이 관계 내부에 교착되어 있는 상태로 나아가지 못하는 것은 당연한 것일지도 모른다.

이해(利害)와 이해(理解)

〈사랑의 이해〉는 은행에 근무하는 네 인물 안수영, 하상수, 박미경, 정종현이 상호 관계를 맺으며 전개된다. 용역 업체에서 파견된 청원경찰로 근무하는 정종현을 제외한 나머지 세 명의 인물은 은행에서의 직위 차이가 표면적으로는 크게 두드러지지 않는다. 그러나 직업이라는 표피를 벗겨낸 이후의 배경적 차이는 위계를 구축하며 이와 동시에 자본주의에 의한 계급적 피라미드를 소환하고 있다. 가령 박미경은 건설회사 대표의 딸이자 사회가 명명한 '금수저'다. 하상수의 경우 홀어머니 아래에서 자란 아들이지만 그의 어머니는 에스테틱 숍을 운영하고 있다. 또한 그는 좋은 대학교를 졸업해 은행에서 계장으로 일할 정도의 능력과 배경적 자본을 가지고 있는 인물이다. 하상수는 박미경의 끈질긴 구애 끝에 좋은 관계로 발전하게 되지만, 이들 사이에 계급적 낙차가 존재함은 명백하다.

그리고 이 계급적 낙차는 사랑이라는 명제에 빠르게 균열을 가한다.

자본주의 사회에서는 교환과 거래의 법칙으로부터 벗어나 있었던 영역도 시장경제 내부로 포섭된다. 그 결과 타자와 관계를 맺고 그 관계를 꾸려나가는 연대의 방식과 성격이 자본제 사회의 가치 체계를 재현[1]하게 된다. 여기서 교환되는 것은 데리다가 '무엇(the what)'이라 지칭했던 것들, 이를테면 외모, 집안, 학벌, 연봉, 직업 등의 가치들이다. 이러한 가치들을 연애자본이라 이해할 수 있을 것인데, 연애시장에서 이들이 교환되는 메커니즘은 일반적인 상품시장에서의 그것과 매우 유사하다.[2] 드라마에서는 결혼이라는 사회적 제도로 이 메커니즘을 가시화한다. 이를테면 하상수의 은행 동료인 석현은 4년 동안 교제했던 정은과 결혼하는 대신 더 나은 배경적 자원을 가지고 있는 여성과 결혼한다. 왜냐하면 정은은 "집에 푸세식 화장실"이 있는 여성이기 때문이다. 석현의 이야기는 비단 석현에게만 통용되는 것이 아니라 상수를 포함한, '결혼 적령기'를 앞둔 인물들에게 환원되는 이야기이기도 하다. 그러기에 사실 박미경과 하상수의 관계가 최종적으로 실패했던 것은 단지 하상수가 박미경보다 안수영을 더 사랑했기 때문만은 아닐 것이다.

한편 이 자본주의의 룰은 하상수와 안수영의 관계망에도 유효하게 작동한다. 안수영은 통영에서 굴 국밥집을 운영하고 있는 부모 아래에서 자란 인물이다. 안수영이 서울에 취직을 하게 된 이후로부터 그들은 은행 옆에 있는 시장에 가게를 내게 되지만, 사실 안수영의 어머니는 한쪽 다리가 불편하며 안수영의 최종 학력은 고등학교 졸업이 전부이다. '고졸'과 '대졸'이 사회적 맥락에서 가지는 전형적인 의미는 〈사랑의 이해〉

1   김주은, 「사랑의 존재론: 오늘날의 사랑에 대한 소고」, 《이주사학회》, 13(2015), 111쪽.
2   같은 글, 112쪽.

에서 계급적 배경을 구축하는 장치로 기능한다. 가령 안수영이 은행 동료의 제안을 이기지 못해 나간 소개팅 자리에서 '삼전'에 근무하는 소개팅 상대가 안수영에게 학부 시절 어떤 전공을 공부했는지에 대해 물어보았을 때, '고졸'이라 대답하는 안수영의 얼굴은 덤덤하게 묘사되지만 홀로 집으로 돌아가는 길에서는 비참한 표정을 숨기지 못한다. 게다가 안수영은 일반 직군이 아닌 '고졸'인 '텔러'에 불과하다. 그렇기에 하상수에게 안수영은 (미래와 전망에 대한) '변수'로 작동한다. 박미경과 자신의 사이와 마찬가지로, 그는 안수영과의 낙차 역시 인지했기 때문이다.

반대로 정종현과 안수영의 관계가 성립되었던 이유도 같은 맥락에 속한다. 정종현은 은행에서 청경직으로 근무하는 인물로, 은행 소속이 아니라는 이유로 공동체 내부에서 종종 소외된다. 그는 경찰 공무원 시험을 준비하고 있으나 고향에서는 몸이 불편한 어머니를 돌보아야 한다. 아무리 노력해도 "0조차 되지 못하는" 인생을 살아가고 있는 정종현에게는 가진 것이 없다. 그리고 안수영은 이러한 정종현의 배경을 읽게 된다. 오직 비슷한 층위에 존재하는 이들만이 공동체를 형성할 수 있기 때문이다. 이러한 계급적 낙차는 〈사랑의 이해〉에서 사물화되어 재현된다. 이를테면 네 인물들이 집에서 커피를 마실 때 드라마에서는 박미경─하상수─안수영─정종현의 순서대로 에스프레소 머신으로 내린 커피, 캡슐 커피 머신, 드립 커피, 믹스 커피를 마시는 장면이 배치되었다. 인물들에게 이것은 단지 오랫동안 반복해 왔던 일상에 불과하지만 이후 삽입되어지는 다른 인물들의 생활 방식으로 인해 일상은 계급 재생산의 현장으로 재편된다. 이것은 안수영에게 더 명백하게 전면화되어 안수영이 결국 일상이라는 지면으로부터 밀려나게끔 만들기도 한다. 안수영이 접대 차 VIP 고객의 집에 방문했을 때 안수영은 고객의 집에서 자신이 좋아하는 작가의 작품이 걸려 있는 것을 목격하게 된다. 이어 고객은 그 작품이 자신의 딸이 좋아하는 작품이라고 이야기하는데, 거실에 놓여 있던 가족사진으로 안수영은 VIP 고객의 딸이 박미경이며 VIP 고객은 박미경의 모친이라는 사실을 알게 된다. 몇 발자국 뒤에서 관람할 수밖에 없던 작품이 다른 세계에서는 코앞에 닿을 만큼 가까이 존재한다는 사실로부터 모종의 위계적 낙차가 발생하게 되는 것이다.

그러나 인물들 사이에는 단지 계급적 문제만 존재하는 것은 아니다. 안수영과 정종현의 경우, 사실 안수영이 정종현에게 제공하고 있는 것은 사랑이라기보다는 모성애적 움직임에 가까우며, 그것은 사랑 이전에 연민이 자리하고 있는 행위이기 때문이다. 그렇기에 정종현은 안수영에게 "나를 진짜로 사랑"하는 것이 맞는지 묻는다. 안수영에게 사고로 목숨을 잃은 남동생이 있다는 사실을 인지한다면 안수영과 정종현의 관계는 쌍방향적이라기보다는 남동생이라는 경유지를 거쳐 파편화되어 있음을 알 수 있다.

그러므로 이것은 선택의 문제이다. 사랑이 등가교환의 법칙을 취하고 있는 시대에서, 인물들은 어느 한쪽이 '손해' 보지 않는 합리적 관계 맺기[3]를 지향하게 된다. 배경과 맥락을 고려해 보았을 때 자신에게 더 적합한(할) 인물을 취사선택하는 것이다. 안수영은 하상수 대신 정종현을, 하상수는 안수영 대신 박미경을 선택한다. 12화의 '모래성'은 이러한 맥락에서 상징적이 된다. 어렸을 적 모래성 쌓기를 즐겨하던 안수영은 언젠가부터 모래성을 스스로 무너뜨리게 되었다. 결국 '모래성은 언젠가 무너진다'는 것을 깨달았기 때문이다. 다시 말해 안수영의 세계에서 존재하는 선택의 여지란 언젠가 무너질 모래성을, 상처를 유보하기 위해 자신의 손으로 무너뜨리는 것밖에는 없다. 그러나 박미경은 하

---

3   김주은, 「사랑의 존재론: 오늘날의 사랑에 대한 소고」, 113쪽.

상수가 "퍼즐 한 조각" 같다고 이야기한다. 덧붙여 박미경이 하상수에게 연애를 제안했을 때 하상수는 "100%는 아니"라는 대답을 내놓지만 박미경은 1%만 주면 나머지 99%는 자신이 채울 수 있다고 설득한다. 사랑만이 부재한 채 모든 것이 존재하는 미경의 세계에서 하상수는 마지막 '퍼즐 한 조각'이자 단지 '퍼즐 한 조각'에 불과한 것이며, 스스로 '99%'를 벌충할 수 있는 배경을 이미 점유하고 있기에 진취적인 움직임이 가능했던 것이다. 다시 말해 사랑을 향해 수평적으로 나아가는 것은 미디어에서의 묘사와는 달리 간단한 일이 아니다. 그 움직임은 결국 계급을 담보로 하고 있기 때문이다. 개인의 애티튜드(이 '애티튜드'는 모든 종류의 태도를 포함한다)가 결국에는 계급에서 발생하는 것이라면 하위 계급자에게는 가능한 영역이 한정될 수밖에 없는 것이 〈사랑의 이해〉의 재현 지점이며 그것이 현실이다.

이해(理解)와 몰이해(沒理)

조금 더 미시적으로 접근해 보자. 사회적·계급적 층위를 차치한다고 해도 작품에서 사랑이 왜 사랑이 되지 못하는지를 증명하는 것은 여기에서 종결되지 않는다. 작품에서 사랑의 환상성을 해체하는 것은 단순히 계급적 낙차뿐만이 아니기 때문이다. 안수영의 모친은 불륜을 저지른 전적이 있다. 그리고 안수영은 오랫동안 이것이 부친의 소행이라고 믿고 있었다. 어느 쪽이든 불륜으로 인해 안수영은 사랑에 대한 불신을 배태했으며 그것이 정서적인 결핍으로 작용했다는 것은 분명한 논지다. 이 연장선에 서서 이들의 관계망을 톺아보았을 때 안수영이 하상수와의 관계 정립을 지속적으로 회피하는 행위도 추가적인 근거를 획득하게 된다. 그리고 이 회피에서 창출된 소통의 부재는 안수영과 하상수 사이의 감정의 골을 더욱 심화시킨다. 안수영이 소경필과의 섹스 스캔들을 자처해서 만들어낸 것도 같은 선상에 존재한다. 소경필의 제안이 선행되었지만 결국 섹스 스캔들만이 모든 상황을 종결시킬 수 있을 것이라는 믿음은 정상성의 궤도에서 크게 벗어난 사고이자 안수영의 방어기제가 작동한 것으로 볼 수 있다. 왜냐하면 안수영의 배경에는 전술했듯이 모래성을 스스로 무너뜨리는 선택지밖에 잉여가 없기 때문이다. 그래서 안수영이 어떤 배경적 상황을 적립해 왔는지 알지 못한 채, 안수영을 "나쁜 년"이라고 이야기하는 하상수와 정종현의 일차원적 발화는 안수영에 대한 몰이해에서 발생한 것이다. 타자에 대한 완전한 이해가 가능하다고 믿는 것, 그리고 그러한 믿음이 사랑을 구축한다는 것은 단순한 환상에 불과하다. 결국 앎이라는 오만으로 인해 개인은 사랑의 세계와 불화하게 된다.

그렇다고 해서 〈사랑의 이해〉가 비관주의에 안주하지만은 않다. 왜냐하면 인물들은 이 모든 일을 겪었음에도, 결국 삶을 주체적으로 재건축하는 방식으로 나아가기 때문이다. 은행을 퇴사한 안수영은 드로잉 카페를 운영하게 된다. 하상수와 헤어지고 난 이후 3년 동안 외국에서 일을 하다 귀국한 박미경은 안수영을 웃으며 마주할 수 있게 된다. 청원경찰로 일을 하던 정종현은 진짜 경찰이 되었으며 석현은 현 배우자와 이혼한 뒤 정은과의 미래를 택한다. 그리고 계장에서 대리로 승진한 하상수는 안수영과의 우연한 만남 이후, 안수영을 스스로 찾아간다. 그렇다면 이들의 미래는 어떻게 되는가. 〈사랑의 이해〉는 열린 결말로 종결되므로 안수영과 하상수의 관계망이 어떻게 확장되는지, 확장될지 시청자들은 알 수 없다. 그렇지만 "마음이 가면 어쩔 수 없다"는 안수영 아버지의 말처럼 이들은 더 이상 회피하는 방식으로 상황을 무마하려 들지 않을 것이고 모래성을 스스로 무너뜨리지도 않을 것임을 알 수 있게 된다.

〈사랑의 이해〉는 사랑이 사랑만으로 존재할 수 없음을 재현하고 있다. 결국 사랑은 마음의 문제만을 담보로 하는 것이 아니며 사랑의 배후에는 계급과 사회, 개인의 트라우마적 배경 등이 존재하기에 사랑까지 도달하기 위해서는 이 소실점들을 필수적으로 경유해야 한다는 것이다. 그러나 동시에 작품은 현실적 층위로 떨어진 사랑이 몰락이라고 이야기하지만은 않는다. 그 대신 사랑의 확장 가능성이라는 공백을 시청자들의 몫으로 남겨두고 있기도 하다. 따라서 시청자들은 손을 뻗어, 다양한 형태로 재구성된 사랑을 감각하며 '이해'해 볼 수 있게 된다.

행복한 이야기는 우리를 변화시키지 않잖아요

tvN 드라마 〈작은 아씨들〉

최혜나

들어가며

한국 사회에서는 대개 윤리성을 강조하며 욕망을 이성의 대척점으로 두고 말하는 것이 일반적이었다. 이전에는 이념적으로 '욕망' 자체가 악의 원인이자 제거해야 할 대상이었다. 이에 따라 이전의 드라마는 이러한 환상과 이념을 반영한 '착한 주인공'과 그를 완벽히 대적하는 '악역'의 단순한 대립구조로 그려져 왔다. 그러나 이제는 '정의감 넘치는 착한 주인공'이 더 이상 매력적인 캐릭터로 통하지 않는 시대이다. 드라마가 이제는 현실을 도피하도록 하는 환기의 매체가 아니라, 뼈아픈 현실을 드러내는 도구로서 작용하고 있다는 반증이기도 하다. 드라마의 결핍의 서사 속에서 캐릭터들은 점차 입체적인 완결성을 지니게 된다.

2022년 9월 3일부터 10월 9일까지 tvN에서 방영한 드라마 〈작은 아씨들〉은 루이자 올콧의 소설을 원작으로 재구성한 작품이다. 드라마는 '환상'이 가진 낭만성을 완전히 걷어내고 인간의 본질인 '욕망'을 전면에 내세운다. 〈작은 아씨들〉은 정서경 작가의 속도감 있는 전개와 그 속에 있는 돈과 욕망에 대한 남다른 표현, 미술감독의 감각적인 연출 그리고 고급스러운 미장센까지 어우러져 매 화 화제성을 끌어모았고, 10%를 넘기는 시청률로 성공적으로 종영했다.

대부분의 이야기 속 주인공들은 자신이 원하는 욕망을 실현하기 위해 고군분투하고 이를 성취하기도, 실패하기도, 그보다 더 큰 가치를 발견하기도 한다. 그것이 사랑이 될 수도, 신분이 될 수도, 원하는 대학이나 직업이 될 수도 있다. 그렇다면 목숨을 걸만큼 갖고 싶은 것이 '돈'이라면 어떨까? 돈에 대한 이야기와 돈에 대한 욕망은 오래전부터 수없이 논의되었던 이야기이다. 그러나 〈작은 아씨들〉에서 '돈' 그리고 인간의 '욕망'을 나타내는 방식은 이전과 차별점이 있다. 드라마 속 여성 캐릭터들의 욕망은 어디로부터 오며, 여성의 욕망은 우리에게 무엇을 시사해 내는가.

가장 낮은 곳에서 가장 높은 곳으로

〈작은 아씨들〉은 원령가 집안과 세 자매가 사라진 700억을 쟁취하기 위해 대립하는 이야기이다. 세 자매는 다른 방식으로 '원령가'라는 집안을 대하고, 비밀을 알아가는 데 그 비밀에는 베트남 전쟁, 부동산 투기, 비자금 횡령, 정치 등 어두운 사회의 이야기들이 담겨 있다. 이러한 이야기들이 〈작은 아씨들〉의 메인 플롯처럼 보이지만 사실 이는 드라마의 중심 서사가 아니다. '느와르 정치극'이라는 장르 속에 담긴 사건들보다 중요한 것은 '세 자매'와 '원상아'라는 여성 캐릭터들의 '욕망'이다. 이들은 각자 어떤 욕망으로부터 움직이며 그 욕망을 가지고 어디로 도달하고자 하는가. 그 시작과 끝 지점은 인물별로 조금씩 상이하다.

드라마에서는 "가장 높은 곳"과 "가장 낮은 곳"이라는 대사를 반복적으로 등장시킴으로써 필연적으로 나아가야 할 구조적인 위치가 어디인지를 보여준다. "가장 낮은 곳에서 가장 높은 곳으로"는 '원령가' 집안의 시초가 된 '원기선 장군'이 했던 말이자, 악의 근원이 된 '정란회'의 중심 사상이기도 하다. 인물들은 각자의 '가장 높은 곳'에 도달하기 위해 끊임없이 고군분투한다.

첫째 '오인주'의 욕망은 자신이 사랑하는 사람들과 평범하고 행복하게 사는 것이다. 인주에게 본인보다 중요한 것은 자신이 사랑하는 가족과 주변 사람들을 지키는 것이다. 인주의 이러한 욕망은 화영에게 받은 돈 20억을 "우리 식구"를 위해 쓰고 싶었다고 고백하는 장면[1]에서 두드러진다. 인주에게는 도덕적인 가치보다 사랑하는 사람들을 지키는 것이 더 중요하다. 돈을 얻기 위함보다 사랑하는 '화영'의 죽음을 밝힐 수 있다면 몇십 억을 포기하고 "목숨도 걸 수 있"[2]다고 말하는 인주에게는 '사랑하는 사람들을 지키는 것'이 인주가 도달하고자 하는 '높은 곳'이다.

둘째 '오인경'의 욕망은 자신이 옳다고 믿는 '정의'를 실현하는 것이다. 인경은 "왜 어떤 사람은 가난하고 어떤 사람들은 부자인지 알고 싶"어 하는 인물이다. 인경은 인주가 횡령된 돈 20억을 갖는 것에 대해 "가

---

1 인주: 우리 식구, 여름엔 시원하고 겨울엔 따뜻한 아파트.
   인혜: 다달이 학원 보내고 나중엔 대학 보내고, 인경이 새 차도 뽑아주고 싶었어. 난……
       쓸데없는 것들, 돈 걱정 없어야 살 수 있는 자질구레한 것들 사고 싶었는데.
2 2022년 10월 9일 방영된 tvN 〈작은 아씨들〉 12화(연출가 김희원, 각본가 정서경).

난한 건 괜찮"지만 "가난해서 도둑이 되는 건 싫"다고 말한다. 인주와는 다르게 "어떤 가난은 사람을 쓰러뜨리고 어떤 가난은 사람을 강하게 만든다"[3]라고 하며 가난 자체에 대한 기피보다 가난과 빈부격차를 야기하는 사회의 부조리들을 해결하는 것을 우선으로 여긴다. 인경에게 돈보다 중요한 것은 정의이며, 정의는 목숨을 걸면서까지 억울한 죽음을 밝혀내고자 하는 원동력이 된다. 자신이 믿는 정의를 실현하는 것, 부조리함으로 인한 억울함이 사라지는 세상, 그것이 인경의 '높은 곳'이다.

그렇다면 셋째 '오인혜'는 어떠한가. 인혜는 미술에 천부적인 재능이 있지만 가난 때문에 그것을 온전히 펼치지 못한다고 생각해 스스로 집을 나온다. 인혜는 자신의 능력을 인정받고 그를 통해 가난을 탈피하고 싶어 한다. 2화에는 자신이 그린 그림을 돈을 받고 효린에게 파는 내용이 나오는데 이에 대해 자신의 능력으로 돈을 번 것이기 때문에 기쁘다고 이야기한다. 인혜는 인경과 다르게 돈으로 자신의 능력을 지키고, 주체적으로 자신이 원하는 성공을 이룰 수 있다면 비도덕적인 일도 마다하지 않는다. 인혜의 가장 높은 곳은 능력의 인정이고, 가난으로부터 탈피가 그 시작점이라고 믿는다.

작가는 인주는 감성, 인경은 이성, 인혜는 영혼을 상징한다고 설명한다.[4] 표면적으로는 세 자매 중 인경이 가장 이상적인 형태로 욕망을 지킨다. 그러나 그렇다고 해서 인경이 완전한 인물로 그려지지도 않는다. 알코올 의존증을 앓고 있으며, 지나친 정의감으로 인해 판단력이 흐려지기도 한다. 세 인물 모두 완전하지 않다. 그들의 불완전함은 주변

3   2022년 9월 11일 방영된 〈작은 아씨들〉 4화.

4   ≪헤럴드경제≫, "'작은 아씨들' 정서경 작가 "부자와 싸우는 가난한 세자매 … 돈의 무게에 책임감 느꼈으면""(2022.10.19), http://news.heraldcorp.com/view.php?ud=20221019000733(검색일: 2022.10.10).

사람을 잃기도 돈을 잃기도 도덕성을 잃기도 한다. 이렇게 드라마는 본질적으로 불완전한 욕망의 시작과 끝을 나란히 배치하며 욕망이 곧 인간의 본성임을 영리하게 보여준다.

욕망의 출발점은 어디에 있는가

그렇다면 이 드라마가 이렇게 '욕망'을 전면에 내세워 보여주고자 한 것은 무엇이었을까.

르네 지라르(René Girard)의 삼각형 욕망은 "본인 내부에서 생겨나는 것이 아니라 중개자의 욕망"이 암시되며 "이를 모방함으로써 욕망을 달성"[5]함에 있다고 말한다. 주체의 욕망은 스스로 발현해 생긴 것이 아니라 그 욕망을 촉발하게끔 하는 '중개자'가 있다는 것이다. 즉, 지라르에 따르면 '개인의 욕망'은 온전히 개인의 것이 아니다. 욕망은 사실상 '타인이 원하는 것'에 해당한다. 타인을 모방하고자 하는 욕망으로 시작해 타인 혹은 어떠한 매개체를 모방하고 그것을 거쳐 욕망을 달성한다.[6] 즉 욕망을 근본적으로 들여다볼 때 도착점은 개인이 아니고 타인이 되는 셈이다.

그렇다면 이 드라마로 미루어 보았을 때 세 자매의 욕망의 '중개자'는 무엇이었을까. 드라마는 결국 그것이 '사회'임을 보여준다. 그들의 욕망의 눈동자 속에는 혐오와 폭력이 만연한 한국 사회가 비춰진다.

---

5   김진영, 「드라마 〈스카이캐슬〉에 나타난 교육 사회적 욕망의 구조: 르네 지라르의 욕망의삼각형이론을 중심으로」, 제주대학교 석사학위 논문(2020), 6쪽.

6   ≪중앙일보≫, "'욕망의 삼각형 이론' 르네 지라르"(2015.11.6), https://www.joongang.co.kr/article/19016146#home(검색일: 2023.10.10).

"가난하면 죽는다"(3화)라는 것을 죽은 동생을 통해 배운 인주, 억울한 사람들의 얼굴에서 가난한 자기 가족을 마주하고자 했던 인경, 돈이 없으면 사회로부터 버려질 거란는 걸 알아버린 인혜. 결국 이들의 욕망을 들여다보면 "세상 그 어떤 것도 돈보다 신성하지 않다"(2화)라고 말하는 사회 속에서 "비싼 구두"를 신지 못하면 "평생 발을 질질 끌며 살게 될 것"(2화)이라는 '가난에 대한 혐오'가 보인다. 드라마에서는 싸구려 구두와 겨울 코트, 싱가포르라는 공간 등을 이용해 혐오의 시선을 따라가도록 만든다. "인간의 가치가 자산이나 수치로 매겨지는 시대에 가난은 부끄러움이고 혐오의 대상이다."[7] 그래서 인주는 겨울 코트로, 비싼 구두로 이를 감추고자 하는 것이다. 드라마는 세 자매의 욕망 속 '가난을 향한 공포'를 숨겨놓고, 한국 사회에서 요구하는 "높은 곳"이 얼마나 폭력적인지를 말해준다.

여성 빌런, 원상아

정서경은 "악역은 주인공의 그림자"[8]라고 말하며 악역에게서 발견할 수 있는 우리 사회 속 본질적인 얼굴들을 강조한다. 〈작은 아씨들〉의 중반까지만 해도 세 자매가 해치워야 할 악역은 '박재상'인 것처럼 그려진다. 드라마 초반에는 '원상아'의 헌신적인 아내와 어머니의 모습을 비추며 전형적인 40~50대 여성으로 그려지는 것처럼 보인다. 그러나 7화 후반부터 원상아의 정체가 드러나며 최종 빌런은 박재상 아닌 원상아로 완전히

---

7   오영숙, 「21세기 한국영화, '가난 혐오'와 청년」, ≪영화연구≫, 95(2023), 8쪽.
8   정서경, 『작은 아씨들 대본집』(플레인아카이브, 2022), 349쪽.

뒤바뀐다. 상아는 자신의 세상을 하나의 무대라고 여기면서 계획적인 살인을 즐긴다. 피해자들은 상아의 손 안에서 움직이고 그가 짜놓은 시나리오 그대로의 죽음을 맞이한다. 인주와 화영 그리고 자신의 남편 박재상조차도 그에게는 하나의 '설정'에 불과하다.

원상아의 존재는 대표적으로 두 가지 장치를 통해 설명할 수 있다. 먼저 '푸른 난초'이다. 난초는 상아가 살인할 때 이용하는 식물이다. "난초는 사람의 욕망, 두려움 등 여러 의미"를 띨 수 있다.[9] 상아는 난초의 향을 마시면 "진짜 원하는 것을 볼 수 있"(6화)을 것이라고 말한다. 푸른 난초를 인주는 마시고, 인경은 난초를 쫓는다. 인혜는 난초를 살게 하는 '아버지 나무' 사이에 들어간다. 이는 상아가 풍기는 '악의 향기'를 세 자매 또한 완전히 벗어나지 못했음을 상징한다.

다음은 '닫힌 방'이다. 원상아의 죽음과 욕망이 동시에 실현되는 무대가 '닫힌 방'이라는 공간이다. 드라마 속 상아가 저지른 살인의 현장은 죽은 여성이 구두를 신은 채로 옷장에 매달려 있다는 유사성이 있는데, 이 또한 상아의 '닫힌 방'이 시초가 된다. '닫힌 방'은 과거 상아의 아버지가 어머니를 8년 동안 감금한 공간이자, 상아가 아버지로부터 어머니를 구하려고 하다 실수로 첫 살인을 저지르게 된 장소이기도 하다. 상아는 엄마를 살인한 자기 자신을 용서하지 못해 엄마의 죽음의 현장을 반복적으로 재연하며 그 순간으로 돌아가고자 한다. 폭력적인 살인의 시초가 된 상아의 '무의식적 욕망'은 이곳에서 출발한다. 또한 상아는 아버지 질서 속에 편승해 후계자로서 인정을 받고 싶어 하는 욕망이 있

---

9 ≪스포티비뉴스≫, "정서경 작가에게 물었다 #작은 아씨들 #푸른난초 #20억부터 #700억까지[인터뷰S]"(2022.10.19), https://www.spotvnews.co.kr/news/articleView.html?idxno=557003(검색일: 2023.10.10).

다. 그러나 여자라는 이유로 기회가 주어지지 않았고 아버지의 후계자로 인정받기 위해 살인을 저지른다. 상아는 아버지에게로 배제됨으로 욕망을 실현해 내지 못해 '미친'사람이 '되어' 간다. 다시 말해, 상아의 욕망에는 '인정받지 못했던 과거의 자신'과 '아버지의 폭력 속에서 엄마를 구해내지 못했다는 죄책감'이 깔려 있다. 드라마는 이를 '푸른 난초' 와 '닫힌 방'이라는 장치를 통해 연출하는 것이다.

'푸른 난초'와 '닫힌 방'은 화려하고 신비스러운 미장센을 통해 드라마 속 연극적인 분위기를 형성한다. '닫힌 방'의 빨간 구두, 모피코트, 푸른 난초 무늬의 벽지 등은 공포스럽지만 동시에 신비스럽다. 잔혹 동화에 등장할 법한 이러한 장치는 현실과 환상의 경계를 넘나들며 환상 내면에 있는 현실을 들여다보게끔 하는 역할을 해내고 있다.

원상아는 정체가 드러나자마자 이야기를 장악하면서 지금껏 보지 못했던 매력적인 악역으로 평가받는다. 원상아가 이렇게 '성공적인 악역'이 된 원인은 어디에 있을까? "많은 범죄 서사에서 여성은 범죄에 맞서는 주체적 해결자이기보다는 범죄와 연루되어 희생되는 인물"[10]이었다. 일반적으로 "40대 여성은 주로 가정에 헌신하는 어머니이거나 문제적인 아줌마"등으로 "납작하게 묘사"[11]되는 경우가 많았다. 그러나 〈작은 아씨들〉은 남자들의 산물이었던 '욕망', '범죄', '악', '돈', '정치', '전쟁' 등을 모두 여성으로 전복시킨다. 특히 악역이 여성인 것은 더욱 의의가 있다. 범죄 서사에서 주체적으로 다뤄지지 않았던 여성이 악으로 등장하고, 악의 근원이 되는 욕망에 충실하며, 그 욕망조차 철저히 개인으로

---

10 서영주, 「여성탐정 드라마 〈구경이〉는 왜 이상한가?: 탐정장르의 횡단과 전복, 균열하는 젠더 이데올로기」, 『만화애니메이션 연구』(2022), 318쪽.

11 같은 글, 330쪽.

부터 온다. 상아는 결국 "희생할 줄 모르는 여자"[12]였기 때문에 어디에도 초대받지 못한다. 드라마는 여성의 욕망이 배제됨으로 발현된 악의 탄생을 '원상아'라는 캐릭터를 통해 입체적으로 표현해 낸다.

"악의 모습은 초대받지 못한 손님에서 시작한다."[13] 상아는 자신이 죽인 여성의 시체에 구두를 신긴다. 이는 "사회에서 요구하는 여성성에 대한 상징적인 죽음"[14]을 의미하기도 한다. 〈작은 아씨들〉은 결국 이전에 요구됐던 여성성에 '예쁜 구두'를 신기며 종말을 선언하는 것이다. 가난한 여성과 가난한 여성의 싸움을 통해, 여성으로부터 오는 여성의 결핍을 통해, 여성이 여성을 향한 증오를 통해, 사랑을 통해서 말이다.

결론: 우리를 변화시키는 이야기

〈작은 아씨들〉의 작가 정서경은 한 인터뷰에서 폭력적인 이야기를 쓰는 이유에 대해 "행복만 가득한 이야기는 우리를 변화시키지 않"[15]기 때문이라고 말한 바 있다. 폭력적인 이야기의 폭발력은 인간의 본질을 드러낸다. 정서경이 19세기의 소녀들을 21세기 한국사회로 다시 불러온 이유는 무엇이었을까. 돈이 전부인 한국 사회에 사는 '작은 아씨들'은 사회의 혐오 속에서 탄생한 욕망들을 적극적으로 쫓는다. 전형적으로 착하고 바

---

12   사평: 너는 …… 너밖에 몰라. 결정적인 순간에 희생을 못 해. 지금도 스스로 죽어서 조직을 살려야 하는 순간에 멀리 도망갈 생각부터 하고 있잖아?(〈작은 아씨들〉 12화 중).

13   정서경, 『작은 아씨들 대본집』(플레인아카이브, 2022), 349쪽.

14   같은 책, 344쪽.

15   양승준, "양승준, ""가난하게 컸어?' '작은 아씨들' 정서경 작가 '불편함'의 마법"", ≪중앙일보≫, 2022.9.19, https://m.blog.naver.com/s_aurora/221161186287(검색일: 2023. 10.10).

른 '소녀'들은 이제 존재할 수 없다. 〈작은 아씨들〉에는 욕망을 쫓는 다양한 여성들이 등장할 뿐이다. 작품에 나오는 여성들은 서로를 힘껏 혐오하고 공격한다. 그리고 끈끈히 연대하기도 한다.

모든 시대에서 소녀들은 가난했고, 연대해야 했으며, 서로 싸워야 했다. 그리고 함께 이겨내야 했다. 〈작은 아씨들〉은 그러한 여성들의 욕망을 내세움으로 남성 중심의 혐오사회를 재구성한다는 것에 가장 큰 의의가 있다. 그러므로 21세기의 '작은 아씨들'은 '행복한 이야기'가 아니다. '행복한 소녀들의 이야기'를 완성하기 위해 시작된 이야기일 뿐이다. 소녀들은, 우리는, 악의 그림자에서 발견한 들끓는 욕망 사이에서 더 높이 나아갈 수 있게 된다.

나도 심장이 뛰어요, 나도 보호를 원해요

MBN 〈고딩엄빠〉

백수주

지난해 첫 방송을 시작한 〈어른들은 모르는 고딩엄빠〉(이하 〈고딩엄빠〉)는 어느덧 시즌 4를 돌파해 현재까지도 이목을 끌고 있다. 수많은 논란을 안고 많은 사람의 가슴을 뜨겁게 달구는 〈고딩엄빠〉는 때로는 연민으로, 때로는 공감으로, 그러나 대다수 시청자의 마음에 천불이 나도록 장작을 넣으며 청소년 부모의 모습을 전달하고 있다. 논란의 이유는 근본적이다. 청소년의 성관계, 혼전 임신, 어린 나이의 임신, 출산 등 한번 물꼬가 트이면 줄줄이 이어져 나오는 쟁점이 끝없이 쏟아지기 때문이다. 글로벌 사회를 맞아 한국의 폐쇄적인 성 문화가 조금씩 개선되어 가는 오늘날이라고 할지언정 여전히 냉정하고 예리한 대중의 시선은 잘 벼린 칼처럼 〈고딩엄빠〉를 철저히 비판한다. 시청자 게시판은 물론이고 각종 인터넷 커뮤니티, 기사에서도 이들의 행보를 논하는 것은 예삿일이다. 첫 방영일 기준 약 1년 7개월이 지난 지금, 어째서 〈고딩엄빠〉는 '뜨거운 감자'

의 자리에서 내려오지 못하는 걸까? 또, 어째서 그토록 수많은 욕을 들으면서도 시즌 4까지 승승장구하고 있는 걸까? 금기시되던 주제와 리얼리티 쇼라는 방송 특성이 합쳐져 어떤 시너지가 발생했는지, 그와 더불어 〈고딩엄빠〉라는 방송의 실체는 어떻게 드러나고 있는지 면밀히 살펴보았다.

기획 의도의 진실성

청소년 시기에 임신과 출산을 경험한 부모를 게스트로, 박미선과 하하(이후 서장훈으로 교체) 및 인교진 세 명을 패널로 하여 성교육이나 법률, 심리 상담 분야에서 선정한 전문가 두 명이 함께 방송을 진행하는 〈고딩엄빠〉는 '다큐멘터리'가 아닌 '예능 프로그램'이다. 리얼리티 쇼의 핵심 포맷 중 관찰 포맷, 개인 인터뷰 및 전문가의 개입 등을 표방하고 다른 〈아빠! 어디가?〉, 〈오은영의 금쪽 상담소〉와 같은 인기 육아 예능 프로그램과 마찬가지로 아동 양육에 초점을 맞추는 〈고딩엄빠〉는 어린 부모를 내세웠다는 독특한 구분점으로 경쟁력을 확보했다. 실제로 〈고딩엄빠〉는 본 방송이 방영되기 약 한 달 전부터 인터넷 여론을 뜨겁게 달구었다. 소재를 향한 불신의 시선이 계속되자, 〈고딩엄빠〉는 방송 시작에 앞서 박미선의 입을 빌려 이와 같은 입장을 표명했다.

> 〈고딩엄빠〉 방송이 이 친구들의 모든 행동을 지지하거나 정당화하자는 취지가 아니라 어찌 됐건 미성년자가 생명을 또 탄생시켰고 탄생을 시킬 거고 또 그 태어난 그 생명 자체가 당연하게 보호받아야 하는 게 마땅하잖아요. 그래서 어, 이 아이들이 어떤 삶을 살고 있고 어떤 사연

을 가지고 있는지 저희가 한 명, 한 명 솔직한 모습을 한번 들여다보는 시간을 갖도록 하겠습니다.

나아가 2022년 5월 남성현 PD가 인터뷰한 기사의 내용에도 동일한 입장이 드러난다. "청소년 출산을 조장해서는 안 되지만, 그렇다고 '아이를 낳아야 한다 아니다'라는 문제에 대한 답은 분명하지 않다. 이에 관한 결론을 애써 내리지 않는다. 그저 '10대 부모'라는 이름의 새로운 가족 형태, 소외된 이들 저마다의 삶을 보여주고 있다. 청소년기에 출산했더라도 그들이 처한 환경이나 상황은 성인의 삶처럼 제각각이다."[1]

고로 결론은 동일했다. 청소년 부모를 '있는 그대로' 보여주되 이들에 대한 가치 평가는 사양하겠다는 뜻이다. 연속적인 두 주장을 접하다 보면 〈고딩엄빠〉가 정말 기획 의도처럼 청소년 부모를 향한 사회적 인식 개선에 앞장서며 그들에게 실질적인 도움을 주고 있는지에 대한 의문이 생긴다. 과연 〈고딩엄빠〉는 사회적으로 순기능을 수행했을까? 결론부터 말하자면, 답은 "그렇지 않다"였다.

〈고딩엄빠〉 시즌 1, 논란의 시작

촬영을 앞두고 패널들은 청소년 부모에 대해 어떻게 생각하느냐는 질문을 받았다. 이들은 하나같이 청소년 부모를 낯설어하며 이런 주제가 방송 소재로 사용된다는 사실에 놀라워했다. 실로 그럴 만했다. 그들은 모

---

1   전혜진, "지금 '고딩엄빠'들의 이야기가 필요한 이유", ≪ELLE≫, 2022.5.22, https://www. elle.co.kr/article/66087 (검색일: 2023.10.7).

두 현대 사회의 정상 가족의 화신과도 같은 존재였기 때문이다. 어버이로서 자녀를 품고 부모 된 시청자를 대변하는 그들은 〈어른들은 모르는 고딩엄빠〉라는 이름 속 '어른'을 담당하고 있었다. 쇼가 진행되면서 세 패널은 때로는 엄격한 보호자로서, 때로는 아이들과 시선을 맞추고자 노력하는 어른으로서 토크를 이어가지만 자신들이 속한 세계 바깥에서 일어난 일을 처음 접하고서 당황한 마음을 숨기지 못한다. 반면 정상 가족에 합류하지 못한 게스트들은 자신들의 속사정을 털어놓는 과정에서 서로에게 동질감에서 비롯된 연민을 표한다. 이어 자리에 참석한 두 전문가는 입장 차이를 중재하고 나아갈 길을 인도하는 모습을 보였다. 출연진들이 조화를 이루어 내자 〈고딩엄빠〉는 가까스로 시청자의 호감을 얻기 시작한다. 실제로 시즌 1 첫 화에 등장했던 예비 엄마 서현은 택개와 출산 및 양육 과정을 〈고딩엄빠〉로 함께해 큰 호응을 얻었다. 전문가가 실제 청소년에게 유익하게 작용할 피임법과 콘돔 사용법 등을 아낌없이 가르치던 것도 한몫했다. 호응에 힘입어 1기 3화부터는 아예 성교육 전문가의 입을 빌린 '성교육 코너' 시간까지 마련하는 모습을 보여주니, 과연 〈고딩엄빠〉가 그토록 내세우던 선한 의도가 증명되나 싶었다.

그러나 이야기는 갑작스레 전환된다. 시즌 1 9화에서 아낌없는 격려와 지지를 받았던 서현과 택개는 서현의 가정폭력을 주제로 재등장한다. 칼을 들고 남편과 아이를 죽이겠다는 발언을 내뱉은 결과 법원으로부터 임시 접근 금지 조치를 받은 서현의 사연이 TV 방송을 통해 적나라하게 까발려졌다. 서현은 와전된 내용 탓에 듣는 욕설이 괴로워 해명하고자 방송에서 택개와의 재회를 선택했다고 했으나, 결국 두 사람을 봉합하고자 했던 제작진의 의도와는 달리 그 무엇도 해결되지 못하고 방송은 막을 내렸다.

〈고딩엄빠〉가 어딘가 달라진 것은 그때부터였다. 재연 드라마 코너는 회차가 진행될수록 성인과 미성년자의 조합의 게스트 부부가 서로에게 품었던 비도덕적인 사랑을 설레는 청춘 드라마처럼 포장하는 내용이 많아졌다. 따로 시간을 마련해 가졌던 성교육 코너 또한 유야무야 사라져 버렸다. 청소년에게 올바른 성 지식을 가르쳐 줄 성교육 강사 대신 이혼 전문 변호사가 자리를 차지했으며, 종일 심각하게 출연진의 이야기를 경청하던 전문가들은 시즌 2부터 놀랍도록 새로운 모습으로 돌아왔다. 아이들을 귀여워하고, '풋풋한' 사랑 이야기에 설레어 하며, 심각한 표정보다 즐거운 웃음 위주로 패널의 기능까지 함께 수행하기 시작했다. 이는 프로그램의 방향성이 명확해졌다는 증거였다. 〈고딩엄빠〉가 드디어 진정한 '예능 프로그램'으로서 자리를 잡은 것이다.

구경거리로 전락한 '고딩엄빠'들

〈고딩엄빠〉에 등장한 청소년 부모는 하나같이 입 모아 말했다. 자신은 편견에 굴하지 않고 끝끝내 잘살고 있노라 말하려 이 자리에 나왔다고. 그러나 우리는 앞선 서현과 택개 부부의 결말을 함께했다. 미성숙의 아집과 두려움, 우울의 병증 탓에 대중 앞에 드러내지 않아도 되었을 일까지 속속들이 공개해 버렸던 서현과 택개에게 잊힐 권리라는 말은 먼 나라 이야기와도 같은 말이 되어버렸다.

그뿐만이 아니다. 18살 고등학생 보현에게 고백해 19세에 임신 및 출산, 결혼을 경험시킨 교회 선생님 은석의 그루밍 범죄는 아기자기한 연애담으로 포장되었다. 명백한 청소년 그루밍 범죄 조장이라는 논란을 빚어 2022년 12월 9일 기준 관련 민원이 232건까지도 접수되었음에도 의결된 결론은 '문제없음'이었기에, 해당 회차는 여전히 각종 플랫폼에 건재하고 있었다.

방송 이후 '폴댄스 맘'이라는 별명을 얻은 아람도 있다. 아람은 이름이 알려지고부터 개인 SNS 계정에서 각종 성희롱과 조건 만남을 제시하는 메시지에 시달리기 시작했다. 저급한 메시지가 하루에도 50건은 쏟아지자 견디다 못해 희롱하는 세 명을 모욕죄로 고소했다는 근황까지 그녀의 SNS를 통해 알려져 화제가 되었다.

그러나 모든 논란에도 방송 측에서 이들에게 마땅한 보호 조치를 행했다는 소식은 들려오지 않았다. 당연하다면 당연했다. 〈고딩엄빠〉는 어디까지나 '예능 프로그램'이므로 제작진이 출연자를 책임질 이유가 없다. 그들은 시청자에게 웃음과 즐거움을 전달하고자 하는 예능 취지에 충실하던 직업인일 뿐이고, 안전 사각지대에 존재하는 청소년 부모들이란 시청률을 건져내기 좋은 방송 아이템일 뿐이기 때문이다.

이는 감언이설로 자신들의 선한 영향력을 자랑하려던 기획 의도의 정체가 유명무실을 넘어, 사실은 기만에 가까웠다고도 볼 수 있다. 앞선 시즌에서는 청소년 시기의 임신이 가져올 신체적, 정신적 부담과 수많은 가능성의 단절, 한 생명을 낳고 길러낸다는 사실에 대한 책임감을 강조했으면서 결국 아이를 낳기로 결정했다는 게스트에게 꾸준히 '기특한 격려'를 하던 모습이 증거다. 심지어 '심장 소리가 들리는 아이를 낙태할 수 없다'든지, '부모 없는 아이를 만들고 싶지 않아 괴로운 가정생활 중에도 이혼할 수 없었다'는 발언을 반복적으로 전달하며 정상 가정 신격화에 기여하고 있다. 모로 봐도 뻔한 심리 분석은 덤이다. 일찍 가정을 꾸려 안정적이지 못한 정서 상태와 경제 상황에 처한 청소년에게 지극히 피상적인 조언만 앵무새처럼 반복한다. 단순히 전문가의 권위를 내세워 들려주는 통상적인 자녀 양육 조언과 게스트가 화두로 던진 법률 지식에 가볍게 말을 얹는 수준의 지원제도 언급은 청소년 부모로서의 정체성을 게스트에게 요구하는 당위마저 충족하지 못하는 것처럼 보인다. 따라서 〈고딩엄빠〉가 당초 말한 지적과 충고란 이미 사라진 지 오래고, 무작정 대견하다 감싸주는 연출만이 지속되고 있으므로, 〈고딩엄빠〉의 겉과 속이 다른 언행에 따른 결론은 분명했다. 〈고딩엄빠〉의 게스트는 그저 관음의 욕구에 희생당한 전시품으로 팔려 나가고 있었다.

분노와 비난의 제물이 되는 게스트

한번 책임져야 할 자식을 품은 이상 청소년이라는 이름은 더 이상 면죄부가 되어주지 못한다. 제물의 선정 기준과 시청자의 비난은 그로부터 기인했다. 패널들의 안타까움이 가득 담긴 탄식 또한 그에 일조한다. 청소년 부모의 이해자가 아닌 관조자로서 시청자의 감정이입 대상이 되어주는 세 패널은 청소년 출산 미화와 순화된 비난의 기능을 충실하게 수행한다. 이를 통해 패널과 동화된 시청자는 결핍된 제도적 문제와 구조적 모순을 망각하고 방송이 마련해 준 처형장에 적극적으로 참여하며 게스트를 힐난한다. 물론 연민을 자아내도록 방송에서 연출한 모습도 효과가 없지는 않다. 그러나 대다수는 자업자득과 어리석음을 이유로 '그럼에도' 게스트가 불안정한 가정을 쌓아올렸다는 사실에 초점을 맞춘다. 실제로 〈고딩엄빠〉 시즌 1은 서현과 택개의 사건으로 급하게 마무리된 뒤 상당수가 이혼 및 외도, 양육권 포기와 같은 형식으로 가정이 붕괴되었다는 소식이 우후죽순 쏟아졌다. 이를 통해 굳건한 정상 가족 이데올로기의 강화에 더해 방송에서 보여주는 행복한 모습은 신기루에 불과하다는 암시가 전달된 셈이 되었기에, 결국 시청자는 게스트의 전후 상황과 관계없이 이미 한번 어그러진 그들의 삶을 마음껏 간섭하고 이죽거릴 권리를 획득하게 된다.

　이와 같은 경향은 현대 리얼리티 쇼 프로그램과 시청자 사이에서 굉장히 흔하게 일어나는데, 특히나 게스트가 일반인인 경우에 강화되는 특징이 있다. 시청자는 정서적인 평등주의에 의거해 연예인을 선망하고도 깎아내린다. 연예인은 시청자의 힘으로 부와 명예를 얻고 성공했기에 그만큼 반듯하고 높은 기준의 도덕적 원칙을 지킬 것을 요구받는 게 당연하다는 것이다. 그러나 연예인은 시청자의 관심에 힘입은 존재임과 동시에 사회적, 경제적 권력을 가지고 있기에 일개 시민의 입장으로서는 작은 흠 하나하나에 비난을 일삼기가 어렵다. 이런 이유로 눈 돌릴 곳은 어디인가 보니, 바로 일반인 게스트 리얼리티 쇼 프로그램이었다.

　일반인은 권력이 있는 연예인보다 훨씬 취약한 존재이면서도, 그들 스스로 방송에 나오기를 선택했기에 시청자에게 욕을 들을 것을 '감수'한 것으로 받아들여진다. 이 때문에 시청자는 제각기의 삶에서 분노와 울분으로 다져진 감정을 일반인에게 풀어내며 해소한다. 이른바 정의 구현, 규범적이지 못한 언행에 직접 단죄를 내려 권력의 단맛을 남용하는 셈이다. 같은 논리로 방송에 등장한 게스트는 청소년 시기의 성관계, 임신, 출산이라는 규범적이지 못한 행동을 저질렀기에 시청자로서는 주관적인 처벌 욕구를 느낀다. 그나마 공익적으로 보이던 기획 의도의 실체 또한 들통난 만큼 시청자의 입장에서는 더욱 거리낄 것이 없다. 이러한 섭리를 제작진이 눈치채지 못했을 리 없음에도, 시청률을 명목으로 사회적 취약 계층의 청소년 부모를 무방비하게 미디어에 노출하는 행위는 아직까지도 계속되고 있다. 그야말로 분노와 비난의 제물이 되어 활활 타는 땔감 신세로 전락한 셈이다.

단호하라, 임산부도 인간이다

과거에 비해 아무리 성 인지 감수성이 성장했다 한들 여전히 한국은 여성 신체에 낮은 자유를 부여하고 있다. 2021년 법정 명령에 따라 낙태가 비범죄화되는 데는 성공했으나 여전히 바뀌지 않는 인식은 여성들의 발목을 붙잡는다. 낙태는 생명을 죽이는 짓이고, 살해이며 범죄라는 생각이 아직까지 남녀노소 전 국민에 만연해 있다. 이토록 의견이 분분한 주제에 아직 자아가 성숙하지 못한 청소년은 더 쉽게 흔들린다. 청소년은 교육받은 성교육을 토대로 여성의 태중에서 살아 움직이는 태아에게 이입한다. 그들이 발언하는 "아기가 심장이 뛴다"는 말도 같은 맥락에서 비롯된다. 자신의 피와 살로 이루어져 자신을 닮고 장기가 갖춰진 존재를 포기하기란 물론 쉽지 않은 일일 터이나, 명심할 것은 태아의 어디서부터 어디까지를 인간으로 여겨야 하는지의 기준은 명확하지 않다는 점이다. 그러나 태아의 인권을 논하기 이전에 우리가 이미 알고 있는 사실 한 가지가 있다. 임산부 또한 명명백백한 인간이다. 심지어 〈고딩엄빠〉에 등장하는 임산부는 태아와 마찬가지로 아직 보호받아야 할 범주 내의 사회적 약자다.

우리가 인권이라는 개념에 순위를 둘 수 있었던가? 책임지지 못할 책임을 지고 마땅히 감수하겠다는 모습에 칭찬일색을 보이던 〈고딩엄빠〉가 반면에 한 번이라도 그들의 교육권과 미래를 위해 각 잡힌 쓴소리를 들려준 적이 있던가? 자신의 꿈, 권리, 드넓은 가능성을 제 발로 포기하는 청소년 부모가 수없이 등장하는 동안 〈고딩엄빠〉는 피임의 중요성은 쏙 빼놓고 오직 아름답다는 수식어로 잘못된 현상을 미화하기에만 급급했다. 태아 이전에 임산부, 임산부 이전에 청소년, 그리고 결국에는 무엇 하나 빼놓을 수 없이 귀중한 우리 권리의 무게를 달리 판단하는 행위는 방송 규범 이전에, 이 사회의 앞선 어른으로서도 잘못된 행동이라는 것이다.

이는 분명하게 지탄받아야 할 부분이다. 〈고딩엄빠〉는 더 이상 시청자의 엄중한 경고를 외면해서는 안 된다. 초장부터 삐걱거렸던 소재 선정의 문제부터 끊이지 않는 논란 발생까지, 필히 각성해 반성의 태도를 갖추는 것이야말로 지금 〈고딩엄빠〉에게 절실하게 필요한 개선점일 테다. 이러한 결점을 확실하게 강조하며, 이번에야말로 〈고딩엄빠〉가 초기 기획 의도에 걸맞게 청소년 부모를 향한 굳건한 사회적 지지 마련에 도움이 되는 프로그램으로 다시 거듭나기를 기도해 본다.

'대입 드라마'의 이단아

tvN 드라마 〈일타 스캔들〉

문효민

2023년 겨울, 복수와 응징을 소재로 한 드라마 사이에서 로맨스 코미디 드라마 한 편이 등장한다. 대치동 안에서 이뤄지는 달콤 쌉싸름한 사랑을 다룬 〈일타 스캔들〉은 기존에 대입 제도를 다룬 드라마, 이른바 '대입 스릴러' 장르와 차별성을 두며 흥행에 성공했다. 명문가 '사모님'이 펼치는 입시 전쟁이 아니라, 우리네 곁에 있을 법한 엄마들의 학원 '줄서기' 전쟁은 모든 세대의 공감대를 사로잡았다. 고3 자녀를 둔 엄마 남행선(전도연 분)과 대치동 수학 '일타강사(학원이나 온라인 강의에서 가장 인기가 많은 강사)' 최치열(정경호 분)의 로맨스는 전형적인 신데렐라 서사를 떠오르게 한다. 하지만 섭식장애를 앓는 최치열과의 관계를 주도적으로 이끄는 남행선의 모습은 신선하다.

물론 방영 전부터 중년 로맨스에 대한 우려가 있었으나, 남행선이 그려낸 '아줌마'는 그러한 걱정을 잠식시킬 정도로 뚜렷하고 사랑스러웠다. 남행선의 극 중 패션은 20대 사이에서 화제가 될 정도로 젊고 '에이지리스(Ageless)'하다는 평을 받기도 했다. 남행선은 기존 미디어가 재현해 온 '아줌마'에서 벗어나 사랑스럽고, 사랑받을 만한 아줌마를 그려냈다. 그러나 드라마가 다른 '아줌마'를 재현하는 과정에서 드러난 허점은 아쉬움으로 남는다. 이 글에서는 〈일타 스캔들〉에 등장한 '아줌마'를 분석하고 비판점을 제기한다. 특히, 드라마가 대입 구조의 문제를 어떻게 '엄마'들에게 전가하는지 서술한다. 나아가 입시를 소재로 한 다른 드라마와의 차별성을 강조하는 과정에서 생긴 허점을 파악하고자 한다.

엄마가 '대치동 아줌마'가 되는 과정

> "난 이 대한민국 사교육 과열은 다 엄마들 책임이라고 봐. 너무 유난들인 거지."

4차 산업혁명 시대에 학원 수업 하나 듣겠다고 강남 한복판에 줄을 서는 게 말이 되느냐던 남행선은 "일타강사 강의가 듣고 싶다"는 딸 남해이(노윤서 분)의 말에 굴복한다. "너무 유난들인" 다른 엄마들처럼. 남행선의 말처럼, 대한민국 사교육 과열은 유난스럽고 자식 교육에 혈안이 되어 있는 '엄마들 책임'일까?

〈일타 스캔들〉은 전술한 것처럼 기존 대입 스릴러 드라마와 다른 양상을 보이려 애쓴다. 극 중에서 대치동을 중심으로 형성되어 있는, 이른바 '엄마 카르텔'은 남행선과 최치열의 로맨스를 극대화하는 역할에 집중한다. 다른 드라마처럼 내부 카르텔을 재현하거나 그 안에서 벌어지는 갈등에 집중하지 않는다. 그러나 이처럼 차별점을 두고자 하는 과정에서 드라마는 마땅히 답해야 할 질문을 회피한다. '엄마 카르텔'이 대한민국 사교육 과열의 원인인가? 이 글은 그 질문에 대한 답을 찾고자 한다.

주인공 말고, 다른 엄마들의 삶

'수아맘'으로 불리는 조수희(김선영 분)는 맘카페에서 '수아임당'으로 활동하는, 대치동 학부모들의 실세다. 조수희는 딸 수아가 의과대학에 진학하는 게 인생의 목표이자 꿈이다. 조수희는 수아가 의과대학에만 갈 수 있다면 무슨 일이든 한다. 그 과정에서 남행선과 그의 딸 남해이를 곤경에 빠뜨리는 일도 서슴지 않는다. 온갖 악행을 저지르고 선동과 날조를 일삼으며 시청자의 분노를 유발하는 캐릭터다. 조수희와 그의 딸 수아는 이 드라마에서 '욕받이' 역할을 충실히 수행하는데, 마치 조수희와 수아만 없으면 주인공 가족에게는 문제나 갈등이 벌어지지 않을 것만 같다. 〈일타스캔들〉은 사교육 과열과 경쟁적 입시제도, 그리고 '엄마'들이 교육에 몰두할 수밖에 없는 사회적 원인과 구조를 모두 배제한다. 그저 미리 정해놓은 악역에게 모든 문제와 갈등 상황을 전가하고 작품을 전개한다.

조수희는 극 후반부에서 남편이 다른 여성과 외도하는 모습을 목격하게 된다. 남편의 외도는 조수희에게 일종의 징벌이 된다. 이 징벌로 인해 조수희는 이른바 '대치동 정보통'에서 조롱거리로 전락한다. 문제는 조수희가 가정의 안위를 제쳐두고, 오로지 자녀의 대입에만 매달리며 악행을 저지른 데 따른 형벌이 남편의 외도인 것처럼 묘사된다는 점이다. 이러한 형벌은 자칫 시청자에게 오해를 불러일으킬 우려가 있다. 가정에 소홀하던 조수희가 외도의 원인을 제공했다는 비난이 나올 수 있기 때문이다. 남편의 외도는 조수희의 '업보'가 아니다. 남편 또한 가정을 꾸려나갈 의지가 부족했던 것, 그뿐이다.

또한 조수희의 남편은 외도가 발각되고 조수희와 다투는 과정에서 "결국 다 네 만족이잖아. 그저 그런 대학 나와서, 그저 그런 남자 만나서 그저 그렇게 사는 거. 의사 딸 만드는 걸로 한풀이하려는 거잖아"라고 대꾸한다. 조수희가 자신의 허영심을 위해 수아의 의대 진학에 몰두할 수도 있다. 그러나 〈일타 스캔들〉은 앞서 언급한 바와 같이 조수희가 가진 욕심과 경쟁심을 모두 개인의 것으로 치부한다는 점에서 아쉬움을 남긴다. 극 중 조수희는 '학벌 콤플렉스'가 있는 인물로 소개된다. 그러나 드라마는 학벌 콤플렉스를 평생 지니고 살 수밖에 없었던, 기형적인 사회 구조에 대한 문제의식은 언급하지 않는다. 그저 대치동에서 벌어지는 모든 악행과 갈등은 수아 '엄마'만의 욕심, 허영, 질투 등으로 환원된다. 그러나 모두가 아는 것처럼 대한민국의 입시제도는 개인의 욕심과 열망으로만 설명하기 어렵다.

로펌에서 일해도 대입은 엄마 몫

장서진(장영남 분)은 남편과 같은 로펌에서 일하는 변호사다. 극 중 서진은 남편과 사회적, 경제적으로 동일한 상황과 위치에 놓여 있지만, 자녀 교육과 가정사는 서진이 도맡는다. 극 중에서 입시에 대한 욕심과 과한 집착은 오로지 서진의 몫이다. 이에 따른 자식의 비난도 서진이 감당하고 이 과정에서 아버지는 구경꾼이 될 수 있는 자유를 얻는다. 서진만이 가진, 자녀 입시에 대한 집착은 '워킹맘'이라도 자식 교육에 전적으로, 혼자 책임져야 하는 현실을 보여준다. 더불어 비판받을 만한 지점은, 서진이 극 전개 내내 꾸준히 드러내는 '워킹맘으로서의' 선민의식이다. 서진은 입시 정보를 얻기 위해 엄마들 모임에 가끔 참석하지만, "사회생활도 안 하는 사람에게 (사회성이 없다는) 이런 말을 들으니 웃"기다고 말하며 모임 자리를 뜨기도 한다. 이처럼 극 중에서 서진은 모임의 엄마들과 자신은 다르다고 생각하는 인물로 소개된다.

이러한 선민의식에 방점을 찍는 건 극 후반부에 등장하는 조수희의 변신이다. 조수희는 대치동 학원의 상담실장이 되어 워킹맘으로 '업그레이드'된다. 드라마는 조수희가 정식 직업을 가지고 전문성을 가지면서 개과천선하는 모양새를 나타내고자 했다. 그러나 징벌로서의 외도, 워킹맘으로의 전환이 조수희를 변화시켰다는 메시지는 위험하다. 대개 노동과 돌봄, 둘 다 충실히 수행하는 워킹맘은 사회적으로 칭송받지만, 정규 직업을 가지지 않고 자식 교육과 돌봄에 집중하는 엄마들은 "사회생활도 안 하고" 논다는 비판을 당연하게 수용해 왔다. 〈일타 스캔들〉은 이런 사회적 통념을 다시금 재현하면서 워킹맘 서진과 다른 엄마들을 대립 관계로 묘사한다. 그러나 현실에서 그들은 그들의 자녀와 함께 입시제도 안의 피해자로 자리한다는 사실을 간과한 점은 아쉬움으로 남는다.

'악역'이 사라져도 계속되는 악습

전술한 바와 같이 드라마는 '조수희' 혹은 극성 엄마들에게 과한 교육열을 비롯한 다양한 문제와 갈등 상황을 떠넘겼다. 또한 극 중에는 현대 사회의 문제로 떠오른 사이버불링 등의 상황도 묘사되는데, 이 또한 모두 '조수희' 개인의 문제로 압축되는 경향을 보인다. 극은 대개 조수희가 극성을 부리면서 문제를 제기하고, 조수희가 악행을 저지르면서 문제가 심화하는 과정을 거친다. 그러나 조수희 개인이 개과천선한다고 해도 앞서 언급된 현대 사회의 문제들은 현재진행형이다. 새로운 학생이 조수희의 입시 상담을 통해 대치동에 입성할 것이다. 또 다른 부모가 학원 앞에 줄을 설 터이다. 의대 올케어반(합격하면 의과대학 입학까지 책임지는 학원 특강반)을 향한 경쟁은 더욱 치열해질 것이 뻔하다. 드라마 방영 후 대치동에 실제로 '의대 올케어반'과 같은 형태의 준비반이 존재하며, 의대 진학을 준비하는 연령대가 초등생까지 내려갔다는 보도가 이어졌다.[1]

극 중 서진의 첫째 아들인 희재는 과한 입시 스트레스로 '히키코모리'가 된다. 또한 조수희의 딸 수아는 글씨가 공중에서 떠다녀 공부할 수가 없다고, 글씨가 제대로 보이지 않는다며 괴로워한다. 수아는 낯선 상황에 놀라 공포감을 느끼고 소리를 지르지만, 드라마는 충실히 악역을 수행해 온 수아가 얼마나 괴로운 상황에 놓였는지, 마치 업보라도 겪는 것처럼 재현하기만 할 뿐, 해결책이나 이후 대처 상황은 그려내지 않는다. 열아홉 살 학생이 과열된 입시 경쟁 속에서 겪는 일종의 '질환'을 두고 "수아맘의 욕심이 아이를 망친 것"이라고만 치부해도 되는 걸까? 2021년 기준, 우울증으로 병원 진료를 받은 만 18세 이하 아동·청소년이 3만 9870명이다. 2년 새 18.9% 증가한 수치다. 소아·청소년 정신과 병원도 늘고 있는데 병동 498곳 중 10%가 강남 3구에 몰려 있다.[2] 대입 지옥의 아래에서 고군분투하는 개인에게 "욕심을 버리라"라고 일갈할 때는 지났다. 그걸로는 부족하다. 그러나 드라마는 처음부터 끝까지 치열한 교육열과 경쟁 사회의 전반적인 문제를 엄마 개인의 욕심과 열망의

1   "'올케어반' 진짜네… 대치동 학원가 씁쓸한 '초딩 의대반'", ≪국민일보≫, 2023.2.23.
2   "청소년 우울증 19% 증가… 문제는 입시 스트레스", ≪조선일보≫, 2023.6.20.

문제로 축소하려 한다는 점에서 아쉬움이 남는다.

　　드라마가 대입 경쟁을 둘러싼 대치동 엄마들의 이야기를 친근하게 담고자 했다면, 남행선이 첫 화에서 던진 말에 명확하게 끝맺음 지었어야 한다. 대한민국 사교육 과열은 엄마들의 잘못일까? 드라마는 적극적으로 부정하지 않고, 각 엄마가 처해 있던 문제를 단편적으로 해결하면서 해피 엔딩으로 결론지었다. 물론, 기존 입시 드라마가 대입 과정의 치열함을 역이용하면서 자극적 작품을 제작해 온 역사를 고려하면 〈일타 스캔들〉은 칭찬받아 마땅한 지점이 많다. 드라마는 아무리 대입 경쟁이 치열하다 해도, 고3 교실에는 서로를 향한 관심과 애정이 남아 있다는 걸 적극적으로 묘사한다. 선재는 부당하게 의대 올케어반에 탈락한 해이에게 족보를 공유한다. 해이는 자신의 공부도 바쁘지만, 운동부에 소속되어 있다가 부상으로 공부를 다시 시작해야 하는 학생에게 무상으로 과외를 해준다. 학생들은 남을 누르고 내가 올라가야 하는 시스템에 속해 있어도, 같은 반 친구를 먼저 챙기고 격려한다. 드라마를 시청하는 어른은 여기서 무얼 배울 수 있을까? 그리고 무얼 배워야 할까?

기존 '줌마렐라 서사'와 다른 점, 남행선의 따뜻함

예민하고 외로운 일타강사 최치열과 오지랖 넓은 반찬가게 사장 남행선의 만남도 의미 있다. 남행선은 섭식장애를 앓는 최치열의 식사를 책임지면서 사랑을 키워나가는데, 이런 서사 구조가 기존 '줌마렐라' 이미지를 답습한다는 비판도 일리가 있다. 그러나 〈일타 스캔들〉이 비교적 흔한 서사 구조로 전개되면서도 흥행에 성공할 수 있었던 이유는 뭘까? 이는 서로를 향한 무관심이 팽배한 사회 분위기에 균열을 내려는 시도가 돋

보였기 때문이라고 해석할 수 있다. 남행선은 자신이 조리한 요리만 잘 먹을 수 있는 최치열의 식사를 책임진다. 최치열은 부당하게 의대 올케 어반에서 탈락한 행선의 자녀 해이에게 무상으로 과외를 해준다. 최치열은 "인간이 하는 짓 중에 가장 소모적인 게 '인간관계'"라며, "서로 알아가고, 의지하고, 그러다 싸우고 화해하려고 애쓰고, 가성비 떨어지는 짓을 왜 하냐'라고 핀잔주던 현대인이다. 그리고 남행선은 촌스러운 걸 알지만, 오지랖 부리는 일을 참을 수 없는, 정 많은 '옛날 사람'이다. 오지랖이 부담스럽다고 손사래 치던 최치열은 어느새 남행선과 그 가족을 만나면서 삶을 계속 살아갈 이유와 동기를 얻는다. 남행선 가족의 문화인 '치킨데이'에 매주 참여하고, 매달 한 번씩 남행선의 동생이 좋아하는 영화를 함께 본다.

애초에 남행선의 가족 구성원이 사회가 추구해 온 기존 4인 가족에서 벗어난다는 점도 인상 깊다. 본인 언니가 낳은 해이를 언니 대신 키우고, 발달장애가 있는 남동생을 책임져 온 남행선은 특유의 따스함으로 그들을 껴안아 왔다. 그리고 그 따뜻함이 최치열을 소환했다. 매일 밤 악몽에 시달리던 최치열의 일상은 남행선, 그리고 남행선의 '가족'을 만나며 변했다. 서로 알아가고, 의지하고, 그러다 싸우고, 화해하려 애쓰는 가성비 떨어지는 과정을 거쳐 최치열의 일상은 조금 더 환해진다. 〈일타 로맨스〉는 혼자가 편하고, 남의 오지랖이 귀찮고, "가성비 떨어지는 짓을 왜 하냐"는 현대 사회에 돌멩이를 던진다. 인간은 서로를 사랑하고, 남행선처럼 따뜻하게 서로를 보듬어야만 살아갈 수 있다고.

아이돌을 집어삼킨 학교 이데올로기[1]

박진서

아이돌, 주류가 된 저항

좀 더 비싼 너로 만들어주겠어, 네 옆에 앉아 있는 그 애보다 더
하나씩 머리를 밟고 올라서도록 해, 좀 더 잘난 네가 될 수가 있어.
……
됐어(됐어) 이제 됐어(됐어). 이제 그런 가르침은 됐어.[2]

K-POP 문화의 시원(始原)을 말할 때면, 대부분 '서태지와 아이들'
을 언급한다. 그들은 학교 교육으로 대표되는 기성세대의 관념들에 대

---

1   이 글은 2023년 3월 30일부터 6월 8일까지 MBC에서 방영된 11부작 오디션 프로그램
   〈소년 판타지: 방과후 설렘 시즌 2〉(이하 〈소년 판타지〉)를 비평의 대상으로 한다.
2   서태지와 아이들이 1994년에 발표한 3집의 수록곡 「교실 이데아」의 가사 중 일부이다.

한 저항을 노래하며 청소년들을 사로잡았다. "하나씩 머리를 밟고 올라서"라고 말하는 경쟁적 교육제도에 대해 "이제 그런 가르침은 됐"다고 외쳤다. 10대를 중심으로 한 저항문화의 탄생이었다. 그렇게 서태지와 아이들은 대중음악을 넘어 대중문화사의 새로운 패러다임을 제시했다.

이러한 성공에 힘입어 체계적인 프로듀싱이 더해진 '1세대 아이돌'이 등장한다. H.O.T.와 젝스키스가 대표적인 사례다. 이들은 서태지와 아이들이 그러했듯 여전히 교육제도에 저항했고, 청소년들은 열광했다. 기획사라는 자본의 힘이 더해졌지만, 여전히 저항은 이들을 상징하는 주요한 이미지였다.

하지만 모든 저항문화도 언젠가는 주류가 된다고 하지 않던가. 저항으로 시작된 아이돌문화도 마찬가지다. 1세대 아이돌의 탄생 이후 아이돌 제작 시스템은 점차 체계화되었고 하나의 산업이 되었다. 제작을 담당하는 기획사들은 대기업으로 성장했고, 이제는 저항이 아닌 주류 사회를 이끄는 한 축으로 자리매김했다.

그와 함께 아이돌을 주축으로 한 K-POP 또한 저항의 감각을 점차 잃어갔다. 오히려 그들은 자신들이 저항하고자 했던 경쟁 중심의 교육제도를 더욱 충실히 흡수하기 시작했다. 오늘날의 아이돌 산업을 지탱하는 연습생 제도가 대표적인 산물이다.

이러한 흐름의 정점에 있는 것이 바로 서바이벌 오디션 프로그램이다. 치열한 경쟁을 통해 새로운 아이돌 그룹을 탄생시키는 서바이벌 오디션은 방송사를 막론하고 흥행을 위한 필수 요소가 되었고, 또 하나의 장르가 되었다. 이 글에서는 가장 최근에 방영된 서바이벌 오디션 프로그램 중 하나인 〈소년 판타지〉를 통해 한국의 아이돌 문화를 점령한 학교 이데올로기를 살펴보고자 한다.

장르의 문법에 더해지는 학교의 언어

중간고사 나 한번 잡아봐라, 기말고사 화나면 잡아봐라

내신 성적 화나면 이겨봐라, 수능시험 내가 일등이야[3]

모든 장르는 나름의 문법이 있다. 이제는 하나의 장르가 된 서바이벌 오디션 프로그램도 마찬가지다. 특히 최근에는 서바이벌 오디션을 통해 신인 아이돌 그룹을 론칭하는 포맷이 그 중심에 있다. 2015년 엠넷에서 방영된 〈프로듀스 101〉을 필두로, 많은 방송사들이 아이돌 연습생 오디션 프로그램을 선보여 왔다. 이 과정에서 '연습생 서바이벌 프로그램'[4]은 하나의 장르로 자리매김했고, 그 문법 또한 견고해지고 있다.

앞서 언급한 '연습생 서바이벌 프로그램'은 참가자들 개개인의 기량 발휘와 경쟁에 초점을 맞췄던 기존의 오디션과 달리 최종 우승 혜택인 '아이돌 그룹 데뷔'라는 목표하에 그룹의 기준에 적합한 멤버가 되기 위해 노력한다는 점이 가장 큰 특징이다. 또한 끊임없는 교육과 연습을 경험하며, 이 과정에 이들의 성적은 '등급'의 형태로 평가된다. 주어진 교육 과정하에서 매 학기 시험과 성적을 통해 자신의 위치를 평가받으며, 대학 합격이라는 목표를 향해 나아가는 학교 시스템과 상당히 닮아 있는 문법이다.

〈소년 판타지〉는 자신들이 속한 장르의 문법들을 충실히 구현해 낸

---

3   젝스키스가 1997년 발표한 정규 1집의 타이틀곡 「학원별곡(學園別曲)」 가사 중 일부이다.

4   일반적으로 '서바이벌 오디션 프로그램'은 아이돌 데뷔를 목적으로 하지 않는 프로그램까지 포괄적으로 지칭한다. 그러나 이 글에서는 연습생들이 모여 시청자 투표를 통해 신인 그룹을 프로듀싱 하는 것을 목표로 제작되는 프로그램에 초점을 맞추어 '연습생 서바이벌 프로그램'이라 명명하고자 한다.

다. 심지어 이러한 문법에 학교의 언어를 더해 학교 이데올로기를 더욱 강화한다. 시리즈 전작(前作)의 주 제목이자, 본작(本作)의 부제목인 '방과후 설렘'만 봐도 그렇다. 방과후란 '학교에서 그날 정해진 과업이나 과제를 끝낸 뒤'를 뜻한다. 즉, '학교'라는 이데올로기를 전제한 표현인 것이다. 이러한 표현을 제목으로 채택했다는 것은 〈소년 판타지〉가 학교 이데올로기의 한가운데 위치해 있다는 사실을 선언한 것과 다를 바 없다.

또한 〈소년 판타지〉에서의 활동은 '파이널'과 '세미파이널' 이전까지 총 4개의 관문으로 구성되는데, 각각의 관문은 모두 1학기, 2학기, 3학기, 4학기라는 학기제의 형태로 명명된다. 매 학기 마지막에는 시청자 투표를 통해 결정된 순위를 바탕으로 탈락자를 발표하는 '순위 발표식'이 진행되는데, 이는 학생들의 성취도를 평가하기 위해 학기말에 진행하는 기말고사를 연상케 한다.

최초의 관문인 1학기는 '입학평가'인데, 해당 평가를 통해 참가자들이 본격적인 학교 이데올로기로 진입한다는 사실을 암시한다. 특히 입학평가에서 학생들이 학생증을 태그하면서 평가 장소에 입장하도록 한 연출은 이러한 암시를 시각적으로 구현해 낸다. 참가자들은 입학평가에서 받은 성적에 따라 1~3등급으로 배정되고, 그중 3등급에 해당하는 학생 20명 중 다섯 명만이 트레이닝과 재평가를 통해 프로그램에 최종적으로 합류한다. 이는 상대평가를 기반으로 한 학교 교육의 석차 등급제 시스템, 그리고 학업 부진을 만회하기 위한 보충학습 시스템과 맞닿아 있다. 이렇게 참여자들은 아이돌을 꿈꾸는 한 명의 '학생'으로서 아이돌 산업이 만든 거대한 학교 이데올로기의 일원이 된다.

〈소년 판타지〉는 학교를 구성하는 요소들을 활용해 시청자로 하여금 참가자들이 학교 시스템에 속해 있음을 지속적으로 상기시킨다. 참가자들이 처음으로 대중에게 선보이는 시그널송 「FANTASY」의 뮤직

비디오를 보면, 이들이 교복을 입은 채 학교 교정을 연상시키는 공간을 누비는 방식으로 영상이 구성된다. 이를 통해 시청자들에게는 이들이 학교 안에 속해 있다는 사실이 각인된다. 또한 촬영 기간에 이들이 생활하는 합숙소는 고등학교 기숙사의 콘셉트를 차용하고 있으며, 이곳에서 진행되는 신체검사 등의 프로그램 또한 기숙사 운영 방식과 닮아 있다.

이러한 학교의 시각적 이미지를 강화하기 위해 기존에 재생산된 포맷을 활용하기도 한다. 대표적인 것이 바로 참가자들 간의 오해를 해소하고 진심을 나누기 위해 마련된 코너 "이제는 말할 수 있다, 너 나와!"이다. 한 명의 참가자가 다른 참가자를 지목하면 이들이 서로 복싱 글러브를 낀 채 대화를 나누는 방식인데, 이것은 학교를 배경으로 구성원들이 복싱 링 위에 올라 서로에게 하고 싶었던 말을 나누었던 2005년 방영된 KBS 〈해피선데이〉의 '자유선언: 주먹이 운다'를 연상시킨다.

심사자의 역할을 겸하는 프로듀서와 참가자들의 관계에서도 학교 이데올로기가 여실히 드러난다. 〈소년 판타지〉의 심사자는 참가자를 평가하고 심사하는 역할을 넘어, 참가자를 지도하는 교사의 역할을 함께 수행한다. 특히, 보컬트레이너와 같이 일상 속에 밀착해서 테크닉을 가르쳐주는 '교과 교사'가 함께 존재하고, 심사자들은 인성교육과 생활지도, '원 포인트 레슨'에 집중한다는 점에서 참가자들의 담임교사의 역할과 상당 부분 닮아 있다. 사실 이렇듯 담임교사와 심사자의 역할이 결합하는 것 또한 연습생 서바이벌 프로그램의 장르적 문법이기도 하다. 〈소년 판타지〉는 여기에 더해 이들에게 직접 아이돌 그룹 제작을 담당하는 프로듀서의 역할도 함께 부여함으로써, 심사자와 참가자 간의 사제(師弟) 관계를 통해 학교 이데올로기를 견고하게 만든다.

'아이돌스러움'이라는 강박과 주체성의 상실

> 열 맞춰! 무조건 억제하고 다그치고
> 열 맞춰! 낙오하면 버림받고
> 열 맞춰! 모든 개성들은 잘라버려.[5]

연습생을 교육하는 시스템에서 한발 더 깊숙이 들여다보면, 교육의 내용 측면과 가치마저도 학교의 시스템을 고스란히 반영하고 있다. 한국의 학교 교육이 지적 욕구의 충족과 학문적 탐구가 아니라 주입식 교육을 통한 지식의 습득에 열중한다는 것은 시민 대부분이 공유하는 문제의식이다.

이것은 아이돌 산업의 연습생 시스템에서도 마찬가지인데, 가수이자 아티스트로서 가진 예술적 역량과 예술관 등을 발견하는 것보다 그들에게 요구되는 가창력과 안무 등의 테크닉을 충실히 습득하는 데 초점을 맞춘다. 이 과정에서 연습생들은 개성과 주체성을 상실하고, 시스템이 요구하는 기량을 완벽하게 체화할수록 '실력 있는' 아이돌로 평가받는다.

〈소년 판타지〉의 참가자들 또한 마찬가지다. 〈소년 판타지〉에서는 참가자들의 음악적 취향이나 스타일은 중요하지 않은 요소로 판단된다. '아이돌스러운' 역량과 테크닉의 습득 여부가 중요할 뿐이다. 이들은 평가를 위한 노래를 선곡할 권한조차 없다. 이미 정해진 노래에 편입될 뿐이다. 이 과정에서 참가자들은 예술적 정체성 대신 자신의 분량과 기술적 완성도에 초점을 맞춘 선택을 할 수밖에 없다.

---

5   H.O.T.가 1998년에 발표한 정규 3집의 타이틀곡 「열맞춰!」 가사 중 일부이다.

음악적 스타일에 선행하는 '아이돌스러운' 테크닉은 마치 강박처럼 느껴질 정도다. 심지어 이것은 이들이 가진 음악적 실력 혹은 성취와는 무관하게 주어진 테크닉을 습득한 정도를 재단하는 방식에 가깝다. 심지어 한 참가자는 "보컬적으로만 보면 노래를 제일 안정적이고 시원하게 잘했"음에도 "아이돌을 뽑는 소년 판타지에 어울리지 않는 색을 입고 있는 느낌"이라는 평가를 받고 "내 목소리는 필요 없는 목소리"라며 좌절한다. 즉, 참가자가 가진 고유의 실력이 아닌 아이돌 산업이 '요구하는' 테크닉만을 강박적으로 습득해야 하는 것이다. 학교가 '학생다움'을 요구하듯 연습생은 '아이돌스러움'을 요구하며 이들에게 '아이돌스러운' 스타일을 주입한다.

이 과정에서 참가자들은 끊임없이 자신이 가진 실력의 무가치함을 마주하며 음악적 주체성을 상실해 간다. 제도가 요구하는 교육 과정에 대한 습득만이 가치 있게 평가받고, 그 외의 지적 탐구는 무용(無用)한 것으로 여겨지는 학교 이데올로기처럼 말이다.

그렇다면 이들을 심사하는 심사자들은 주체성을 확보하고 있을까? 사실 심사자들 또한 '아이돌다움'을 완벽하게 학습한 존재들이다. 현역 아이돌만으로 심사자를 구성한 〈소년 판타지〉에서는 더욱 그러하다. 이들은 자신에게 주입된 '아이돌다운 테크닉'을 고스란히 참가자들에게 전수한다. 참가자들의 다양성을 획일화하겠다는 악의가 있는 것도 아니다. 그저 자신들이 성공한 것처럼 참가자들도 성공하길 바라는 마음에서다.

하지만 이것은 학교 이데올로기를 끊임없이 재생산하는 결과로 이어진다. 학생들의 성공을 바라며, 진정한 지적 탐구보다 교육 과정과 대학 입시를 위한 교육만 진행할 수밖에 없는 학교의 교사들처럼 말이다. 이렇게 〈소년 판타지〉의 심사자들은 교사의 역할을 수행하며 학교 이데올로기를 강화한다.

심사자와 함께 또 다른 평가의 주체인 시청자들은 어떨까? 연습생 서바이벌 프로그램이 기존 오디션들과 구별되는 가장 큰 특징 중 하나가 바로 시청자들의 참여인데, 참가자들의 데뷔 여부를 결정하는 것은 시청자들의 투표이기 때문이다. 〈소년 판타지〉 또한 마찬가지다. 이들은 "당신의 판타지를 충족시켜 줄 소년에게 투표하세요"라며 참가자들의 주체성을 강조하는 듯 보인다.

하지만 현실은 그렇지 못하다. 자신이 직접 아이돌을 선택한다고 믿는 시청자들마저도 사실은 카메라의 선택을 받은 모습만으로 평가를 수행하기 때문이다. 선택의 근거가 되는 것은 모두 이데올로기를 충실히 반영한 제작진의 시선이다. 게다가 시청자들마저도 거대한 아이돌 시스템의 질서를 학습한 '덕후'들이기 때문에, 아이돌다움을 충실하게 내재한 참가자에게 투표하게 된다. 결국엔 이들마저도 〈소년 판타지〉가 내재한 학교 이데올로기에 힘을 실어주고 있는 것이다.

특히, 과거의 아이돌 산업이 '유사 연애'에 기반을 두었다면, 최근에는 '우리 애를 데뷔시키고 말겠다'는 '학부모의 마음'이 더해지고 있다. 이러한 관점에서 보자면, 시청자들의 이와 같은 선택 또한 자녀의 관심과 취향보다는 교육 과정의 충실한 습득과 대학 합격을 통해 자녀의 성공과 행복을 바라는 학교 이데올로기 속 학부모의 역할을 떠올리게 한다. 〈소년 판타지〉는 이렇듯 시청자마저도 아이돌 산업에 내재된 학교 이데올로기에 편입시킨다. 참가자와 심사자, 시청자는 모두 주체성을 상실한 채, 학교 이데올로기에 종속된 학생과 교사, 학부모의 역할을 재현할 뿐이다.

이데올로기를 넘어선 학교의 탄생

Oh oh oh 누가 이기는지 해볼래
Oh oh oh oh 이 기회는 못 참지[6]

〈소년 판타지〉는 이렇듯 학교 이데올로기를 끊임없이 재생산한다. 하지만 이것이 비단 〈소년 판타지〉로 대표되는 연습생 서바이벌 프로그램만의 문제라고 볼 수는 없다. 이들이 이러한 질서를 강화하고 있는 것은 사실이지만, 이 프로그램들이 모방하는 것은 대형 기획사 중심의 연습생 양성과 아이돌 제작 시스템이다.

심지어 최근의 아이돌 산업은 학교 '이데올로기'를 넘어, 학교 '그 자체'로 변하는 중이다. 2022년, SM엔터테인먼트는 종로학원과의 합작해 SM의 음악성을 교육하는 기관인 'SMU'를 설립했다. 기존에도 학원 형태의 아이돌 양성 기관이 존재했지만, 최초의 학력인정기관이라는 점에서 이목이 집중됐다. 이뿐만 아니라 서울공연예술고등학교나 한림예술고등학교 등은 이미 수많은 아이돌을 배출한 '아이돌 명문학교'로 자리매김했다. 학교 이데올로기가 아이돌 산업을 잠식하는 것을 넘어, '아이돌학'이라는 새로운 시스템을 탄생시킨 것이다.

물론, K-POP 산업이 나날이 성장하면서 산업을 지탱할 인재를 양성하는 일은 매우 중요하다. 하지만 '아이돌스러움'이라는 강박을 기반으로 한 학교 이데올로기로 대중음악의 새로운 패러다임을 제시할 수 있는지 의문이 든다. 〈소년 판타지〉는 단 한 번도 1% 이상의 시청률을 기록하지 못할 만큼 대중을 사로잡지 못했다는 사실을 봐도 그렇다. 장

---

6   2023년 3월에 발표된 〈소년판타지〉의 시그널송 「FANTASY」 가사 중 일부이다.

르의 문법을 넘어 고착화되어 버린 양산형 연습생 서바이벌 프로그램으로는 급변하는 대중음악의 수요를 만족시킬 수 없다는 것이 〈소년 판타지〉의 교훈이기도 하다.

　여전히 갈 길은 멀지만, 현행 학교 시스템을 비판하는 대안적 목소리와 시도들이 조금씩 대두하고 있다. 학교 이데올로기하에 놓인 아이돌 산업에서도 그런 변화가 필요하다. 이제 우리는 학교 이데올로기를 넘어선 새로운 대중음악의 패러다임을 찾아야 하지 않을까. 그리고 어쩌면 고착화된 프로그램의 관습적 양산을 넘어 새로운 패러다임의 가능성을 제시하는 것이 미래를 준비하는 TV의 역할이 아닐까 생각한다.

매운맛 뒤에 남겨진 씁쓸함

김도연

최근 들어 〈하트시그널〉, 〈솔로지옥〉 등 일반인을 대상으로 다양한 데이팅 프로그램이 제작되고 있다. 이로 인해 시청자들은 대리 설렘을 느끼고 달달한 연애에 대한 로망을 키워나가는 경우도 있다.

하지만 연애가 아닌 결혼 프로그램으로 MBC에서 방영 중인 〈오은영 리포트: 결혼지옥〉(이하 〈결혼지옥〉)은 어떨까?

프로그램의 일부 한 장면은 항상 서로 비난하며 소리 지르는 부부의 일상을 담은 영상을 걱정스럽게 보는 패널들이다. 영상 속 주인공인 부부를 초청해 메인 진행자인 오은영 박사가 그들의 문제를 지적하고 솔루션을 내려주는 리얼 토크멘터리 방송 형식을 취했다. 그것도 일반적으로 우리가 생각하는 부부의 일상이 아닌 매회 알코올 중독인 남편, 사치 부리는 아내 등 시청자들의 눈길을 끄는 매운맛 요소로 방송을 진행한다. 이러한 요소가 앞서 말한 것처럼 로망과 대리 설렘을 시청자들에게 안겨줄까? 아니면 벌써부터 눈에 보이는 결혼 생활에 대한 두려움과 씁쓸함을 안겨주게 될까?

해당 프로그램은 사연자 부부에게 솔루션을 내려주면서 이해하고 고쳐야 할 점을 말해준다. 하지만 솔루션이 그저 참고 사는 것밖에 없을까? 사회에서 단란한 가정으로 보이기 위해, 이혼 가정을 만들지 않기 위해 꼭 참으며 지옥에서 계속 사는 게 솔루션이 맞는 걸까? 남의 싸움 구경이 재미있다는 듯이 매회 다른 부부의 문제점을 같이 얘기하며 정말로 해당 부부가 방송을 통해 '변화'됐는지보다 '문제'에만 포커스를 맞추는 것이 아쉬움을 남긴다.

부부의 일상 어디까지 시청자가 봐야 하는 걸까?

몇 년 전부터 우리나라의 예능 트렌드로 관찰 예능이 자리 잡고 있다. 초반의 관찰 예능 대상은 연예인이며, 그들의 일상생활을 보는 시청자들은 '그들도 우리와 별반 다를 거 없구나' 하는 안도감이나, '나도 좋은 차를 타거나 좋은 음식을 먹고 싶다'는 욕망을 대리만족 시켰다. 하지만 시청자들은 이제 설정되고 관리된 연예인의 모습이 아닌 날것 그대로인 감성을 원하기 시작했고, 이에 부응해 일반인을 대상으로 하는 관찰 예능이 나오기 시작했다.

하지만 앞서 말한 것과 같이 유쾌하고 재미있는 예능 스타일과 〈결혼지옥〉 프로그램은 거리가 멀다 할 수 있다. 일반인 부부의 삶을 관찰하면서 시청자들이 같이 격분하거나, 혹은 같은 처지에 공감하며 참담하게 보는 등 부정적인 요소가 없지 않기 때문이다. 〈결혼지옥〉 프로그램은 대체로 부부의 일상을 날것 그대로 공개하므로 시청자들에게 결혼 생활의 어두운 면을 더욱 부각해 보여준다. 해당 부부의 고민을 보며 미래의 내 결혼 생활에도 저런 일이 있으면 어떡하지 하는 고민과 함께 결혼 공포증이 유발될 수도 있는 것이다. 물론 이러한 생생하고 자극적인 일상의 모습이 시청률에 큰 영향을 미치는 것은 어쩔 수 없다. 하지만 시청률을 위해 그들의 아픔 있는 사연을 예능으로 희화하는 것은 곤란하다.

〈결혼지옥〉 프로그램의 큰 취지는 오은영 박사 또는 패널들이 스튜디오에 초청된 부부에게 솔루션을 내려주는 것이다. 여기서 드는 의문은 그들만의 고민을 많은 카메라와 대중에게 내비치는 것이 과연 진정한 솔루션이 되는가 하는 점이다. 직접 사연을 받아서 초청하고 녹화하는 이 시스템은 좀 더 화젯거리가 될 부부의 사연을 고르는 콘텐츠 뽑기와 같은 느낌이다. 그렇기 때문에 프로그램의 내용은 항상 문제 있는 부부의 얘기로 진행된다. 따라서 시청자들에게는 화목한 가정의 인식을 주기 어렵다. 이는 비혼주의가 급증하는 추세인 오늘날, 비혼주의자들이 가지고 있는 인식을 더욱 확고히 해주는 것이나 마찬가지인 셈이다. 통계청에 의하면 2022년 기준으로 혼인 건수는 19만 3000건으로 전년 대비 9.8% 감소했다. 이는 1970년 해당 통계 작성 이래 최저 혼인율이라고 한다. 혼인율이 떨어지면서 비혼주의자의 수가 많아지는 이유 중 하나로 남녀의 결혼에 대한 가치관 변화를 들 수 있다. 사회 구조적인 이유, 금전적인 이유, 본인 선택에 의한 자연 발생적인 이유 등이 있지만, TV 프로그램에서 결혼의 어두운 부분만 보여준다면 그런 것을 아무렇지 않게 생각하는 사람들 또한 그렇게 느낄 수 있다는 게 문제다. 물론 〈결혼지옥〉이라는 프로그램은 막연하게 결혼에 대한 로망을 보여주는 프로그램이 아닌 실제 사연자들의 고민을 방송으로 보여줘 문제점을 예방할 수 있는 프로그램일 수도 있다. 그런 점에서 이 프로그램은 현재 부부 생활을 하는 사람들에게 좋은 본보기가 될 수 있다.

하지만 예방을 하기에는 과도하지 않은지 돌아볼 필요가 있다. 그렇기 때문에 부부의 고민을 방송으로 보여줌으로써 결혼에 대해 다른 인식을 보여주는 것은 오늘날과 같은 유례없는 저출산 상황에 사회 문제를 해결하기보다 자극적인 주제로 시청률만 높이는, 아전인수 격 행위가 될 수도 있다.

이해만이 아닌 이혼도 하나의 방법

사연자 부부에게는 고민 해결을 위한 방송이지만 시청자들한테는 부정적인 영향을 끼치는 게 솔루션 프로그램이라고 할 수 있을까? 〈결혼지옥〉 회차 중 2023년 9월 4일에 방영된 '터지는 카드 값 VS 터지는 분노: 폭탄 부부' 편은 제작진이 개입할 정도로 심각성을 보여주었다. 식사 도중 남편이 아내에게 고성을 지르며 테이블을 발로 차는 등 일촉즉발의 상황이 되었다. 관찰 예능 특성상 제작진이 주도적으로 개입을 하면 안 되지만, 카메라가 돌고 있음에도 남편은 분노를 주체하지 못했다. 아내는 진짜 맞을 수도 있겠다고 생각하며 두려움에 통곡을 했고, 제작진이 직접 개입해 그들을 분리시키고 나서야 상황은 정리됐다. 이 장면은 남녀 간의 데이트 폭력이라 해도 무방한 모습이었다. 이 회차를 보고 난 일부 여성 시청자들은 "내가 다 무섭다"며 부정적인 반응을 보였다.

이런 모습에도 오은영 박사와 패널들은 서로가 이해하며 맞춰갈 수 있다는 식으로 조언을 해준다. 하지만 이는 역효과를 낳을 수 있다고 생각한다. 우선 메인 진행자 오은영 박사는 정신의학과 전문의이지 이혼 관련 변호사가 아니다. 그렇기 때문에 심리적인 면에서 그들이 고쳐야 할 행동이나 말을 알려주고, '이혼'을 전제하기보다 서로 참고 맞춰가야 한다는 데 초점을 맞춰 조언해 준다. 물론 심리적인 조언으로 그들의 고민이 해결되는 것은 좋은 취지이다. 그러나 어떻게든 그저 참고 살면서 결혼 생활을 유지하는 것이 솔루션이라고 할 수 있을까?

최근 들어 이혼율이 늘어나면서 사람들의 인식이 달라지는 추세이다. 이러한 이유로 이혼한 사람들에 초점을 맞춘 프로그램이 생산되고 있다. 예시로는 2021년부터 반영한 ENA와 SBS 플러스 공동 제작 예능 프로그램 〈나는 SOLO〉를 들 수 있다. 〈나는 SOLO〉는 결혼 안 한 사람들이 결혼을 목적으로 만나 커플로 탄생하는 프로그램이다. 해당 프로그램에서는 돌싱 특집으로 이혼한 사람들이 다시 사랑을 찾기 위해 신청하는 시즌도 있었다. 이혼한 사람들도 충분히 다른 새로운 사랑을 찾을 수 있음으로 방송을 통해 보여주었다. 이 프로그램처럼 〈결혼지옥〉도 이혼 또한 하나의 방법임을 알려주는 확장선이 있으면 하는 바람이다.

사연자 부부와 패널들이 스튜디오에서 촬영된 영상을 함께 시청할 때, 시연자들은 자기들의 모습을 그제야 직면하며 반성하는 모습을 보인다. 그러면 오은영 박사가 영상을 보며 그들의 문제점을 지적하고 도움이 될 만한 솔루션을 내려준다. 이 과정은 물론 부부에게 도움이 되는 부분이다. 하지만 그들이 도움을 찾는 과정에서 시청자들이 느끼는 부정적인 감정과 생각에 대해서는 누가 솔루션은 내려주느냐는 말이다. 그들에게는 도움이 되겠지만 시청자들은 그저 해당 부부의 사연에 감정만 소모하는 격이다.

이 프로그램에서 부부의 문제점을 주도적으로 해결하는 진행자는 아무래도 정신의학과 전문의인 오은영 박사이다. 하지만 이 프로그램이 예능에 속하기 때문에 오은영 박사 혼자 진행하는 것이 아닌 감초의 역할을 해주는 패널들도 있다. 내조여왕이라고 불리는 배우 '소유진',

연예계를 대표하는 개그맨 '문세윤', MBC 아나운서 '박지민', 30년 이상 결혼 생활을 유지한 배우 '김응수'이다. 과반수 이상이 기혼이며 연예계에서 화목한 가족, 부부의 타이틀을 갖고 있다. 이러한 패널들의 구성도 아쉬움을 준다. 〈결혼지옥〉의 취지는 고민 해결이다. 그렇기 때문에 많은 고난과 문턱을 넘었던 경험이 있는 유경험자들에게 해결을 듣는 것이 더욱 효율적이라고 생각한다. 또는 이혼 관련 변호사가 패널로 나와서 사연자의 얘기를 같이 듣는 것도 하나의 방법이다. 예를 들어 실제 이혼을 했던 연예인들을 패널로 초청해 그들이 실제로 겪었던 아픔과 이혼했을 때의 단점과 장점 등을 명확히 들려주며, 사연자 부부에게 현실적인 조언을 하는 것이 더 도움이 되지 않았을까 생각한다. 또한 패널들은 현재 연예계에서 종사하기 때문에 본인의 가정에서 있었던 일을 있는 그대로 얘기하는 데 한계가 있다. 본인이 말을 할 수 있는 선에서, 오은영 박사가 제시하는 해결책에 공감하고 사연자들을 안타깝게 보거나 응원하는 모습이 대부분이다. 사연자 부부는 정말 이런 식으로 그들의 문제를 해결하고 싶은 것일까?

'지옥'에 대한 확장선 필요

'지옥'의 사전적 의미는 고통받는 장소이다. 프로그램의 제목이 〈결혼지옥〉인 만큼 결혼 생활의 고통스러운 부분을 보여주며 지옥에서 부부가 회생할 수 있는 방법을 알려준다. 하지만 꼭 회생할 수 있는 방법이 억지로 맞추고 이해하려 노력하는 태도가 바람직한 것일까? 오히려 그런 방법은 추후에 더 큰 문제를 불러올 수 있다고 생각한다. 당장은 부부가 자신들의 잘못을 인지하고 그들에게 내려주는 해결 방법을 적용시켜 본다

한들, 과연 한번 틀어진 관계가 견고하게 유지가 될까 싶다.

앞서 말했듯이 이혼도 하나의 방법이라고 알려주는 확장선이 필요하다. 콩가루 집안으로 불리면서도 가정을 유지하기 위해 꾹 참을 필요가 없다는 말이다. 서로에게 화가 나는 부분이 있고 그 부분을 서로가 고치지 않고 있다고 인지하면서도 프로그램에 사연을 써서 변화를 바라는 것은 안일한 태도라고 생각한다. 방송계에 이름이 많이 알려지고 유명한 오은영 박사에게 상담을 받으면 지옥 같던 결혼 생활도 회생될 것이라는 생각은 내려놓아야 한다. 오은영 박사는 결혼 상담 전문가가 아닐뿐더러 며칠간 촬영된 영상을 보고 스튜디오에서 해결 방법을 제시할 뿐이다. 지속적인 상담으로 변화된 그들의 모습이 아닌 문제만 담긴 영상만 본다면, 시청자들은 어긋난 결혼 생활은 계속 지옥일 수밖에 없다고 인식하게 된다. 그렇기 때문에 해당 사연자 부부가 방송 후 어떤 변화를 경험하는지까지 보여주는 확장선이 필요하지 않을까? 오늘날 사람들은 미디어에서 자극적인 요소를 찾으려고 한다. 그렇기 때문에 방송사도 시청률을 위해 점점 더 자극의 수위를 올리려 하는 면이 있다. 〈결혼지옥〉도 마찬가지이다. 부부의 문제점을 방송을 통해 낱낱이 보여준다. 물론 부부가 원만하게 해결할 수 있게끔 솔루션을 주기는 하지만, 실제 변화된 모습도 추가로 보여줘야 한다고 생각한다.

부부의 아픔이 콘텐츠가 되기까지 그들도 많은 고민을 하고 방송에 출연했을 것이다. 방송에 출연해 그들의 모습을 보여줬을 때 시청자들은 "문제 있는 집안이네", "저기 자녀들은 불쌍해서 어떡하지" 하며 이미 문제가 있는 집으로 인식한다.

그러므로 제작진들은 사연자 부부의 문제를 보여주는 데만 초점을 맞출 것이 아니라, 서로가 부딪치고 힘든 부분도 있었지만 변화되는 모습을 보여줬으면 하는 바람이다. 혹은 결국 살아봤더니 안 맞는 부분이 있어 각자의 길을 가게 됐다며 새로운 앞길을 응원해 주는 것도 부부에게 바람직하게 작용할 수 있다고 본다. 자극적인 장면 뒤에 '결혼 생활은 어쩔 수 없구나'라고 씁쓸함을 주는 것이 아닌 서로가 극복해 나가는 과정을 보여주기를 바란다.

"YOU QUIZ?" "안 합니다!"

tvN 〈유 퀴즈 온 더 블럭〉의 포맷 변화에 대하여

남도연

길거리 토크쇼만의 매력을 잃다

우리나라의 토크쇼는 2010년대 이후, 종합편성 채널의 증가로 경쟁이 심화되어 게스트들의 자기 노출 위주의 내용이 증가했다.[1] 〈라디오 스타〉(MBC)나 〈아는 형님〉(JTBC), 〈속풀이쇼 동치미〉(MBN) 등 현재 대부분의 토크쇼 프로그램은 연예인이나 유명인이 출연해 영화나 드라마, 앨범을 홍보하거나 사적인 정보를 터놓고 이야기하는 장으로서의 역할을 하고 있다.[2] 하지만 2018년 등장한 tvN의 〈유 퀴즈 온 더 블럭〉은 '길거

1 　오미영, 「국내 오락 토크쇼 흐름과 소통 형태 및 구조에 대한 연구-자기노출 관점을 바탕으로」, ≪한국콘텐츠학회논문지≫, 14(7)(2014); 정미영, 「TV 토크쇼 트렌드에 대한 연구」, ≪한국방송학회학술대회논문집≫(2016).

2 　양선희, 「TV 오락 토크쇼의 포맷 차별화 분석: 〈유 퀴즈 온 더 블록〉을 중심으로」, ≪영

리에서 만난 일반인과의 토크'라는 새로운 포맷으로 시청자들에게 공감과 재미를 불러일으켰다. 5화의 '샤넬 미용실'이나 '작위적 여사님', 41화의 '약사동 여사님들', '토크 고단수 부부' 등의 에피소드를 예로 들 수 있다. 5화의 '작위적 여사님' 에피소드에서는 "시누이가 여덟 명이라 행복하다"는 게스트의 작위적인 멘트에 웃음이 유발됨과 동시에 시대 명절 모임에 대한 시대상을 엿볼 수 있었다. 또한 41화의 '약사동 여사님들' 에피소드에서는 청춘과 맞바꾼 엄마로서의 삶을 이야기하며 따뜻함과 아쉬움을 느낄 수 있었으며, 퀴즈의 상금을 받고 기도하는 한 게스트를 향해 "하나님이 줬냐?"라며 일침을 날리는 장면을 통해 웃음을 유발했다. 유튜브에서는 시즌 1과 2의 일반인들 에피소드를 '다시 보는 일반인 레전드' 시리즈로 재생산해 영상을 만들어 760만 회 조회수를 달성하기도 했다. 이렇듯 길거리 토크쇼만이 주는 출연자의 신선함과 이야기의 풍성함은 프로그램의 큰 매력이었다.

　　매주 수요일 20시 45분에 방송하는 tvN의 〈유 퀴즈 온 더 블럭〉은 "길 위에서 만나는 우리네 이웃의 삶, 저마다 써 내려간 인생 드라마의 주연들, 어쩌면 당신의 이야기……!"라는 프로그램 소개에서 알 수 있듯 이 사람들의 일상 속으로 찾아가 이야기를 나누고 퀴즈를 내는 토크쇼이다.[3] 하지만 프로그램의 시즌 3부터는 '길거리 토크쇼'에서 '스튜디오 토크쇼'로 포맷을 변경했는데, 이와 같은 변화는 프로그램의 주제와 방향성이 변화하는 계기가 되었다. 〈유 퀴즈 온 더 블럭〉의 포맷 변화는 프로그램의 정체성을 어떻게 변화시켰는지 알아보고자 한다.

　　2018년 시즌 1과 2019년 시즌 2를 거치는 과정에서 코로나19라는

상문화콘텐츠연구≫, 24(2021), 31~61쪽.

3　　https://tvn.cjenm.com/ko/youquizontheblock/.

제작 환경의 외부적인 요인이 발생했다. 이에 따라 2020년 3월에 시작한 시즌 3부터는 스튜디오 형식의 토크쇼로 포맷이 변경되며, 매회 주제를 선정하고 이에 맞는 게스트를 섭외해 토크를 하는 형식으로 진행되었다. 시즌 3의 첫 방송(47화)의 주제는 '코로나19'로 코로나의 최전선에서 일하는 의료진들의 에피소드를 VCR 위주로 담았다. 시즌 초반, 50화까지는 방송국 사람들이나 '코로나 학번'이 되어버린 20학번 대학교 새내기들 등 일반인들을 섭외해 방송을 진행했다. 하지만 51화부터는 PD 겸 유튜버인 재재, 이재영 & 이다영 배구 자매, 미스터트롯 참가자 프란시스, 그리고 패션 디자이너 장명숙이 출연하며 그 이후에는 연예인이나 유명인들이 주 게스트가 되었다. 비록 화제의 일반인이나 전문가로 인정받은 일반인이 출연하기는 하지만 그 비율은 세 명 중 한 명꼴이며, 방송 시간 역시 4분의 1 정도로 짧았다. 코로나라는 국가적 재난으로 인해 게스트 섭외 방식이 변화한 것은 피치 못할 사정이지만, 일반인들의 이야기를 담으려는 노력조차 줄어든 것은 아쉬운 부분이다.

연예인 프리미엄을 이용하다

미디어에서 '시청률 보증수표'라는 말을 들어본 적이 있을 것이다. TV 프로그램에 출연했을 때 높은 시청률 달성이 보증되는 일명 '핫한' 연예인들에게 붙는 수식어이다. '시청률 보증수표'를 사용할 시에는 일반인보다 섭외 방식이 정형화되어 있어 게스트 섭외에 용이하다. 또한 높은 시청률이 보장되어 수익 달성에 용이하다. 이에 더해 '시청률 보증수표'라 불리는 연예인들에 대한 정보는 많은 시청자가 알고 있기 때문에 이에 대해 구차한 부가 설명이 필요하지 않다는 장점이 있다. 이렇게 시청률이 보장되는 연예인을 섭외해 인기를 얻는, 이 연예인 프리미엄 방식을 사용하는 TV 토크쇼 프로그램에는 대표적으로 매주 수요일 22시 30분에 방송하는 〈라디오 스타〉(MBC)가 있다.[4] 〈라디오 스타〉에서는 연예인이나 유명인들이 게스트로 출연해 그들의 신변잡기나 자극적인 에피소드들을 풀어내거나 개인기 등을 뽐낸다. 프로그램의 소개말을 빌리자면 호스트들 역시 "어디로 튈지 모르는 촌철살인의 입담"을 가진 연예인들로 구성되어 있기 때문에 시청자들은 쉽게 자극과 재미를 느낀다. 〈유 퀴즈 온 더 블럭〉 역시 스튜디오 토크쇼로 포맷을 변경하며 연예인들이나 유명인들이 출연해 기존의 토크쇼에서 많이 사용하던 연예인 프리미엄 방식을 쫓고 있다. 삶의 이야기를 통해 잔잔한 감동과 웃음을 선사하던 정통 토크쇼와는 달리, 이 같은 연예인 프리미엄 방식은 감각적이고 선정적인 소재와 호기심을 자극하는 프로그램만이 시청자들의 반응을 얻도록 유도한다고 지적받는다.[5]

〈유 퀴즈 온 더 블럭〉에는 연예인이나 유명인들을 제외한 일반인들도 종종 프로그램의 게스트로 출연한다. 하지만 이들 역시도 결국은 유튜브나 인스타그램 등에서 유명해져 이름을 알린 화제의 일반인이거나 이미 전문가로 인정받은 일반인이 많이 출연한다는 점에서 기존의 프로그램 게스트와는 차이가 있다. 그 예로는 207화에 출연한 일반인 화지예 양은 유튜브에서 바다포도 먹방으로 유명해진 유튜버였으며, 196화에 출연한 일반인 김우주 군은 인스타그램에 올린 춤추는 영상이 900만 뷰를 기록하며 유명해진 학생이었다. 이렇듯 섭외되는 일반인 역

4   https://program.imbc.com/goldfish.
5   정미영, 「TV 토크쇼 트렌드에 대한 연구」, 『한국방송학회 학술대회 논문집』(2016), 182~184쪽.

시 연예인 프리미엄의 효과에서 완전히 벗어난 인물들은 아니었다.

　　방송가 외에도 프리미엄이라는 단어를 많이 사용하는 분야는 부동산이 있다. 부동산 은어 중 아파트 프리미엄은 좋은 입지이며 미래 가능성이 있는 아파트를 분양받은 후 단기적 이익을 목적으로 웃돈을 붙여 파는 과정에서 발생하는 시세 차익을 말한다. 큰 노력 없이 손쉽게 돈을 벌 수 있는 아파트 프리미엄과 같이, 현재 〈유 퀴즈 온 더 블럭〉의 제작자들은 마치 덜 노력하고 쉬운 방법을 선택한 것으로 느껴진다.

사람들의 삶을 내다보는 창이 작아지다

시즌 1과 2에서는 우연히 만난 일반인들의 대화 내용에 따라 이야기의 흐름이 자연스럽게 전개되었다. 즉, '주제'보다 먼저 '사람'에 초점이 맞춰져 게스트에 따라 직업, 결혼 생활, 연애, 인간사 등 다양한 주제를 다룰 수가 있었다. 5화의 연희동 '샤넬 미용실' 편에서는 주택가 감소의 문제를 언급하는 등 시민들이 느끼는 도시 개발의 문제점을 지적하며 작은 울림을 주었다. 또한 게스트인 미용실 사장님이 촬영 도중 전화를 받는 모습을 "이 느낌 마치 …… 아침 드라마"라는 자막과 함께 시골 동네가 연상되는 배경음악을 방송에 여과 없이 내보내 정겨운 우리네의 모습을 유쾌하게 담아냈다. 또한 호스트들이 "YOU QUIZ?"라고 퀴즈를 푸시겠냐 물으니 미용실 손님이었던 게스트는 "안 합니다!"라고 단호하게 말해 웃음을 자아냈다. 프로그램의 성격을 잘 이해하지 못해 발생한 일종의 방송 사고임에도 불구하고 자연스러우면서도 재미있고 유쾌해 많은 시청자로부터 사랑을 받았다. 하지만 스튜디오로 들어오면서부터는 주제에 초점이 맞춰져 그에 맞는 게스트를 섭외하고, 그에 맞는 이야기를 나누었다. 141화에서는 '재야의 고수'라는 주제에 맞춰 무림 고수 정경교 님, 한 컷 만화의 은둔 고수 키크니 님, 설악산의 숨은 고수 임기종 님, 그리고 배우 고수가 출연했다. 배우 고수의 섭외는 언어유희를 이용한 재미로 볼 수도 있겠지만, 주제에 사람을 끼워 맞추는 식으로 게스트를 섭외한 것으로 보이기도 한다. 거리에서 만난 시민들의 이야기로 다양한 사람들의 삶을 이야기하는 〈유 퀴즈 온 더 블럭〉만의 '통창'은 '주제'에 맞춰 섭외된 게스트를 선택함으로써 '작은 창'으로 줄어들었다. 또한 연예인의 출연이 증가하며 그들의 영화나 드라마, 앨범 등을 홍보하는 상업적인 측면이 부각되었다. 이 역시도 선택적이고 제한된 정보만을 토크의 주제로 삼아 주제의 다양성이 저해되었다. 이로써 기존의 〈유 퀴즈 온 더 블럭〉이 주던 신선함과 풍성함이라는 매력이 사라진 것이다.

207화에 출연한 배우 김희선 님 에피소드를 예로 들 수 있다. 호스트인 유재석 님이 "김희선 씨가 곧 작품이 나오는 게 있죠?"라고 묻자, 김희선 님은 "그러니까 이것도 속 보이고……"라며 본인의 작품 홍보를 선뜻 하지 못하는 모습을 보였다. 이는 연예인들이 홍보하기 위해 방송이라는 매체를 많이 이용하지만 〈유 퀴즈 온 더 블럭〉은 그러한 자리가 아니라는 뜻으로 해석할 수 있다. 즉, 〈유 퀴즈 온 더 블럭〉은 기존의 타 토크쇼와는 다르게 조금 더 인간적이고 자기 모습을 솔직하게 드러낼 수 있는 공간이라는 특별한 가치를 가지고 있다는 것이다. 이 특별한 가치에 대해서는 연예인들도 알고 있고, 시청자들 역시 그 점을 사랑한 것인데, 연예인 프리미엄이라는 손쉬운 방식을 사용함으로써 〈유 퀴즈 온 더 블럭〉만의 특별한 가치가 훼손되고 있다.

〈유퀴즈〉는 '자기님'들과 소통하고 있는가

토크쇼에서는 호스트와 게스트의 커뮤니케이션이 중요하게 작용한다. 더욱이 기존의 〈유 퀴즈 온 더 블럭〉과 같은 경우는 초면인 일반인과의 갑작스러운 만남에서 토크를 진행하는 상황이기 때문에 호스트와 게스트의 연결이 중요했다. 호스트인 조세호 님이 현재 〈유 퀴즈 온 더 블럭〉에서 자주 쓰이는 '조셉'이라는 별명을 얻게 된 것은 게스트와의 커뮤니케이션 상황에서 연결성과 유대감이 발생한 하나의 사례이다. 22화에서는 정릉동 길거리에서 만난 한 주민이 조세호 님을 향해 "저 사람이 누구지? 저 회색 양복"이라고 물었다. 이에 유재석 님이 "조세호요" 하고 대답하니 주민이 "조셉?"이라고 반문해 웃음을 자아냈다. 이렇게 생긴 '조셉'이라는 별명은 현재까지도 방송에서 사용되고 있다. 한편, 〈유 퀴즈 온 더 블럭〉에서는 게스트와 시청자들의 연결성 및 유대감을 형성하기 위해 그들에게 '자기님'이라는 애칭을 부여했다. 이는 유튜브에서 채널 주인이 채널 구독자들에게 애칭을 부여해 구독자들과 연결성을 강화하고 원활한 소통을 끌어내는 것과 맥락을 같이한다. 하지만 현재 〈유 퀴즈 온 더 블럭〉은 시청자들의 목소리를 잘 담으려 노력하고, 그들과 연결되려 노력하는 것인지는 의문이다. 과거의 '자기님'이라는 애칭은 처음 만난 다양한 이웃의 또 다른 이름이었다면 현재의 그것은 그저 유튜브의 소통 방식만을 모방한 것에 그친다.

결국, 〈유 퀴즈 온 더 블럭〉의 포맷 변화는 연예인 프리미엄을 이용한 쉬운 방식의 게스트 섭외로 이어졌으며, 이로 인해 다양한 사람들의 삶을 내다보는 창으로서의 특별한 가치가 훼손되어 〈유 퀴즈 온 더 블럭〉만의 인간적이고 솔직한 모습이 사라졌다. 따라서 현재의 〈유 퀴즈 온 더 블럭〉은 기존의 프로그램 정체성을 상징적으로만 유지하고 있다고 볼 수 있다. '길거리 토크쇼' 포맷을 취하던 과거에는 작은 접이식 의자와 책상을 어디든 들고 다니며 언제든 길거리에서 펼쳐 토크의 장을 만드는, 자연스러운 모습을 연출했다. 그런데 현재, 실내 스튜디오에 들어와서도 그 소품을 그대로 사용하고 있다. 프로그램의 정체성은 흐려진 채 편안한 스튜디오에서도 여전히 예전의 작고 불편한 의자와 책상만을 사용한다는 것은 그저 프로그램의 정체성만 표면적으로 붙잡고 있는 것이 아닐까. TV 예능 프로그램의 획일화 현상 속에 특별함을 지니고 있던 〈유 퀴즈 온 더 블럭〉은 주제의 다양성을 지키고 시청자들과의 연결을 유지하기 위한 노력이 필요하다.

이름 앞에 숫자를 붙이지 마세요

엠넷 〈아티스탁 게임: 가수가 주식이 되는 서바이벌〉

임정윤

엠넷 서바이벌 프로그램의 계보

〈프로듀스 101〉의 성공 이후로 시작된 서바이벌 오디션 프로그램 열풍이 끊이질 않고 있다. 너나 가릴 것 없이 신규 서바이벌 프로그램을 론칭하며 눈치 싸움을 하는 방송국들 사이에서 유난히 눈에 띄는 곳이 있다면 바로 엠넷이다. 〈프로듀스 101〉, 〈쇼미더머니〉, 〈퀸덤〉, 〈스트릿 우먼 파이터〉 등 떴다 하면 화제성은 그냥 먹고 들어가는 엠넷의 서바이벌 오디션 프로그램들. 같은 목표를 가진 참가자들끼리의 경쟁, 그 과정에서 일어나는 갈등, 감동 섞인 눈물 한 방울까지 모조리 카메라에 담아내며 리얼함을 강조하는 그들의 방송은 틀림없는 흥행의 길을 걸어왔다.

그러나 몇 년 전 불거진 〈프로듀스 101〉의 투표 조작 논란, 프로그램의 공정성 논란, 꾸준한 비판점으로 언급되는 '악마의 편집'에 대한 논란 등 크고 작은 위기를 많이 겪어온 것 역시 사실인 지금 그러한 논란을 뒤로한 채로 엠넷에서 새로운 프로그램을 제작했는데, 이른바 〈아티스탁 게임〉이다. 서바이벌 오디션 프로그램의 대가답게 티저부터 '잔인함'을 어필하던 엠넷은 방송 시작 전과 후에 많은 비판을 받게 된다. 이어지는 본문에서 해당 프로그램에 대한 다양한 논쟁에 관해 의논하면서, 서바이벌 오디션 프로그램의 미래에 대한 이야기를 하고자 한다.

가수가 주식이 된다?: 윤리 의식의 부재

내 픽을 고르고, 그의 행보를 응원하며 서포터로서의 역할을 수행한다. '국민 프로듀서', '스타 크리에이터' 등 프로그램에 따라 불리는 호칭은 다양하지만, 단순 구경꾼이었던 시청자에게 손을 내밀어 능동적인 참여를 할 수 있도록 유도한다는 점은 같다. "이 프로그램의 주인은 당신입니다"라며 주도권을 넘겨준다는 설정의 방송은 시청자에게 매력적으로 다가올 수밖에 없으며, 지금부터 이야기하고자 하는 〈아티스탁 게임〉 역시 이와 같은 형식을 차용해 만든 프로그램이다.

〈아티스탁 게임〉이라는 프로그램명은 예술가를 뜻하는 아티스트(Artist)와 주식을 뜻하는 스탁(Stock)을 합쳐 만든 것으로, 말 그대로 가수가 주식이 되어 진행되는 게임이라는 의미를 지녔다. 프로그램 내에는 세 가지 종류의 집단이 존재하는데, 자신의 주가를 올리기 위해 노력하는 '플레이어(=가수)', 이들에게 투자하는 '유저(=시청자)', 연예인으로 이루어진 '유저 대표단'이다. 프로그램의 진행 방식을 간단히 요약하자면 이러하다. 플레이어가 개인 무대와 라이브 방송 등으로 자신의 재능을 어필하면, 그를 본 유저가 가상의 게임머니를 통해 플레이어의 주식을 매수 혹은 매도하며 거래한다. 유저의 주식 거래량, 라이브 방송 하트 수, 베네핏 등을 통해 플레이어의 주가가 변동하며 최종 주가가 가장 높은 플레이어가 우승을 하게 된다. 이때, 미션이 진행됨에 따라 주가가 낮은 플레이어의 종목은 거래 정지, 즉 상장 폐지되어 해당 가수는 프로그램에서 탈락한다.

시청자의 선택에 의해 출연자의 운명이 결정된다는 점은 〈프로듀스 101〉과 크게 다를 바가 없어 보이지만, 〈아티스탁 게임〉에는 몇 가지 문제점이 존재한다. 그중에서도 출연자에게 가격을 매기며 금전 거래의 대상이 되게 하는 프로그램의 시스템, 그 자체에 대해 먼저 이야기하고자 한다.

"48인의 가수를 판매합니다", "당신의 선택으로 가수의 가격이 결정됩니다".

엠넷 공식 유튜브 채널에 올라온 〈아티스탁 게임〉 티저 영상에서 나온 문구들이다. 영상의 표지에는 "가수가 주식이 되는 신개념 게임"이라는 문장 역시 찾아볼 수 있는데, 이를 통해 시청자는 누군가의 재능을 돈으로 환산해 겨루겠다는 프로그램의 콘셉트를 자연스럽게 받아들이게 된다. 이와 같은 표현들은 방송 내에서도 빈번하게 등장한다. "잘하면 코인 간다", "주가 상승을 위한 치열한 가격 전쟁" 등의 자막을 시작으로 해서, 유저 대표단은 압도적인 무대 장악력을 보여준 참가자에게 "이분은 우량주세요"라고 칭찬을 하고, "내 마음을 움직여 봐!"라고 장난스럽게 이야기한다. 책정된 가격을 기준으로 참가자들의 순위 역시 매겨지는데, 자신보다 높은 가격이 매겨진 참가자를 부러워하며 "나는 10원일 것 같아"라고 자조하는 모습을 보다 보면, 마음 한구석이 답답해지는 것을 느낄 수 있다.

이러한 면이 가장 적나라하게 드러나는 부분은 참가자의 탈락, 즉 상장 폐지에 대한 시스템이다. 〈아티스탁 게임〉 내에서는 '탈락' 대신 '상장 폐지'라는 용어를 사용해 참가자에게 프로그램과의 이별을 통보한다. 상장 폐지는 실제 주식 시장에서 사용하는 말로, '매매 거래 대상으로서의 자격을 빼앗는 일'을 뜻하는데, 우리는 과연 이러한 단어를 사람의 이름 옆에 붙여도 괜찮을까? 비유일 뿐이라고 하더라도 가수를, 그리고 사람을 '매매 대상'으로 여기는 일이 자연스러워지면 안 되는 것은 분명하다.

참가자들의 재능에 가격표를 붙이고 희망을 꺾어버리겠다는 악랄한 의도를 제작진이 가지고 있었을 것이라고 생각하는 것은 아니다. 프로그램에 출연한 몇몇 아티스트들은 '투자'한다는 개념 자체가 신선하다며 새로운 서바이벌의 등장을 환영하기도 했다. 그러나 우리는 생각해 볼 필요성이 있다. '신선함'과 '새로움'이라는 이름 아래 가려진 윤리의식에 대해서 말이다.

아이디어 가로채기: 웹소설 표절 논란

〈아티스탁 게임〉이 다른 서바이벌과는 다른, 신개념 게임이라며 내세운 요소는 무엇인가. 바로 '주식'이다. 프로그램의 홍보 영상과 자막, 출연진들이 사용하는 용어 하나까지 모두 '가수가 주식이 된다'는 콘셉트를 충실히 유지하고 있다는 것은 방송을 한 번이라도 본 사람이라면 누구나 쉽게 알아챌 수 있다. 그러나 이 모든 설정들이 표절을 통해 산출된 결과물이라고 한다면 어떨까? 콘셉트 자체에 대한 윤리성 문제는 앞서 언급했으니 잠시 접어두고, 이번 챕터에서는 웹소설 〈데뷔 못 하면 죽는 병 걸림〉과 〈아티스탁 게임〉 사이의 표절 논란에 대해 조명을 비추고자 한다.

〈데뷔 못 하면 죽는 병 걸림〉은 2021년부터 카카오페이지에서 연재되기 시작한 웹소설로, 낯선 몸에 빙의된 주인공이 아이돌 데뷔에 도전하면서 벌어지는 이야기를 담았다. 작중에서는 '아이돌 주식회사'라는 이름을 가진 가상의 서바이벌 오디션 프로그램이 등장하는데, '아이돌 주식회사'(이하 아주사)와 〈아티스탁 게임〉의 진행 방식이 매우 유사한 형식을 취하고 있어 이에 대한 표절 논란이 일었다. '아주사' 역시 〈아티스탁 게임〉처럼 주식이라는 소재를 사용한 프로그램이었기 때문이다. 여러 미션을 통해 우승자를 가리는 서바이벌 오디션 프로그램의 특성상 방송의 몇 가지 요소가 겹치는 것은 흔한 일이지만, 서바이벌에 '주식'을 더한 것은 '아주사'만의 독특한 특징이자 상징적 요소였기 때문에 〈아티스탁 게임〉을 향한 표절 논란은 커질 수밖에 없었다.

이러한 논란에서 주목할 점이 하나 더 있다면, 〈데뷔 못 하면 죽는 병 걸림〉의 작가는 자신의 작품 내에서 꾸준히 '아주사'를 악독한 프로그램으로 묘사하며 비판하고 있다는 점이다. 아이러니하다. 작가가 주식이라는 요소를 활용한 것 역시, 사람을 그저 상품으로만 취급하는 오디션 프로그램들의 현실을 극대화해 독자들에게 보여주기 위함이다. '아주사'와 같은 프로그램이 존재해서는 안 된다는 뜻을 전달하기 위해 작가가 만들어낸 방송을, 엠넷이 실제 방송으로 기획한 것이다. 주식이라는 요소가 자극적이고, 사람들에게 잘 먹힐 것 같다는 이유만으로.

이러한 반응들에 대해 엠넷 측은 '무대응'으로 일관했다. 이에 웹소설의 팬 및 시청자들 사이에서 〈아티스탁 게임〉 불매 운동이 일어났으며, 엠넷을 향한 비판의 목소리는 더욱 높아졌다. 창작자의 입장에서 자신의 작품에 표절이라는 꼬리표가 붙는 것은 큰 치욕이 아닐까. 알면서도 모른 척, 그러한 치욕을 안고서라도 엠넷이 사수하려고 했던 것은 무엇인가.

프로그램 흥행 실패 원인 분석

서바이벌 프로그램의 생존을 위한 또 다른 서바이벌이 펼쳐지고 있다고 해도 과언이 아닌 지금, 많은 잡음과 함께 막을 연 〈아티스탁 게임〉은 과연 성공 궤도에 오를 수 있었을까? 결론부터 이야기하자면 그러지 못했다. 현재 〈아티스탁 게임〉의 시청률은 비공개 처리되어 있으며, 방영 당시에도 큰 주목을 받지 못했던 것으로 알려진다. 참가자들의 무대 영상 몇 개가 조회수 50만을 넘기는 등의 성과가 존재하기는 했으나, 〈싱어게인〉과 같은 타 프로그램과 비교해 보았을 때 그것 하나만으로 방송의 흥행을 논하기에는 민망한 수준이다. 그렇다면 생각해 보자. 〈아티스탁 게임〉은 왜 실패한 방송이 되었는가?

앞서 계속 언급했듯, 서바이벌 오디션 프로그램 열풍은 끝나지 않았다. 바로 방송사에 말이다. 그러나 시청자들이 그에 대해 갖는 흥미도 역시 여전할까? 꼭 그렇다고 말할 수는 없다. 모든 새 프로그램이 '이전과 다른', '새로운', '신선한'과 같은 형용사들을 달고 출발하지만, 그 내막을 자세히 살펴보면 이미 전에 나왔던 프로그램과 크게 다를 것 없이 비슷해 시청자들에게 실망감을 안겨주는 일이 반복되고 있다. 〈아티스탁 게임〉 역시 마찬가지이며, 이 반복은 사람들로 하여금 서바이벌 오디션 프로그램을 진부한 방송으로 치부하도록 만들었다.

프로그램의 인기가 기대했던 바에 미치지 못하자, 초조해진 방송국들은 점차 '자극적인 방송'에 초점을 맞추기 시작한다. 탈락자 방출 등의 잔인한 시스템을 구성하거나 한 명의 악역을 만들어 이목을 끌기도 하고, 참가자의 눈물 나는 사연에 조명을 비추며 동정심을 유발하기도 한다. 〈아티스탁 게임〉이 '주식'이라는 콘셉트를 바탕으로 참가자에게 가격을 매겼던 것처럼. 여기서 문제가 되는 점은, 시간이 지날수록 시청자들이 이러한 방송 스타일에 피로감을 느끼게 된다는 점이다. 나하나만 챙기기에도 벅찬 세상이 되어버린 사회. 그 안에서, 자극과 긴장을 통한 이슈 몰이는 흥미 대신 질림을 유발할 뿐이다.

오디션 결과의 공정성 여부 역시 문제가 되는데, 이는 '팬덤 싸움'과 깊은 관련이 있다. 방송의 화제성을 끌어오기 가장 편한 방법 중 하나가 유명 인기 스타를 프로그램에 출연시키는 것이다. 그러나 이에 초점을 맞추기 시작하다 보면 투표의 결과가 팬덤의 크기와 화력에 따라 결정되는 경우가 많아지기 때문에 이게 정말 실력자를 가리는 '서바이벌 게임'이 맞는지에 대해 의문이 제기된다. 이는 프로그램의 본질과도 연결되는 부분이기 때문에, 개인적으로 조금 더 섬세한 고민이 필요했지 않았나 싶은 생각이다.

누구보다 사회의 변화에 민감하게 반응하고 트렌드에 예민해야 하는 것이 창작자의 고충이자 평생 가지고 가야 할 숙제이다. 〈아티스탁 게임〉의 제작진 측 역시 좋은 방송을 만들어가기 위해 조금만 더 고민해 보았다면 더 나은 결과를 낼 수 있지 않았을까.

실패를 통해 더 나은 미래를 꿈꾸며

"새로운 도전은 언제나 위험을 동반합니다. 하지만 인생에서 가장 위험한 것은 아무런 위험도 감수하지 않는 것이라고 했습니다."

〈아티스탁 게임〉 1화의 도입부 내레이션 중 일부이다. 방송 시장과 같은 미디어는 트렌드를 선도하며 사회의 흐름을 바꾸는 일에 큰 기여를 한다. 미디어를 통해 세상을 보며 누군가는 사랑을 배우고, 또 다른 누군가는 꿈을 키워간다. 그리고 어느 누군가는 자극을 쫓으며 거기에 물들기도 한다. 이처럼 미디어의 영향력이 어느 때보다도 더 커진 지금, 우리는 콘텐츠를 제작할 때에 조금 더 신중해질 필요가 있다. 이러한 관점에서 생각해 보았을 때에 그들이 말하는 새로운 도전이란 무엇인지, 누군가가 받을 상처와 평생 달고 갈 꼬리표를 과연 '위험 요소'로만 생각해도 될지, 그걸 감수할 자격이 그들에게 있을지에 대해 제작진들은 다시금 생각해 봐야 할 것이다. 도전이라는 이름 하나만을 믿고 달려가다가, 정작 가장 중요한 핵심은 다 놓치게 될 수도 있으니 말이다.

방송을 보는 시청자 역시 마찬가지이다. 누군가는 이러한 이야기를 하는 내게 "방송은 방송으로만 보라"고 이야기한다. 또한 "'과몰입'하지 말라"고, "너무 피곤하게 사는 것 아니냐"며 다그치기도 한다. 그러나 우리가 이런 안일한 태도만을 가지고 살아간다면, 언젠가 위기에 처했을 때에 그대로 무너지는 것밖에는 할 수 없을 것이다. 방송은 시청자가 함께 만들어가는 것이라는 사실을 기억해야 한다. 누군가를 짓밟거나 폄하하지 않더라도 좋은 방송을 만들어갈 수 있다. 이는 서바이벌 오디션 프로그램에만 국한된 이야기가 아닌, 방송 전반에 걸쳐져 있는 고민이다.

좋은 방송이란 무엇일까? 너무 추상적인 질문이지만, 우리는 그 답을 찾기 위해 끊임없이 헤매고 고민해야 한다. 그런 고민을 하는 모든 시간들이, '좋은 삶이란 무엇일까?'에 대한 해답과도 연결되어 있을 테니 말이다.

세월 타는 것을 시간이 드는 일로 바꾸는 힘

MBC 경남 다큐멘터리 〈어른 김장하〉

변해빈

MBC 경남 다큐멘터리 〈어른 김장하〉의 김장하 선생은 누군가에게 기억되는 존재이지만, 역사적으로 기록된 존재는 아니었다. 한약사이면서 각종 사회활동과 후원, 형평운동에 적극적이던 그는 제 업적과 이름을 알리기를 스스로 거부했다. 지역사회에서 '아는 사람은 다 아는' 존재였지만, 그보단 '보통의 사람'으로 섞여 들길 자처했다. 그랬던 김장하 선생을 경남도민일보의 편집국장을 지낸 김주완 기자가 취재하고, 그 과정을 프로그램 〈어른 김장하〉가 따르면서 이름 석 자를 전국에 알리게 된다. 어쩌면 보통의 존재를 미디어에 옮기는 작업은 모험이었을지 모른다. 방송 미디어 콘텐츠에서 주목받기 수월한 소재와 거리가 멀기 때문이다. 최근 화제성을 모은 시사교양 프로그램만 해도 그렇다. SBS 〈꼬리에 꼬리를 무는 그날 이야기〉, 넷플릭스 〈나는 신이다: 신이 배신한 사람들〉, 웨이브 〈악인 취재기〉는 공통적으로 사회를 불안에 떨게 한 범죄 사건과 악인으로 수렴되는 이들의 끔찍한 만행을 다룬 경우가 대부분이다. 그러나 언론 보도 프로그램의 사각지대를 파헤친다는 명목으로 폭력적인 이미지를 소비한다는 문제가 잇따랐고, 범죄자와 범행에 불필요한 서사를 더하며 방송 프로그램의 본 취지를 망각하기까지 한다. 이런 프로그램을 본 뒤 강력한 잔상을 남긴 건 두려움과 공포의 대상으로 '격상'된 범죄와 그 앞에서 리액션하는 출연자의 과격한 표정으로 전도되는 형국이다. 이런 시점에 〈어른 김장하〉는 다른 이의 시선을 장악하겠다는 목적도, 사건의 자극적인 묘사 하나 없이, 소박하지만 그윽한 결을 지닌 채 우리를 찾아온 작품이다.

기억이 기록으로 되어가는 과정

다큐멘터리 장르와 매체가 개인의 인생사를 국가적인 규모의 역사로 확장해 기록하는 경우가 새로운 건 아니다. 억압된 기억을 해방하거나 검토하고, 진실을 복원하는 작업은 대다수 다큐멘터리가 공유하는 지점이다. 그런데 주관적이고 산발적인 기억이 객관성과 사실성을 갖춘 기록이 되려면 그사이 징검다리가 되는 명확한 자료가 요구된다. 특히 그 대상이 생명력과 자아를 지니며, 타인과 관계 맺고 살아가는 사회적 인간일 때, 자료의 미비함은 개인의 감상이 기록으로 이행되는 통로를 훼손할 우려가 다분하다. 김주완 기자가 김장하 선생을 취재하기에 앞서 강조하는 것 역시 기억과 기록의 관계성이다. 그는 "세월이 지나면 유리한 기억 위주로 남기" 때문에 "기록을 바탕으로 역사를 써야 한다"라는 사실을 강조한다. 기억이란 것은 누구에게나 주어지지만, 그러기에 지금 이 순간에도 끝없이 쌓이고 마모되며 변형되게 마련이다. 그 일련의 과정이 추상적이고 추론적인 데다, 이에 영향을 미치는 시간의 경과와 그 두께가 얼마만큼의 효력을 주는 것인지 객관화하기란 여간 까다로운 일이 아닐 터, 혼동과 망각의 성질을 지니므로 우리는 기억의 실체를 분별하는 작업에 신중을 기하거나 이를 요청하고 또 요구받는다.

문제는 〈어른 김장하〉에서는 이와 같은 김주완 기자의 신조가 좀처럼 통하지 않는다는 것이다. 1991년 한 차례 김장하 선생을 인터뷰하려 시도했던 그를 포함해 많은 이들이 취재를 시도했지만, 한사코 알려지기를 거부해 온 탓에 인터뷰가 불가한 상황. 더불어 그에 대한 기록 자료와 텍스트마저 현저히 부족한 형편이다. 자기 삶의 궤적을 사회의 업적으로 과시하기보단 나아지지 않는 곪은 사회를 우선해 근심하던 김장하 선생이었기에, 그나마 남아 있는 건 이미 알려진 사실을 재확인하는 데 그치는, 곧 "그는 왜, 어떻게, 그러한 삶을 살아올 수 있었는가?" 하는 물음을 지속시키는 몇 장의 사진이다. 또는 일명 '김장하 키즈'인 장학생들이 준비한 생일잔치 영상물처럼 사적인 추억과 연결되는 기록물이 대부분이다. 그것들은 누군가의 기억이 필연적으로 보충될 때라야 효력을 갖는 자료이며, 김장하 선생을 취재하기 위해선 당시를 기억하는 사람, 그들이 기억하는 개별적인 이야기를 좌표로 삼을 수밖에 없었던 사실을 가리킨다.

여기서 〈어른 김장하〉는 그 기억의 예외적인 힘을 받아들일 때 확장되는 어떤 가능성을 발굴한다. 이 프로그램은 단순히 김장하 선생의 업적을 역사적으로 기록한다는 목적을 일률적으로 수행하지 않는다. 이를테면 사진 안에 담긴 표면적인 사실만큼, 그것을 보완하는 설명과 언어, 그 주체인 각 개인의 기억과 세심한 관찰력을 중요시한다. 〈어른 김장하〉는 그 과정을 실시간으로 따라가며 화자의 어조와 표정, 심지어 잠깐의 공백감이 자아내는 감정의 움직임마저 생생히 담는다. 사람의 말, 아니 말하는 사람을 중시하며 그 자체가 역사를 품은 하나의 공간으로 개념화되는 셈이다.

'말 없음'과 그 사이에서 '간혹 나온 말'의 그윽함

〈어른 김장하〉에는 여백이 많다. 전술했듯 김장하 선생이 인터뷰이가 되기를 거부하기 때문이다. 김주완 기자는 "얼마나 많은 액수를 후원하고 기부했는가?"식의, 자랑이 될 수밖에 없는 물음을 던지면 그는 그저 침묵해 버린다고 전한다. 해당 다큐멘터리 안에서 김장하 선생은 그의 업적에 대한 소감에 대해 누군가 호기심을 가지고 다가오는 순간, 입을 꼭 다문 채 은근하게 고개를 돌려버리거나 잠자코 가던 길을 걸어갈 뿐이다. 그 모습은 곤란함의 모종의 표식이기도 하겠으나, 더 강조하고픈 건 그것이 오랜 습관처럼 지녀온 태도임에도 그의 묵언이 상황을 모면하는 태연스러움과 능란함으로 읽히기보단 어딘지 급격하고 부자연스러운 분위기의 돌출을 안기는 쪽이란 것이다. 다시 말해 상대가 보내는 예찬과 경이가 내포된 물음 앞에서 자찬과 거만을 경계하기 위해 언제부터인지 알 수 없는 그 묵언을 '여전히' 지켜내려고 애를 쓰고 있다는 느낌을 준다. 익숙하게 몸에 밴 겸손은 외려 어떠한 의식된 헤아림이 더해진 겉모양에 불과했을 터. 그로 인해 〈어른 김장하〉는 이례적으로 줄임표를 자막으로 표기하는 남다른 속사정을 겪기도 한다.

　　그러나 어느 때라면 다소 난처하게만 지속됐을 법한 침묵임에도 그 난처함이 누군가를 곤궁에 빠뜨리려는 위력을 갖춘 것이 아니며, 외려 침묵하는 김장하 선생 그 자신이 난처함을 버텨내고 있는 것처럼 보인다면 착각일까. 그의 묵언엔 자기 신념과 다짐, 삶의 태도와 대비되는, 타인의 호기심에도 이를 함부로 지적하거나 가르침을 주려는 의도가 없다. 그것은 도리어 상대를 난처함에 빠뜨리지 않기 위한 묵언에 가깝다. 다소 추상적일 법한 이 인상의 근거는 김장하 선생이 특정 상황, 특정 필요에 따라서만 그런 태도를 고수하는 이가 아니어서다. 그가 평소에도 "말이 없는 사람"으로 살아온 존재라는 주변인들의 증언은 반복된다. 〈어른 김장하〉는 그 중복되는 목소리를 제거하지 않으며 출연자의 주관적이고 평면적인 기억과 견해를 객관적인 산물로 이해하게끔 조력한다. 그러한 자세를 알아차리기까지, 김장하 선생의 묵언을 있는 그대로 담는 카메라의 기다림은 실제 그가 살아온 세월에 비하면 터무니없을 테지만, 조용하지만 깊은 사려를 관통하며 축적의 가능성을 확보함으로써 타인의 시간을 호흡하고 살아내게 한다.

그러한 태도는 김장하 선생을 둘러싼 주변부가 수행하는 편향된 단면이 아니다. 그 역시 타인에게 불필요한 물음을 던지지 않는다. 그의 후원을 받아온 장학생들이 입을 모아 전하는 말 중 하나는 그가 장학금을 내어줄 때도 사족을 덧붙이지 않고 그저 건네주었단 점이다. 그들은 당시 김장하 선생의 제스처를 모사할 만큼 생생히 기억한다. 장학생이던 권재열은 "(그의 묵언이) 저를 위축시키지 않았다"라고 전한다. 우리는 유사한 순간을 다큐멘터리 안에서 직접 목격할 수 있는데, 김장하 선생의 자택 입주 장학생이던 조해정은 1982년도 당시 학생 운동권 시위를 주도한 이유로 수배된 과거를 회고한다. 그러던 중 그는 당시 형사가 김장하 선생이 운영하던 한약방을 찾아간 사실을 프로그램 촬영 과정에서 제작진을 통해 처음 듣게 된다. 근 40년 동안의 침묵은 타인을 배려하는 태도를 넘어 상대의 삶에 지지와 존중감을 안기는, 그러나 이를 대단한 무언가로 격상하지 않는다는 데서 발생하는 '앎의 무지'와 '외로움 없는 단독자의 시간'을 사유하게 한다. 그리고 반복하건대 이를 생생히 담아내기까지의 〈어른 김장하〉의 시간이 있다. 우리가 선명히 알 수 없는 과거의 시간은 단절되지 않은 현재의 흐름으로 지속된다, 축적된다, 뿌리가 된다. 김장하 선생의 신념과 의지를 수식하는 데 동원되는 '그냥', '그저 그렇게', '남다른 이유 없이'는 과거가 증축한 현재의 우연이 아니다. 깊고 질긴 명맥을 이어온 변함없음의 시간을 포괄하는 결단코 단순할 수 없는 표현이다. 개인의 기억을 공통의 기록으로 담아내는 〈어른 김장하〉의 질료는 단순하고 보편적일지 모르겠으나 바로 시간의 속성을 믿는 것이다. 누구도 허락하지 않은 취재기이자 촬영기는 김주완 기자의 표현을 차용하면 '계속 부딪쳐 보는' 가정과 연속의 방법론을 취한다. 이는 김장하 선생이 거대 권력과 사회적 시스템과는 다른 길을 가며 강조한 '세월', 곧 시간이 드는 일의 호흡을 암시하는 일부다. 〈어른 김장하〉 속 침묵의 순간이 어딘지 그윽하게 느껴지는 이유다.

때로 인간은 감추고 싶은 무언가 드러나게 된다는 위협과 두려움 앞에서 말을 쏟아내지 않던가. 김장하 선생이 이사장으로 지낸 명신고등학교에서 발생한 채용 비리 사건 당시, 교육부 감사 절차가 오히려 "쉬운 일"이었다는 그의 표현은 묵언이 '진실을 발화하는' 없음에 해당한다고 알려준다. 동시에 오해해선 안 되는 중요한 사실, 그럼에도 김장하 선생이 무분별하게 묵인하는 이가 아니라는 점이다. 그는 해야만 하는 말은 한다. 예컨대 몇십 년간 지속된 형평운동에도 과거와 현재 사이의 변화가 협소하다는 사실을 직시하는 태도 등 노력에는 한도가 있기에 누구도 강요하지 않았으며 개인에게 책임이 전가된 일이 아님에도 그는 자신이 느끼는 무력감에 대해 '말한다'. 소유하지 않아도 되는 무력감을 발화함으로써 짊어지려 한다. 이때의 '말함'은 단지 개인의 감상에 그치지 않고 '기억해야 할' 무언가로 선언된다. 김장하 선생 개인의 언어로 시작되지만, 이를 포착하고 '기록하는' 〈어른 김장하〉에 의해 산발되기 쉬운 작은 목소리는 그것을 제거하려는 체계의 작동에 대한 비판적인 인식으로 확장된다.

개인의 느낌이 사실을 넘어설 때

인터뷰이를 담아내는 방식도 언급해야 한다. 〈어른 김장하〉는 장학생들의 과거 인연과 이력을 포함해 그들의 현재를 지시하는 직업, 소속을 구체적으로 명시한다. 중요한 건 고학력과 고위직에 종사하는 그들의 화려한 이력이 아니다. 직업과 소속의 명시는 공적인 기록을 남기길 애써 거부해 온 김장하를 현재와 미래의 축 위에서 객관화하는 유일한 기록일지 모른다. 다시 말해, 출연한 장학생들의 더욱 분명한 신분이 곧 기억과 사적인 이야기의 출처에 신빙성과 명확성을 부여하는 차원이라고 생각해 볼 수 있지 않을까. 보충하자면 그 인터뷰이들의 화법은 전술했다시피 김주완 기자의 취재를 위한 기록으로써 결핍된다. 〈어른 김장하〉는 다큐멘터리라는 매체의 접목을 고려하더라도 '~하더라', '인 것 같다', '그러지 않았을까'와 같은 추상과 가정형의 화법을 너그럽게 허용해 버리는 면이 있다. 가령 김장하 선생은 진주에 자리 잡은 형평 운동가 백촌 강상호 선생의 묘소 건립에 기여하면서 단지 그 자신을 "작은 시민"으로 표기할 뿐 이름을 감춘 바 있다. 여기서 김주완 기자가 이를 밝혀낸 계기는 '작은 시민'이 김장하 선생일지 모른다는 짐작과 느낌에 불과하다.

　　그러나 이것이 취재의 허술함이나 오류가 아니라는 점 역시 출연자들에게서 비치는 시간의 겹 덕분인 듯싶다. 공교롭게도 출연자들은 김장하 선생의 나이대를 살아냈으며 스승과 제자의 자리를 교환한 이들이다. 또는 편집장으로서 은퇴한 김주완 기자가 은퇴를 앞둔 김장하 선생의 생애 한편이 갈무리되는 시점에 도달해 있다. 일부 장면에서는 두 개의 촬영 카메라의 프레임이 이중으로 겹쳐지며 과거와 현재, 두 시간이 동시적으로 담긴 모습이 있다. 즉, 김장하 선생을 중심으로 과거를 회억하는 장학생들의 역행적 시간, 동시적으로 발을 맞추며 현재를 집요하게 관찰하는 순행적 시간, 각기 다른 사람들의 시간이 접촉하고 만나는 거대한 시공의 장이 여기 있다. 〈어른 김장하〉에는 내용을 보충하는 현대화된 그래픽 화면이 없는 대신, 낡은 노트와 흑백 사진, 그 속에서 미약한 유사성으로 연결되는 과거의 얼굴들이 있다. 그것을 품은 사람의 기억이 있다. 김장하 선생의 조언을 기억하던 중 떨리고 마는 목소리, 말과 말 사이 사색을 위한 정적, 노골적인 말 대신 작게 맺힌 눈물방울 하나가 전하는 어떤 마음을 포착한다. 누군가의 말에 귀 기울이기의 집요함, 현재로 이어지는 생생한 흔적을 관찰하는 시선의 깊이란 무엇인지 보여준다.

시간의 겹과 결을 탐색하는, 무난한 시선의 힘

따라서 〈어른 김장하〉의 카메라가 담은 피사체는 통상적으로 어떤 잔상을 각인시키기 좋은 강렬함과는 거리가 멀다. 인물의 이어질 다음 행위를 예측할 수도, 그렇게 예상한 무엇이 큰 의미를 생성하는 것도 아니다. 이 다큐멘터리 안에서 김장하 선생은 단지 진료를 보던 오래된 나무 책상에 앉아 책을 펼치거나 전화를 받을 따름이다. 말 없는 존재의 여백을 채우기 위해 그의 터전인 남성당 한약방의 빛바랜 간판과 구옥의 반질거리는 바닥을, 낡았지만 깨끗한 사물을, 그것이 자리한 공간을 응시하게끔 한다. 무엇보다 〈어른 김장하〉가 유독 반복해 담아낸 건 일상의 골목길을 거니는 김장하 선생의 걸음이다. 이마저 정면 아닌 그의 뒷모습에서 바라본, 식별 가능한 얼굴을 지워낸 걸음이다. 여기서 우리는 무엇을 느끼고 발견할 수 있을까. 세월의 자연스러운 흐름에 따라 조금은 굽은 등, 백발, 사치 부리지 않은 평생을 담은 재킷, 느릿하지만 게으름 피우지 않으며 일정한 리듬으로 지속하는 걸음. 그가 묵묵히 쌓아온 시간과 삶의 지층이다. 외부의 시새움과 압력, 마타도어 따위에 거칠게 반응하기보다 구태여 시간을 들여 세월이 증명해 주는 길을 택한 그였다. 때로 미로처럼 아득했을 그 어려운 길을 고유하게 담아내는 다큐멘터리의 '무난한 시선의 힘'이 인물의 삶과 화합하는 순간이다.

이는 기교를 부리지 않는다는 이유로 범용한 것으로 치부될 수 있다. 하지만 김장하 선생을 위인인 듯 장엄한 화법과 기술 안에 가두었다면 '쉬워 보이지만 누구도 하지 않은 일'을 해온 고유한 삶의 가치를 전하는 데 실패했을 것이다. 그를 앙망하지 않는 대신, '기억을 더듬는다'는 인상을 매체적 특성과 물질적 산물로 가시화했기에 울림을 준다. 〈어른 김장하〉의 소신은 지역방송국의 의미로도 이어진다. 지역방송국은 지리적 공간에서부터 낙후된 제작 환경, 프로그램의 질적인 평가에서도 소외됐다. 해외시장으로의 진출과 시청 방식의 개별화에 따라 아예 그러한 관심의 대상에서도 멀어졌다. 그런 상황에서 〈어른 김장하〉는 시청자의 눈길을 휘어잡는 세속적이고 자극적인 요소를 덜어내고, 기억이 기록이 되어가는 과정의 울림을 물리적인 시간 안에서 경험하게 하는 다큐멘터리라는 매체의 본질에 화두를 던진 작품이다. "우리 사회는 평범한 사람들이 지탱하는 것이다", 김장하 선생은 말한다. 이처럼 거시적인 시장 규모를 장악하기 쉬운 선택과는 거리가 멀어도, 세상의 구석 어딘가에서 달라지는 미광을 알아보는 지역방송 프로그램의 시선이 긴 여운이 되어 시청자들의 마음을 움직였다.

가장 낮은 곳에서, 가장 높은 곳을 꿈꾸다

자본주의 사회에서 각자만의 해방을 위하여 욕망과 연대를 중심으로

노민주

인간은 누구나 욕망을 가지고 있다. 그것은 권력이나 돈, 물질 등 더 나은 삶을 영위하기 위한 목적일 수 있고 누군가에겐 목숨을 걸어야 할 만큼 중요한 가치를 실현하는 것일 수도 있다. 현대 경쟁사회 안에서 살아남기 위해, 남들보다 더 높은 곳으로 올라가기 위해 수단과 방법을 가리지 않기도 하는 모습은, 스스로를 관리하고 계발하며 경쟁력 있는 시민이 되어야만 살아남을 수 있는 세상 속에서 경쟁과 반대되는 나약하고 나태한 신념에 분노하는 양상이 만들어낸 이데올로기라 할 수 있다. 이런 사회에서 개인의 욕망은 개인의 조건을 충족하고 문제를 해결하기 위해 반드시 가져야만 하는 소양이 되었다. '욕망'의 사전적 의미는 "부족을 느껴 무엇을 가지거나 누리고자 탐함. 또는 그런 마음"[1]이다. 각자의 욕망을

---

1   국립국어원 표준국어대사전.

중시하는 사회에서 자신의 욕망을 똑바로 바라보는 것은 매우 중요하다. 그러기 위해서는 우리에게 부족한 것이 무엇인지 명확히 알아야 한다. 자본주의 이데올로기 안에서 끊임없이 경쟁하기를 강요받는 우리는 어떻게 해방될 수 있을까? 그 문제에서 해방되기 위해 인간은 어떤 모습을 보이는가. tvN 〈작은 아씨들〉(2022.9.3~2022.10.9)에는 각자만의 해방을 꿈꾸는 여러 인물이 등장한다. 그들의 결핍과 자본주의의 냉정한 문법에서 해방을 위해 나아가는 다양한 인간상을 분석하며 그 안의 신화적 요소를 살펴보고 연대를 통한 자아실현의 가능성에 관해 이야기하고자 한다.

무능한 부모님 아래에서 평생을 가난하게 살아온 인주, 인경, 인혜 세 자매는 가난을 이겨내고자 하는 의지가 강하다. 첫째 인주는 낡은 집으로부터 해방, 둘째 인경은 사회적 약자의 해방, 막내 인혜는 가난한 신분으로부터 해방을 꿈꾼다. 인주가 그토록 원하는 새시 잘 된 아파트는 공간 이상의 의미를 가진다. 인주에게 아파트는 어떤 상황에서도 자신을 지켜줄 든든한 보호자이다. 무능한 부모님 대신 동생들에게 부모 역할을 대신했던 장녀 인주는 그만큼 자신을 지켜줄 대상이 간절히 필요했고 전 남편과도 그런 이유에서 결혼한 것임을 알 수 있다. 혜석은 인주에게 아파트를 보여주며 자본주의는 심리 게임이라 말하면서 있는 사람은 극복할 수 있지만 없는 사람은 극복할 수 없는 감정이 바로 '상실감'이라는 것을 알려준다. 인주는 아파트를 가짐으로써 자신의 부담감을 내려놓고 끝없는 상실감에서 벗어나고자 한다. 아파트는 인주에게 있어 다시 시작할 수 있는 기반이자 본격적으로 자본의 심리 게임에 참여하게 되는 계기가 된다.

인경의 정의감은 어디에서 나오는가

자본주의 사회에 살아가는 인간은 결코 돈에서 벗어날 수 없다. 과거 부정적 인식으로 바라봤던 주식은 현대 사회 자산관리의 기술로 주목받게 되었고 투자는 부의 축적을 위해 반드시 갖추어야 하는 핵심 가치로 자리 잡았다. 인경은 어릴 적부터 부자인 고모할머니 댁에 머물며 주식, 선물 차트를 읽어주고 주식으로 큰돈을 벌었던 경험이 있지만 자기 것이 아니라고 생각하고 살아간다. 인경은 어째서 주식에 대한 재능을 발휘하지 않았을까? 인경은 학대나 희생적인 사건을 리포트 할 때 유난히 약한 모습을 보이고 가난한 가족에게 깊은 슬픔을 느낀다. 약자에게 공감하면서도 어릴 적 가난하다는 이유로 도둑으로 몰렸던 경험으로 인해 절대 도둑질은 해서는 안 된다는 곧은 마음을 가졌다. 인경의 알코올 중독 또한 아버지로부터 이어지는 가난의 슬픔과 가족을 향한 연민에서 시작된 것이다. 이렇듯 인경의 정의감은 가족을 향한 사랑과 경험에서 나오고 이에 따라 돈의 흐름을 잘 아는 재능을 자신만의 이익을 위해 쓰지 않고 기자가 되어 많은 사람을 돕는 일에 사용한다. 주식으로 버는 돈과 인주의 방식으로 얻은 돈은 인경에게 가치가 없다.

죽음의 각인

반대로 인주에게 돈은 도둑질해서라도 있어야 하는 것이다. 이는 죽음의 기억과 관련이 있다. 인주는 셋째 동생 인선이 어릴 적 치료도 받지 못한 채 죽었던 그 일을 생생하게 기억한다. 돈이 없으면 죽는다는 인식이 강하게 자리 잡고 있어 집착할 수밖에 없다. 그러나 인경은 동생의 죽음을 전혀 기억하지 못한다. 이 차이로 돈에 대한 인주와 인경의 태도는 극명하게 갈린다. 트라우마는 죽음에 대한 강력한 각인에서 비롯된다. 인주의 기억 속 인선의 죽음은 가난이 생명을 위협한다는 것을 처음 알려준 사건이자, 장녀로서 동생들을 지켜야 한다는 책임감의 근원이 되었다. 화영이 의문의 죽임을 당하자 진실을 알기 위해 목숨까지 바치는 모습 또한 그 책임감의 연장선이라 할 수 있다. 인주는 그 책임을 동생들과 나누지 않는다. 20억을 얻었을 때도 혼자 고민하고 결정하다가 결국 인경에게 들켜 갈등한다. 후반부로 갈수록 점차 책임을 나누기 시작하며 서로 의지하고 비로소 진실에 가까워진다.

어릴 적 푸념처럼 늘어놓았던 어머니의 말을 기억하는 인혜 또한 인선의 죽음을 알고 있다. 인혜는 인선과 자신을 동일시한다. 자신도 이 집에서 떠나지 못하면 죽는다고 여기며 자신을 위해 노력하는 언니들의 모습에서도 죽음을 투영해 본다. '푸른 난초'의 향을 맡고 무의식 속에서 인선의 죽음을 떠올리는 인혜의 가장 큰 결핍은 가난한 집에서는 죽는다는 사실이었으며 벗어나는 방법은 집을 떠나는 것뿐이라 생각한다. 여기서 집을 떠나는 것은 한 개인이 독립하는 개념과는 다르다. "도망쳐 더 빨리"라는 목소리를 통해 우리는 인혜가 집을 죽음 그 자체로 인식하고 있다는 것을 알 수 있다. 인혜의 집은 사랑과 희망의 안식처가 아니라 절망과 죽음이기에 언니들의 사랑조차 거부한 것이다. 인혜의 해방은 정란회와 싸우며 가족을 우선으로 생각하는 인주와 인경의 목표와는 달랐다. 개별적 인간으로서 효린과 동행을 선택해 자신을 억압하는 가족에게서 초월함으로써 해방을 이룬다.

상아는 어릴 적, 정란회를 고발하려다 닫힌 방에 갇힌 어머니를 실수로 크게 다치게 하고, 어머니는 딸의 살인을 덮기 위해 옷장에 목을 매단다. 상아에게 어머니의 죽음이라는 각인은 그녀를 평생 그 방에서 나오지 못하게 만들었다. 상아는 그 닫힌 방의 트라우마로 인해 비밀 연극이라는 살인을 시작한다. 그 순간에만 상아는 '박재상의 사랑받는 아내'라는 가면을 벗고 진정한 자신으로 돌아갈 수 있기 때문이다. 본래 연극은 주술과 제사에서 시작된 것으로 상아의 비밀 연극은 제사장의 권한을 상징한다. 연극 속에서 자신만의 저주를 내리는 상아는 가면을 쓰고 다른 사람들에게 자신의 정체를 가린다. 싱가포르에서 인주를 속이기 위해 화영을 연기하고, 대통령의 아내가 되기 위해 박재상을 캐스팅하고, 비밀 연극을 위해 인주를 면접에서 뽑았듯이 상아는 페르소나를 만들어 자신은 보지만 대중은 보지 못하는 위치에서 가상의 세계를 구축한다. 그리고 그곳에 영원히 홀로 갇혀 있다.

상아는 오직 살인할 때만 자기 가면을 벗는다. 그 안의 진짜 자기 모습이 공개되자 상아는 더 이상 살인을 감추지 않고 많은 사람이 볼 수 있도록 전시하는 행위를 보인다. 사평의 시신을 전시한 것이 그러하다. 스스로 닫힌 방에서 속박되어 영원히 반복되는 저주를 내리던 상아는 결핍을 직면하지 않고 가면과 연극이라는 가상의 공간에 가두어 그 안에서 모든 것을 통제하는 자신의 모습으로 고통에서 벗어나고자 한다. 상아의 페르소나는 무의식의 열등한 인격이며 자아의 어두운 면이다. 상아는 인주에게 끊임없이 도일에 대한 의심을 심어준다. "최도일을 믿어?" 싱가포르에서 인주가 목숨을 잃을 뻔했던 사건도 상아가 도일과 인주의 관계에 균열을 만들었기 때문이었다. 상아는 오직 돈과 권력, 폭력만을 믿는다. 가족은 물론 자신조차 믿지 않고 평생 연극을 하며 살아왔기에 인주와 도일의 협동은 예측 불가능한 일로 불안함을 느낄 수밖에 없었을 것이다. 이는 권력이 하층의 연대를 경계한다는 사회 현상을 은유한다.

정란회에 속한 사람들은 가장 낮은 곳에서, 가장 높은 곳으로 올라갈 수 있게 해준다는 권력에 의지하며 자신의 목숨을 바친다. 직업적,

도덕적 신념은 버리고 목숨을 건 충성, 조직을 위한 희생이라는 군사의 잘못된 신념에 따라 조직에 편승한다. 죽음에 대한 각인은 이들에게 결핍으로 작용한다. 결핍으로 인한 두려움이 각자만의 욕망으로 표출이 되는데 '푸른 난초'는 그 욕망을 환상처럼 보여주는 역할을 한다. 그 욕망을 마주했을 때 자본의 문법을 수용해 정란회의 일원이 되느냐, 그 비밀을 파헤쳐 악을 처단하느냐 하는 선택의 갈림길에 선다.

아리아드네 신화와 자본의 문법

인혜는 상아가 데생할 때 석고상 아드리아네와 닮았다고 말한다. 인혜가 상아를 아드리아네로 지칭한 것은 그녀의 신분을 동경했기 때문이다. 인혜가 가지고 싶어 했던 귀족적인 코를 가지고 있었으며, 답이 보이지 않았던 유학의 길을 제시해 준 것도 상아였다. 왜 상아를 신화 속 인물인 아드리아네로 비유했을까? 작품에 신화적 요소를 사용하는 것은 현대 예술에서 자주 쓰이는 방식이다. 신화를 모방하고 재현하는 방식으로 현실을 초월해 이상적 세계에 가까워지려 하는 인간의 욕망을 드러낸다. 상아가 자신의 세계 안에서 비밀 연극을 진행한다는 점이 연극을 중심으로 하는 그리스 문학의 형태와 닮아 있고 상아가 현실을 초월하는 존재임을 암시하고자 신화적 모티브를 사용했음을 알 수 있었다. 그 내용에서도 닮은 점을 찾아볼 수 있는데, 아드리아네는 신화 속에 나오는 크레타의 왕 미노스와 파시파에의 딸인 아리아드네를 의미한다.[2] 파시파네가 소의 얼굴

---

2   아리아드네, https://terms.naver.com/entry.naver?docId=3397928&cid=58143&categoryId=58143.

에 사람의 몸을 가진 괴물 미노타우로스를 낳자 미노스는 그 괴물을 미궁에 가두고 아테네의 젊은 남녀를 제물로 바친다. 아테네의 왕자 테세우스는 미노타우로스를 죽이고자 하는데 아리아드네는 그에게 빨간 실타래와 칼을 주어 미로를 통과할 수 있게 돕는다. 마침내 테세우스는 미노타우로스를 처리한 뒤 살아서 미로를 탈출한다. 이 신화에서 아리아드네의 실타래는 '어려운 일을 해결할 수 있는 방법'을 뜻하는 관용어로도 사용된다. 가장 낮은 곳에서 가장 높은 곳으로 올라가기 위해, 가난으로부터 해방되기 위해 상아의 실타래를 잡기로 한 사람들이 있다. 그들이 바로 정란회다.

삶을 살아가는 가운데 아리아드네의 실타래가 주어진다면 그것을 거부할 수 있을까? 자신의 의지와 능력에 따라 더 멀리 나아갈 수 있다고 믿는 지배적인 이데올로기 안에서 정란회의 탄생은 필연적이다. 인경의 기자 선배는 "가장 밑에 있던 사람도 가장 높이 올라갈 수 있는 세상, 그게 평등이고 그게 정의다"라고 말한다. 이는 자본의 논리 안에서 여전히 존재하는 계급을 인정하고 개인의 노력으로 신분 상승을 이뤄내야 함을 의미한다. 이러한 능력주의가 생산하는 자만과 굴욕의 정서를 극복하기 위해서는 구조 안에서 선택하기보다는 존중과 공감, 유대 안에서 지배적인 권력에 대항해야 한다. 정란회 회원과 저 높은 곳에 있는 상아, 재상과의 관계는 평등하지 않다. 정란회는 조직을 지키기 위해 스스로의 목숨을 버리는 집단이다. 상아를 지키기 위해 재상이 자살했고, 그녀의 엄마는 위장된 자살을 한다. 군사 집단에 기반한 정란회의 특성상 그 안에서 연대와 해방은 불가능하기에 자신도 그 높은 곳에 올라가 평등해질 수 있을 것이라 믿는 것은 모순적이다. 이는 우리 자본주의 사회의 모습과 닮았다. 자본의 논리 안에서 부자는 더 부자가 되고 가난한 사람은 더 가난해질 수밖에 없는 구조에도 지배층은 끊임없이 개인이 가진 능력으로 생존과 죽음을 갈라놓는다. 정란회의 농간 속에서 피해를 보는 것은 고스란히 그 아래 낮은 곳에 있는 사람들이다.

친구가 될 수 있을까

개인을 기업가로 호명하고 개인의 능력으로 살아남아야 하는 사회에서 관계와 상호의존성은 매우 중요한 인식이다. 화영은 인주에게 사람은 자기랑 비슷한 처지인 사람에게만 공감을 느끼기 때문에 부자와는 친구가 될 수 없다고 말한다. 공감을 바탕으로 한 관계만이 지속가능성이 있다고 본 것이다. 그러나 부자인 효린과 가난한 인혜는 진정한 친구가 되어 끝까지 서로를 의지하고 마지막까지 700억을 지켜낸다. 상아가 끝까지 벗어나지 못한 닫힌 방의 트라우마가 효린에게도 전달되었음을 알고 인혜는 효린의 무의식 속 두려움을 그림을 통해 꺼내준다. 신분의 차이에도 불구하고 그림이라는 매개체와 가족으로 인한 상처가 있다는 공통점에서 두 사람은 서로의 결핍을 채워준다. 마지막에는 해외로 떠남으로써 효린은 가짜로 가득한 악의 가족에게서, 인혜는 가난과 죽음으로 얼룩진 가족에게서 떠나며 서로의 해방을 이룬다.

인주와 인경은 돈에 대한 서로 다른 가치로 갈등하지만 가족의 사랑과 위태로운 생명 앞에서 공동의 목표를 가지고 하나 되어 뭉친다. 도일과 인주는 돈을 지키기 위해, 인경과 종호는 정의를 구현하기 위해 정란회에 대항한다. 종호는 인경과 어린 시절을 함께 보냈기에 그녀의 도덕률을 잘 이해하고 있었고 사랑을 기반한 든든한 조력자 역할을 해준다. 도일은 가난에서 벗어나기 위해 살인자가 될 수밖에 없었던 어머니가 있었고 인주는 가난으로 죽은 동생을 기억한다. 이 두 사람은 과거

가난으로 인한 공통된 결핍이 존재했고 서로의 트라우마에 공감하며 함께 구조를 뛰어넘고자 한다. 장녀로서 늘 희생하고 타인을 위해서만 살았던 인주에게 도일의 '세상에서 가장 중요한 사람'이라는 말은 처음으로 안도와 위로가 되었을 것이다. 도일은 인주의 보호자 역할을 자처하며 인주 내면의 결핍을 채우며 해방으로 이끈다.[3] 상호 이해를 통한 구조와 차별을 바꾸고자 하는 의지가 연대를 가능하게 하며 진정한 연대는 타인의 해방이 나의 해방과 불가분의 관계라는 것을 온전히 이해하는 것에서 시작된다고 한다. 악을 처단하고 원하는 것을 이룬 이들의 마지막은 서로의 해방을 온전히 이해한 사람들의 연대가 만들어낸 결말이라 할 수 있다.

〈작은 아씨들〉을 집필한 정서경 작가는 한 인터뷰에서 "현실에서 30cm 떨어진 판타지 장르"를 좋아한다고 밝혔다. 〈작은 아씨들〉에서도 푸른 난초를 판타지적 요소로 사용해 신비감을 더했다. 지독하게 현실적인 자본과 가난 이야기에서 푸른 난초는 인간의 원초적인 욕망을 드러내도록 한다. 가장 결핍된 것을 직면할 수 있는 매개체로 사용하면서 시청자에게 자신의 욕망과 결핍은 무엇인지를 고민해 볼 수 있게 한다. 능력주의와 개인주의 신화에서 진정한 해방을 이루는 방법은 서로를 향한 믿음과 연대라는 것을 제시하고 정란회가 개인을 이용하고 버리는 과정에서 상아, 재상은 결국 파멸과 죽음의 결말을 맞는다. 자신들이 만든 세상 안에서 권력자로서 군림하던 그들은 결국 사랑과 협력의 가치 앞에서 무너지고 말았다.

드라마는 700억을 차지하고자 고군분투하는 인물들의 모습으로

---

3   "마이클 샌델이 진보라는 착각", ≪프레시안≫, 2021.3.9, https://www.pressian.com/pages/articles/2021030910172744968.

전개된다. 그러나 세 자매는 700억을 다 잃었을 때 진정으로 해방에 가까워진다. 정란회와 싸우며 자본의 논리를 이해한 인주는 화영의 죽음을 밝히고 혜석의 아파트를 얻는다. 인경은 모든 진실을 밝히고 종호와 유학을 떠난다. 인혜도 효린과 함께 가족에게서 벗어나 돌아오지 않는다. 우리는 이 모습을 통해 가장 낮은 곳에서 가장 높은 곳으로 가는 방법은 상아의 실타래도 700억의 자본도 아닌 상호 이해를 통한 진정한 연대와 그로 얻을 수 있는 해방에 있다는 사실을 기억해야 할 것이다.

수능이 인생의 전부는 아니잖아요

tvN 드라마 〈일타 스캔들〉을 중심으로

최혜원

들어가며

한국의 교육열은 매우 높은 편에 속한다. 좋은 산부인과, 좋은 산후조리원을 얻기 위한 엄마의 노력으로부터 시작해 좋은 유치원에 가기 위해서 갓난아기 때부터 예약을 해두고, 초등학생과 중학생들은 여러 가지 학원에 다니기 바쁘다. 그중 특히 고등학생 시절은 대학수학능력시험을 앞둔 매우 중요한 시기로 여겨진다. 아침 일찍 일어나 등교하고, 7교시까지 정규 수업을 마친 후에도 각자 학원과 독서실 등에서 10시가 넘는 시간까지 시간을 보낸다. 집에 돌아와서도 마음 편하게 쉬지 못하고 늦게 잠자리에 든다. 특히나 고등학교 3학년은 더욱 예민하고 조심스러운 시기로 받아들여진다. '고3 학부모' 하면 공통적으로 떠오르는 이미지가 존재할 만큼 한국은 입시에 진심인 모습을 보인다. 드라마 〈일타 스캔들〉은 이러한 대한민국 사회의 입시 문제를 다룬다. 제목 '일타'의 의미는 일명 '일타강사'를 의미한다. 사교육 시장이 무한히 발달한 현대 한국 사회에서 '잘 가르치는 강사'로 소문이 나게 되면 '스타 강사'가 되고 이 스타 강사가 학원의 제의를 받아 동영상 강의도 찍고 교재도 출판하면서 점점 더 인기를 끌면 '일타강사'가 된다. 드라마 〈일타 스캔들〉의 남자 주인공 '최치열'도 최치열 강의라는 타이틀로 아이돌 못지않은 인기를 끄는 일타강사이다. 드라마를 보는 내내 한국 사회의 입시 현장이 적나라하게 비춰지는데, 그중에서 몇 가지 문제점에 대해 이야기하고자 한다.

"학교 공부만으로는 부족해요"

드라마 안에서 보이는 가장 큰 문제점은 사교육 문제이다. 여주인공 남행선의 조카 해이는 스스로 공부를 열심히 하는 학생이지만, 시험에서 좋은 점수를 받는 데 한계를 느낀다. 그래서 남들이 다 수강하는, 잘 가르친다고 소문난 최치열 선생님의 강의를 듣고 싶어 한다. 일타강사 최치열의 강의를 접수하려면 이른 시간부터 줄을 서야 하지만, 남행선은 조카를 위해 줄서기를 마다하지 않는다. 조카 해이는 남행선의 도움으로 최치열의 강의를 듣는 데 성공하고, 시험에서 좋은 결과를 얻는다. 여기서 알 수 있는 것은, 공교육만으로는 내신이나 모의고사에서 좋은 점수를 얻기 어렵다는 것이다. 수능이 거듭될수록 그 난도는 높아졌고, "교과서만 보고 공부했어요"라는 말은 아주 옛말이 되었다. 아무도 이러한 말을 믿지 않는다. 예전에는 고등학교에서 야간 자율 학습을 시키기 위해 학생들을 잡아두었지만, 이제는 그렇지 않다. 학생들은 그 시간에 서로 다른 과목을 수강하러 학원에 간다. 학교 선생님들도 이제 알고 있어, 학생들을 강제로 잡아두지 않는다. 통계청에 따르면, 2022년 대한민국 사교육비 총액이 26조를 돌파하며 역대 최고치를 경신했다. 사교육 열풍은 점점 더 커져만 간다. 씁쓸한 것은, 드라마 〈일타 스캔들〉에서 해이가 일타강사 최치열 선생님의 강의를 듣고 성적이 바로 오르는 모습을 보여줬다는 것이다. 공교육만으로 부족한 것은 사실이지만 사교육을 한다고 바로 성적 향상으로 이어지는 것도 아닌데, 사교육을 더욱 조장하는 것같이 보여 아쉬움이 남았다.

"저는 의대 가는 게 목표예요!"

한국에서 공부 잘하는 학생에게 꿈이 무엇인지 물으면 반절이 넘는 학생들이 의대에 가서 의사가 되는 것이 꿈이라고 답할 것이다. SKY도 예전 말이 되었다. 한국에서 명문대라고 불리는 서울대, 고려대, 연세대의 자퇴생이 증가하고 있다. 이들 대부분은 자퇴 후 재수를 해서 의대에 가는 것을 목표로 한다. 의대를 가장 많이 보내는 학교가 서울대라는 우스갯소리가 있을 정도이다. 이와 같은 사회적 분위기는 〈일타 스캔들〉에서도 잘 드러난다. 일타강사 최치열의 강의를 들으며 전교 1등도 차지하게 된 조카 해이는 의대에 관심을 보인다. 드라마에서는 '의대 올케어반'이 나오는데, 이것은 말 그대로 의대 진학 준비를 위해 각 과목의 일타강사들이 관리하는 특별반이다. 물론 실제로 이러한 경우는 드물지만, 이만큼 의대에 대한 관심이 폭증하는 것도 사실이다. 더불어 의대를 준비하는 연령대도 점점 낮아져 '초등 의대 준비반'까지 등장할 정도로 한국은 의대 열풍이 불고 있다. 그렇다면 왜 그렇게까지 학생과 학부모들은 의대에 집착할까?

전문가들에 따르면 최근 사회가 크게 양극화되고, 경제적인 불평등이 심해지다 보니 사회, 경제적으로 안정된 전문직을 구하고자 하는 경향이 커졌고, 의대는 입학만으로도 높은 봉급과 함께 특수 직업으로 분류되어 장래가 보장된다는 인식이 강하기 때문에 그런 현상이 나타난다고 한다. 그러나 의대 열풍으로 인한 지나친 쏠림 현상은 다양한 분야의 학문 발전에도 악영향을 끼친다. 공부를 잘하고 학문에 뜻이 있는 학생들이 모두 의대를 지망한다면 순수 학문뿐만 아니라 과학기술을 연구하고 활용할 수 있는 인재들을 확보할 수 없게 될 것이다. 또한 의사는 공부를 잘하면 될 수 있지만, 그렇다고 공부만 잘해서는 안 된다. 생명을 다룬다는 엄청난 책임감과 결단력 또한 요구되는 중요한 직업이다. 이러한 직업이 단순히 안정된 전문직이며 공부를 잘하는 1등의 지표로만 인식되는 것은 잘못이다. 드라마 〈일타 스캔들〉에서 나온 '의대 올케어반'이 학부모 시청자에게 욕심을 불러일으키는 불씨가 되지 않을지 걱정이 된다.

"네가 내 꿈이란다"

〈일타 스캔들〉은 사교육을 다룬 비슷한 드라마 〈SKY 캐슬〉과는 다르게 상류층이 아닌 서민층의 관점에서 사교육 문제를 다루었다. 이에 여러 부류의 학부모들을 살펴볼 수 있었다. 〈일타 스캔들〉 속 희재의 엄마 '서진'은 변호사이지만 항상 어두운 인물로, 큰아들 희재가 입시에 실패하자 방에 숨겨두고 다른 학부모들한테는 유학을 갔다고 거짓말을 한다. 그리고 둘째 아들 선재의 입시에 매달리며 계속 공부하라고 다그친다. 결국 학교 시험지를 유출하기까지 하는데, 이 사실을 알게 된 아들 선재에게 "반칙을 하게 만들지 말든지! 네가 그 모양인데 나더러 어쩌라고!"라고 소리치며 자신의 불행에 대한 책임을 아들 선재에게 전가한다. 그러면서 아이들이 입시에 성공하기만 하면 행복해질 것이라 믿고, 자기가 하는 모든 일들이 아이를 위한 희생이라는 합리화를 한다.

또 다른 인물로, 교육 맘카페 커뮤니티 스카이맘점넷의 인플루언서로 활동하는 반 1등인 수아의 엄마 '수희'는 잘난 수아를 앞세워 마치 자신이 이루어낸 양 우쭐해하고, 수아의 의대 진학을 위해 '의대 올케어반'에 합격한 해이를 뇌물을 주어 떨어뜨리는 등 부정행위를 일삼는다. 수희는 수아 아빠와는 사이가 좋지 않은데, 16화의 부부 싸움 장면에서 수아 아빠는 "네 인생 꼭대기까지 못 올라간 거, 그저 그런 대학 나와 그저 그런 남자 만나서 그저 그렇게 사는 거, 그거 의사 딸 만드는 걸로 한풀이 하려는 거잖아"라고 말한다. 여기서 수희가 수아를 자신의 욕망을 대신 이루어줄 대체제로 여기고 있다는 것이 드러난다. 현대 사회에서 자신이 원하던 삶을 자식을 통해서 이루어내려는 이기적인 학부모들은 어렵지 않게 찾아볼 수 있다. 이들은 자신의 욕심을 자식에게 투영해 자식들의 삶을 조종해 하나부터 열까지 간섭하며 관리한다. 아이가 조금이라도 어긋나거나 실수하면 크게 다그치거나 그 책임을 다른 사람에게 전가하며 주변을 힘들게 한다.

최근 선생님들이 학부모들의 갑질 문제로 많은 어려움을 겪는 것이 크게 공론화되고 있는데, 이러한 문제 역시 한국의 초경쟁 사회와 더불어 이기적인 학부모들의 생각에서 기인한 것이다. 하지만 어릴 때부터 부모의 엄격하고 숨 막히는 통제를 겪으며 이기적인 모습만 배워 좋은 대학에 간 아이들이 행복한 삶을 누리고 살 수 있을까. "이래서 요즘 MZ들은 ……"이라는 말은 이러한 욕심이 만들어낸 것 아닐까 하는 생각이 든다. 진정한 부모라면, 사랑하는 아이가 무엇에 관심을 가지고 재능을 보이는지 파악하고 꿈을 향해 나아갈 수 있도록 한 발짝 뒤에 서서 지켜 봐 주는 것이 아닐까. 작가는 〈일타 스캔들〉의 다양한 학부모 인물들을 통해 자신의 삶을 돌아보라는 충고를 던지고 있었는지도 모른다.

대학에 가고 나서는 어떻게 해야 하나요?

"대학 갈 때까지만 버티자."
"대학에 가서 연애도 하고 술도 마시고 ……."

대부분의 사람들은 고등학생들에게 좋은 대학교에 진학하면 마치 모든 것이 잘될 것처럼 이야기한다. 하지만 한국처럼 무한 경쟁 사회에 서는 대학교에 간다고 끝나는 것이 아니다. 오히려 시작일 뿐이다. 사 람들은 대학교 입시에 힘들어하는 고등학생에게 희망을 주고 싶은 것이 겠지만, 오히려 너무 큰 희망은 큰 절망을 불러온다. 고등학생 때와는 다르게 대학생은 성인이 되어 자신의 삶을 스스로 책임져야 할 때이다. 공부에만 몰두하던 학생들에게 대학은 공부가 전부가 아니다. 취업을 하기 위해 준비해야 할 때라고 생각하는데, 이미 여기서부터 새로운 경 쟁이 또 시작된다. 취업을 하기 위해서는 인턴 경력이 필요하고, 인턴을 하기 위해서는 대외활동의 경험, 여러 가지 자격증이 필요한데 이는 모 두 다 스스로 해내야 하는 부분이다. 대학교 이름만 보고 성적에 맞춰 학과를 선택한 학생들은 이 지점에서 어려움을 느낀다. 이들은 대학교 에서 배우는 내용이 적성에 맞지 않더라도 고학력 사회인 대한민국에서 대학교 졸업은 필수이긴 하나 전공을 살려 취업할 길도 보이지 않으니 끊임없는 딜레마에 빠지게 된다. 현재 한국에서 전공을 살려 취업하는 대학생들이 얼마나 될까? 그렇다면 대학은 왜 가야 하는가? 그저 사회 구성원의 일원이 되기 위해 거쳐야 하는 또 다른 하나의 관문인 것인가?

이러한 문제는 우리 한국 사회의 많은 것을 꼬집는다. 우리는 이미 알고 있다. 결국 우리는 좋은 대학의 졸업장이 선사하는 '안정된 기회'를 얻기 위해 좋은 대학에 가고자 하는 것이다. 하지만 자신의 적성은 뒤로한 채 공부에만 매진하는 학생들에게 닥쳐올 현실은 너무 가혹하다. 〈일타 스캔들〉에 나오는 학생들은 대학 신입생이 되어 행복한 모습으로 막을 내린다. 이러한 결말은 〈SKY 캐슬〉도 마찬가지다. 하지만 그 이후 학생들이 겪을 일들에 대해서는 아무도 제대로 말해주지 않는다. 취업난과 더불어 한국 청년들의 행복 지수는 매년 하락세를 보인다. 끝나지 않는 무한 경쟁 속에 살게 될 학생들에게 적성을 찾아갈 기회는 줘야 한다고 생각한다. 수능은 인생의 전부가 아니다. 학생들이 대학의 이름이 아닌, 적성과 행복을 찾아갈 수 있는 사회가 되었으면 좋겠다.

택시! 처벌하러 가주세요!

장민혁

올해 언론을 뜨겁게 달군 사이비종교 사건, 가수 승리의 출소 이후 회자된 버닝썬 게이트, 신혼부부 전세 사기, 이것들은 단일 사건에 그치지 않고 담론이 되어 여전히 사회면을 차지하고 있다. 이 범죄의 대상이 된 여성, 내 집 마련이 꿈인 신혼부부, 취준생 등은 사회적 기준에 따르면 약자다. 대중은 약자들 편에서 공분을 일으켜 사범들의 엄중한 처벌을 주장했다. 그러나 대중의 바람과 다르게 솜방망이 처벌 또는 지지부진한 수사는 피해자들의 고통을 가중시켰고 법치국가의 무능력함에 표상이 되기도 했다. 그래서일까? 현실 세계에서 존재하지 않는 방망이 처벌을 펼치는 드라마가 화제가 됐다. 바로 〈모범택시〉다.

올해 4월, 시즌 2를 마친 〈모범택시〉는 까를로스, 크크재진의 웹툰 〈모범택시〉를 재구성해 TV 드라마로 제작했다. 택시기사 김도기(이제훈 분)가 거대한 사이비 종교 조직 금사회의 교구장(박호산 분)이 세워둔

범죄 사이클을 무너뜨리는 내용을 담고 있다. 금사회는 사회의 상류층에 포진된 집단이며, 그들은 신앙이란 거짓 명목을 앞세워 돈과 명예를 지키기 위해 범죄를 저지른다. 그 집단에 의해 수많은 피해자가 발생했고 그 피해자들은 인생의 벼랑 끝에서 복수 대행업체 무지개운수에 연락한다. 무늬만 택시회사인 무지개운수는 대표 장성철(김의성 분)과 프로그래머 안고은(표예진 분), 정비사 최주임(장혁진 분)과 박주임(배유람 분), 행동대원 김도기가 팀을 이뤄 복수를 대행한다.

모범(模範)과 사범(事犯)

'억울한 피해자의 발생', '피의자(범죄자)에 대한 복수'라는 단순 반복적인 내러티브는 두 개의 큰 집단을 형성한다. 바로 복수를 대행하는 모범(模範)집단과 범죄를 야기하는 사범(事犯)집단이다.

모범집단의 상징은 제목과 같은 모범택시다. 평소 택시회사는 일반 택시(주황색)로 가득하지만, 복수 대행업체에서는 모범택시를 운행한다. 배트맨의 배트모빌을 연상케 하는 모범택시는 히어로적 변신을 의미하는 오브제다. 또한 모범택시의 행동대원 김도기 기사의 호칭에는 영웅적 서사가 있다. 운전기사(技士)라는 '기사' 호칭이 무사라는 뜻의 기사(騎士)를 연상시키며 영웅의 이미지를 더했다. 즉, '모범'과 '기사'에 함축된 긍정적 의미가 이 집단을 더욱 '정의'의 집단으로 규정하게 만든다.

반대로 사범집단인 금사회는 십자가에 감긴 뱀 문양의 반지가 상징이다. 뱀은 『성경』에서 사탄, 즉 악을 의미하고 있다. 십자가라는 종교적 이미지에 악이 휘감고 있는 반지 문양은 이 집단의 성격을 보여준다. 그래서인지 이 집단은 신앙적 형식을 차용할 뿐만 아니라, 자신들이 저지르는 행위들이 옳다고 여기는 신앙심을 갖고 있다. 이들은 사회복지단을 운영하며 약자들의 노동과 재산을 갈취하는 모순적인 캐릭터를 갖춰서 악한 이미지를 극대화했다. 범죄집단과 모범집단의 갈등은 현실 속 우리 사회의 범죄와 정의의 싸움이라는 메타포다.

이와 유사한 내러티브를 지닌 드라마들은 많다. 〈비밀의 숲〉, 〈경이로운 소문〉, 〈배가본드〉 등 모두 절대 악과 싸우는 선에 관한 드라마다. 하지만 〈모범택시〉의 다른 점이라면 '진짜 사건'을 모티브로 삼는다.

이거 실화야?

〈모범택시〉를 시청하는 사람들의 공통된 반응을 통해, 이 드라마의 강조점이 무엇인지를 알 수 있다. "이거 실화야?" 시청자들은 〈모범택시〉를 보며 항상 이런 식으로 놀란다. 드라마에서는 범죄 사건을 더욱 사실적으로 드러내 시청자의 공감을 일으킨다.

시즌 2에 등장한 블랙썬 클럽을 보면 버닝썬 게이트가 떠오른다. 클럽 가드에게 폭행당한 피해자, 마약과 성폭행 및 카톡방 음란물 유포, 군대로 도피하려는 연예인 등 실제와 이름만 다를 뿐 매우 똑같은 상황 설정을 했다. 마찬가지로 시즌 1에 등장한 유데이터 회장 박양진의 스토리는 실제 웹하드 업체 위디스크의 양진호 회장의 이야기와 똑같다. 양 회장은 폭행 및 불법 음란물 동영상 유통, 불법 카르텔 형성으로 검찰에서 징역 14년을 구형했으나 1심에서 징역 5년을 선고받았다. 출연자들의 외모와 주변 인물들은 물론이고, 상황마저도 드라마는 똑같이 재현했다. 〈모범택시〉 시즌 1을 제작한 박준우 PD가 시사교양 프로그램 출신이라는 점이 드라마의 사실적 묘사를 증대해 줬을 것이다. 그렇다면 왜 감독은 사실적 묘사에 집중했을까?

사실성은 미디어 리얼리즘을 논의할 때 필수적으로 제시됐던 것이고, 콘텐츠가 수용자의 현실감을 높이기 위해 사용되는 기제다.[1] 감독은 시청자들이 현실을 깨우치길 원했던 것이다. 존 피스크(John Fiske)는 "리얼리즘이 무엇인지 또는 무엇을 보여주는지보다는 무슨 작용을 하는지와 관계된다"라고 말했다. 귀스타브 쿠르베(Gustave Courbet)는 리얼리즘에 대해 재현의 문제가 아닌 선택의 문제라고 말한다.[2] 다시 말해 작가의 선택에 의한 담론의 문제라는 것이다. 〈모범택시〉의 감독은 상위 계층보다는 사회적 약자의 담론을 선택한 것이다.

드라마 내용 중 실종된 아들을 찾는 아버지가 나온다. 그는 경찰에 가서 실종 신고도 해보지만, 아들이 남긴 편지를 근거로 수사를 거부한다. 취업난으로 해외 취업을 택한 아들이 납치되어 불가항력적으로 쓴 자필 편지가 발목을 잡은 것이다. 무지개운수는 아들을 잃은 아버지의 말에 귀 기울여주고 피해를 겪은 아들을 구출한다.

〈모범택시〉가 선택한 약자의 담론은 대중의 공감대를 불러일으키기 위함이다. 약자들이 드라마의 주인공이 되면서 전하는 담론은 사회가 미처 해결하지 못한 숙제다. 해결점을 못 찾은 피해자와 그를 지켜본 대중의 마음 사이에 범죄집단 또는 불법을 저지르는 상위 계층이 처벌받길 바라는 동질감이 형성되어 있을 것이다. 다변화된 플랫폼 시장에

1   김수정·최윤정, 「실화 영화에 대한 현실감 인식은 사회 참여에 어떠한 영향을 주는가?: 현실감인식, 몰입, 관람 만족도가 사회 참여에 미치는 영향 분석」, ≪사이버커뮤니케이션학보≫, 35(2)(2018), 43~87쪽.
2   조종혁, 「텔레비전 리얼리즘과 담론」, ≪한국커뮤니케이션학회 커뮤니케이션학 연구≫, 14(1)(2006), 5~23쪽.

서 최고 시청률 25.6%라는 성적이 증명하듯이 〈모범택시 2〉는 대중의 마음을 사로잡은 것이다.

방망이 처벌

2020년 12월 13일, 폭행치사 아동 성범죄 등을 포함한 여러 건의 범죄를 저지른 조두순이 출소했다. 출소 당일 조두순의 집 앞으로 수많은 취재 기자 외에 조두순을 응징하겠다는 사람들이 몰려왔다. 특히 인터넷 방송 을 진행하는 크리에이터들은 실시간으로 사람들에게 자신의 공격성을 어필했고 인터넷 방송 시청자들은 이에 동조했다. 단시간에 주목받기 위 해 크리에이터들이 한 과한 행동도 충격이었지만, 이를 응원한 사람들이 많았다는 사실이 더 큰 충격을 주었다. 대중은 내심 범죄자를 향한 폭력 적인 복수를 기대하는 것 같다. 특히 그런 처벌은 사회에서 정한 법에 불 만이 있을 때 더 가중되는 것으로 보인다.

샌드라 블룸(Sandra Bloom)은 복수를 "상위의 권위 또는 당국으로 부터 정의를 기대할 수 없을 때 사람들이 자기 손으로 정의를 세우려 하 는 행위"라 말한다.[3] 드라마에서 경찰과 법조계, 언론계는 범죄 집단의 영향권 안에 있는 부정한 집단으로 묘사된다. 범죄자들의 결탁으로 공 권력을 신뢰할 수 없는 설정이라 복수의 방법은 법의 심판대 앞에 세우 는 것이 아닌 체벌이다. 피해자의 유일한 편인 택시회사가 부조리로 가 득한 상류계급 집단을 부수고 정의를 구현하는 권선징악의 내러티브를

---

3   Sandra L. Bloom, "Commentary: Reflections on the Desire for Revenge," *Journal of Emotional Abuse*, 2(4)(2001), pp.61~94.

구현한다. 이는 현실에서 죄에 상응하는 처벌이 이뤄지지 못했기 때문에, 법적 처벌 대신 주먹으로 범죄자들을 사적 처벌하는 모습을 보며 시청자들이 대리만족을 느끼게 한다.

복수는 범죄자가 피해자를 양산했던 방법과 유사한 방법으로 이뤄진다. 드라마 내용 중, 블랙썬이라는 클럽에서 VIP 연예인 고객 빅터(고건한 분)는 이른바 '인형 뽑기'라 불리는 행동을 한다. VIP 라운지에서 여자 손님을 고른 뒤, 그녀가 먹는 물에 GHB(물뽕)를 타 환각 증세를 일으킨 후 성범죄를 저지른다. 이를 복수하는 방법으로 김도기는 빅터를 쓰레기 처리장에 묶어두고, 쓰레기를 옮기는 대형 집게차로 그를 인형 뽑기 하듯이 짓누르려 한다. 최근 버닝썬 게이트의 주범인 가수 승리가 출소한 후, 개인 SNS에 즐겁게 소주를 마시는 영상을 올려 대중의 지탄을 받았으며 양다리 논란에도 휩싸였다. "죄를 뉘우친 게 맞나?", "아직은 자숙할 때다" 등 부정적 댓글이 가득했다. 피해자들과 가해자들이 겪는 고통의 괴리가 큰 현실을 보며 법의 형벌보다는 드라마 속 방망이 처벌이 진정한 형벌이라는 인식을 준다.

정의로운 범죄

시즌 1부터 시즌 2까지 이어져 온 내러티브는 또 다른 담론을 생성한다. 폭력의 정당성 문제다. 클라크(David Clark)와 블랑켄부르크(William B. Blankenburg)[4]에 따르면 폭력이란 "타인에게 신체적인 해나 재산 피해를

---

4   David Clark and William B. Blankenburg, "Trends in Violent Content in Selected Mass Media," George A. Comstock and Eli A. Rubinstein(eds.), *Television and*

입힐 목적으로 이루어지는 인간의 물리적 행위"다. 김도기는 정의 구현을 위해 악의 세력에게 신체적, 재산적 해를 가한다. 범죄 사건은 최대한 실화처럼 묘사하지만, 폭력을 통한 문제 해결은 현실 세계에 없는 판타지적 요소일 수 있다. 극적 허구 속에서, 김도기는 범죄자를 찾아 감금하고 폭행하고 아무도 없는 곳에 몸을 묶어놓은 채 고립시키는 방법으로 문제를 해결한다. 시즌 2 범죄 집단이 무지개운수에 가하는 폭력에 비해, 김도기 기사가 정의를 구현하기 위해 휘두르는 폭력의 횟수가 많다.

과연 정의로운 집단에서 이런 폭력이 정당한가? 또한 폭력 외에도 복수를 위한 도청, 해킹, 녹취, 몰카, 신분 도용, 갈취 등의 행위를 무지개운수는 일삼는다. 모범집단(무지개운수)과 사범집단(금사회)의 이름을 가리고 그들의 행동만 나열한다면, 어떤 쪽이 정의로운 집단인지 구별하기도 어려울 것이다. 하지만 드라마에서는 무지개운수가 행동하는 것들은 뛰어난 능력으로 묘사된다. 또한 현실에서 볼 수 없던 사적 처벌을 기대한 언론 또한 앞선 블랙썬 사건에 대해서도 '참교육'이라는 타이틀과 함께 복수의 방법을 지지하는 모습을 보인다.[5] 우리가 사적 처벌에 이토록 열광하는 이유는 드라마에 나오는 권선징악의 요소 때문이다.

권선징악은 합리주의가 지배하던 17세기 중엽에 생겨난 관념으로 이야기 문학에서 착한 이에게는 좋은 보답이, 악한 자에게는 벌이 가도록 꾸미는 것이다.[6] 이에 따라 동서양을 막론하고 어린 시절부터 고전문학을 통해 권선징악을 배웠기 때문에, 우리는 이런 내러티브에 익숙

Social Behavior, Vol. 1(Media Content and Control)(Printing Office, 1972), p. 189

5 "'모범택시 2' 이제훈, 승리·정준영 패러디한 '블랙썬' 참교육", OSEN, 2023.4.9, https://biz.chosun.com/entertainment/enter_general/2023/04/09/PAM5MXJ6M3NJYRDZHHJ33IBJXE/.

6 김경애, 「권선징악'에 대하여」, 《한국문학이론과 비평》, 26(2005), 405~430쪽.

하다. 마녀를 죽이고 이기는 헨젤과 그레텔, 흥부와 놀부 등 악한 자들이 어떠한 형태로든 벌을 받는 것이 중요했다.

〈모범택시〉도 권선징악에 충실한 히어로물이다. 에피소드마다 악당들을 처리하는 과정에서 시청자들은 응보적 정의 구현에 정당성을 느낀다.[7] 작가 제프 러브(Jeph Loeb)는 슈퍼히어로의 폭력이 용인될 수 있는 이유에 대해서 이렇게 말한다.

> 많은 철학자는 인간이 습관의 동물이라고 파악한다. 어떤 문제를 해결하기 위해 일단 폭력에 의지하고 나면 장차 또 다른 경우에도 정말로 폭력이 요구되든 그러지 않든 간에 똑같이 폭력을 쓸 가능성이 크다. 슈퍼히어로는 폭력적인 방법 이외에 다른 방법으로는 결코 막을 수 없는 경우 힘을 사용해 악을 물리치고 억누른다.
> 그렇지만 폭력이 자신의 통제를 벗어나 제멋대로 날뛴다든가 혹은 자신에게 나쁜 영향을 미쳐 자멸적인 결과를 낳는 것을 경계한다. 이들은 악인이 되지 않고도 악과 싸울 수 있었다. 이 과정에서 우리 모두의 공통된 두려움을 해소해 준다.[8]

SF 영화에 나올 법한 능력을 갖춘 히어로는 아니지만, 김도기는 현실판 슈퍼히어로다. 수십 명의 상대를 단숨에 때려눕히고, 자기보다 높은 체급의 적과 싸워서도 당당히 이길 수 있다. 그렇지만 이 힘을 자신의 야욕이 아닌 공의를 위해 사용한다는 점이, 공권력이 있는 사람들에

---

7   백소연, 「〈모범택시〉에 나타난 응보적 정의의 구현 양상과 그 의미」, ≪문화와 융합≫, 44(3)(2022).

8   제프 로엡 외, 「영웅과 슈퍼 히어로」, 하윤숙 옮김, 『슈퍼 히어로 미국을 말하다: 슈퍼 히어로를 읽는 미국의 시선』(2010), 40~41쪽.

게 그들의 힘을 누굴 위해 써야 하는지 시사하는 바가 될 수 있다.

무기보다 무서운 기억

그렇지만 말도 안 되는 범법 행위를 저질러야만 사법 조직을 해체할 수 있다는 게 또 다른 무기력감으로 다가올 수 있다. 하지만 드라마 끝에 대중이 갖출 수 있는 능력에 대한 메시지를 던지며 드라마는 막을 내린다. "기억해야 되찾을 수 있는 게 있어", "잊지 않았기 때문에 세상에 진실을 밝힐 수 있었어."

　드라마의 전체 메시지는 현실에서 일어난 범죄를 대중이 잊지 말라는 것이다. '기억한다는 게 어떤 의미가 있느냐'를 이 드라마에서 보여줬다. 김도기가 자녀를 잊지 않은 아버지에게 자녀를 돌려주었고, 사이비종교에 빠진 언니를 기억했기에 그녀를 구출했고, 동생과 떨어진 아이가 동생을 기억해서 찾아낼 수 있었다. 사회적 약자와 대중이 사회 문제를 잊지 않을 때 강력한 힘을 가진 존재가 이를 해결해 줄 거라는 기대감이 남는 드라마다.

결론

시즌 2를 마친 〈모범택시〉는 곧바로 시즌 3 제작을 결정했다. 1회 방영 이후 뜨거운 반응을 얻었고, 마지막 회 시청률까지 21%대를 유지했기 때문이다. 시청자들이 〈모범택시〉를 보며 사적 처벌에 이토록 열광하는 이유는, 그동안 법치국가의 징벌에 대한 신뢰도가 떨어졌기 때문이다. 또한 픽션이지만 노동자 계급이 알 수 없던 화이트칼라 계급의 부정부패를 가감 없이 보여줬으며, 이를 대중이 징벌할 수 있다는 공동체적 연대의식을 드라마에서 느꼈기 때문이다.

대중의 관심도가 높은 만큼, 제작 시 숙고해야 할 문제들이 있다. 드라마에 나온 범죄와 해결 과정에서의 폭력성은 다소 높지만, 극적 요소와 드라마 후반부에 전하는 메시지를 감안할 때 어느 정도는 용인할 수 있다. 하지만 시즌 1부터 반복되는 권선징악 구성들이 시청자에겐 예상 가능한 내러티브가 되었다. 이를 극복하기 위해 지금까지 활용했던 사실적인 사건 재현과 함께 실추된 공권력이 아니라 신뢰감 있는 공권력이라는 구성이 가미된다면, 시청자들이 판타지가 아닌 현실에서도 '모범 처벌'에 대한 희망을 품을 수 있지 않을까 생각해 본다.

시청자 동의 없는 시청 연령 변경

모든 행위를 코믹으로 덮으면 해결될까?

구진영

JTBC 편성 드라마 〈힙하게〉는 첫 회 시청률 5.3%로 시작해 마지막 회 시청률 9.4%(닐슨코리아)를 기록하며 2023년 10월 1일에 종영했다. 극을 이끄는 중심 소재는 연쇄살인 사건이었는데, 살해 용의자의 범위가 극 후반에 매우 좁아지며 시청자들의 집중도를 최고조에 이르게 했다. 시청자들은 드라마 속 범인 찾기에 동참하며 흥미를 느꼈는데 이는 시청률을 꾸준히 견인한 원동력으로 볼 수 있다. 또, 코믹한 장면들이 매회 자주 연출되며 시청자들의 웃음을 유발한 것도 드라마의 인기 비결이라고 볼 수 있다. 그러나 〈힙하게〉는 이러한 웃음 속에 예민하게 다뤄야 하는 사안을 묻어버렸으며 시청자 동의 없는 시청 연령 변경으로 꼭 필요하지 않은 잔인함을 첨가해 버렸다. 허구의 드라마라는 이유로 코믹함을 첨가하기 위해 민감한 사안을 무디게 넘어가도 되는지 지금부터 고찰해 보고자 한다.

시청자의 동의 없는 시청 연령 변경,
그 정당성은 어디에서 찾나?

드라마 〈힙하게〉의 중심 줄거리는 연쇄살인 사건의 범인을 찾는 것이다. 드라마는 회를 더해가며 용의 선상에 오른 사람들을 한 명씩 소거하는데, 이때 시청자들은 누가 이런 잔인한 행동을 하는지 추리하게 된다. 14화까지 용의자 대부분이 범죄 혐의를 벗어나고 15화에서 진범이 드러나는데 결국 시청자들이 진짜 범인의 정체를 알기 위해서는 15화를 반드시 봐야만 하는 상황이었다. 또, 15화에서 도망친 범인이 다시 잡히는지 확인하기 위해서는 16화를 시청해야만 했다.

그런데 여기에서 문제가 발생했다. 15화에 이르면 살인 당시의 상황이 재연되며 드라마의 시청 연령이 15세 관람가에서 갑자기 19세 관람가로 바뀐 것이다. 시청 연령을 15세에서 19세로 변경한 이유는 극의 잔인함 때문일 것인데 굳이 시청 연령을 변경하면서까지 살해 현장의 잔인함을 보여줘야 했는지 의문이다. 이 드라마는 극의 14화까지 코믹 수사 활극을 표방하며 15세 관람가를 유지하고 있었기 때문이다.

드라마의 구성: 코믹 활극에서 절대 악의 등장
〈힙하게〉의 구성을 살펴보면 크게 세 부분으로 나뉠 수 있다. 초반에는 봉예분이라는 캐릭터를 설명하는 데 집중하고, 중반에는 연쇄살인 사건의 용의자를 여러 명 특정한다. 마지막 부분은 범인이 드러나고 검거하며 이야기가 마무리된다. 세세히 살펴보면 1화부터 6화까지는 여주인공 봉예분이 사이코메트리를 가지게 된 이유와 그 능력에 적용하는 모습이 그려진다. 봉예분은 유성우가 떨어지는 날 사람과 동물의 엉덩이를 만지면 사이코메트리로 과거를 볼 수 있는 능력을 얻게 되는데, 이를 통해 형사 문장열과 자잘한 사건들을 해결해 나가는 형식으로 극이 전개된다. 여기까지는 계속해서 코믹한 장면이 주를 이루는데, 잠시나마 진지했던 장면의 반전이 그려지며 시청자들의 웃음꽃을 유발한다. 특히 조연들의 활약이 돋보이는데 봉예분의 이모 정현옥과 형사 원종묵의 모습이 드라마 〈스물다섯 스물하나〉를 여러 번 패러디하며 그려지거나 맥아더 장군신을 모시는 무당의 헛발질, 충청도식 화법을 이해하지 못해 옆 사람의 도움을 받는 서울 사람의 모습 등이 그것이다.

드라마의 큰 줄기를 이루는 살인 사건은 4화 마지막에 처음 등장한다. 직접적인 살해 장면은 나오지 않고 여배우의 놀란 눈빛, 끌려가며 "살려주세요"라고 흐느끼는 목소리 등으로 사건의 모습을 간접적으로 그려냈다. 두 번째 살인 사건 역시 현장은 드러나지 않은 채 피해자가 상처를 크게 입고 죽어가는 모습으로 사건을 그렸다. 봉예분이 죽어가는 피해자의 엉덩이를 만져 살인 사건의 모습이 재현되지만, 직접적인 살해 장면은 생략된 채 그 분위기만을 느끼게 한다. 본격적으로 살인 사건 현장을 그린 것은 9화다. 봉예분은 세 번째 피해자 지숙의 살해 현장을 목격하고 피해자를 돕는데, 해당 장면으로 그동안 모았던 증거들이 사실임을 확인할 수 있다. 판초를 입은 범인이 파란색 꽃무늬가 그려진 식칼로 사람을 살해하는 것이 그것이다. 그러나 세 번째 피해자의 살해 장면 역시 살해 당시의 직접적인 모습은 나오지 않는다.

드라마는 9화로 접어들며 살인 사건의 용의자들을 여러 명 특정한다. 국회의원 차주만, 봉예분의 할아버지 정의환, 목장주인 전광식, 신비로운 청년 김선우, 무당 박종배가 용의 선상에 놓여 있다. 아이러니하게도 용의자였던 사람들이 12화부터 한 명씩 차례대로 살해당하며 혐의에서 벗어난다. 용의자가 대부분 죽은 뒤 15화에서 진짜 범인이 드러나고 16화에는 도망쳤던 범인이 다시 잡히며 드라마는 원래의 코믹한 코드를 갑자기 되찾는다.

극적 분위기를 연출하기 위한 시청 연령 변경

드라마가 15화부터 갑자기 19세 이상 관람가로 바뀐 이유는 범인이 사용한 블랙아웃 기법 때문일 것이다. 범인은 사이코메트리를 할 수 있는 봉예분과 전광식에게 본인의 범행 장면을 들키지 않기 위해 선글라스를 쓴 채로 살인을 해왔다. 그러므로 시청자들은 범행 현장을 직접 목격할 필요가 없었고, 초반에는 간접적인 상황 묘사로 살인이 발생했음을 알면 됐다. 그러나 15화에서는 범인이 선글라스를 끼고 살인을 했다는 점이 밝혀졌으므로 선글라스 밖에서 보이는 현장의 분위기를 드라마는 생생히 그려냈다. 작가와 감독이 블랙아웃이 밝혀지기 전과 후의 극적 대비를 노렸기에 이러한 연출을 한 것이 아닌가 싶다. 드라마가 꾸준히 15세 관람가를 유지하다가 19세 이상 관람가로 변한 것도 이러한 이유 때문일 것이다. 하지만 문제가 있다. 시청자들은 15세 관람가를 선택해서 보고 있었는데 결말을 알기 위해 원치 않는 19세 이상 관람가를 시청해야 했기 때문이다. 창작의 자유와 시청자의 시청 연령 선택의 권리가 이 지점에서 충돌했다. 시청자들은 드라마 초반부터 꾸준히 지속된 코믹한 전개를 기대하며 드라마를 시청했을 것이다. 그런데 시청 연령이 갑자기 변경되며 드라마가 불쾌한 느낌을 전파했다. 잔인한 스릴러는 누구를 위한 전개였을까. 더 황당한 것은 작가가 그 많은 사람을 살해 현장에서 희생시켜 범인을 잡은 후, 어떠한 해소 기법도 사용하지 않은 채 갑자기 코믹 모드로 극을 전환했다는 것이다. 살인하는 순간을 즐기기 위해 연쇄살인을 저지른 절대 악을 그려놓고는 뭔가 해결하지 않은 채로 드라마가 태세를 전환했다. 코믹으로 덮으면 모든 것이 해결되는 것일까?

보통 극에서 살인 사건이 등장하는 경우, 범인이 잡히며 남은 자들의 응어리가 해소되는 모습으로 이야기가 마무리된다. 그러나 〈힙하게〉는 이러한 작업을 전혀 하지 않은 채 끝나버렸다. 드라마의 주요 사건인 연쇄살인 사건뿐만 아니라 여주인공 봉예분의 엄마가 살해당했고 살인자가 누구인지 확인됐음에도 불구하고 갑자기 살인자가 살해되며 해당 스토리의 전개가 종료되었다. 작가는 시청자들에게 사회적 메시지를 던지는 작업을 포기해 버린 것이다. 드라마가 허구의 사실을 담은 극이긴 하지만 사회적으로 매우 큰 영향을 끼칠 수 있으므로 이러한 작업은 매우 중요하다.

2023년에 tvN에서 방영된 〈일타 스캔들〉도 범인이 살인할 수밖에 없었던 동기를 보여주고 학부모의 삐뚤어진 교육열이 자녀에게 얼마나 해를 끼치는지, 그것이 어떻게 곪아 사회 속에서 성장하는지를 그려냈다. 2018년 일본 TBS에서 방영된 〈언내추럴〉에서도 여성 스물여섯 명을 살해한 살인범을 절대 악으로 그리는데, 살해 동기를 친모의 학대 속에서 자신도 할 수 있다고 인정받고 싶은 삐뚤어진 욕망에서 찾았다. 살인자가 살해를 인정하는 과정에서 사랑하는 가족과 연인을 잃었던 사람들이 그들의 죽음을 받아들이고 관계의 왜곡을 이해하는 시간을 가지며 극이 종료된다. 그러나 〈힙하게〉는 이러한 작업을 하지 않아 무고한 사람들이 왜 그렇게 많이 죽어나가야 했는지 전혀 이해할 수 없게 만들었다. 이러한 과정이 없으니 시청 연령이 바뀐 정당성도 찾기가 힘들다. 범죄를 저지른 이유가 죽어가는 사람들의 눈동자에 주마등처럼 스치는 삶의 기억을 보는 것이 좋아서라는 살인범을 어떻게 봐야 할 것인가. 굳이 시청 연령을 바꾸면서까지 사이코패스의 잔인함을 부각해야 했는지 다시 한번 생각해 봐야 한다.

예민함을 코믹으로 덮어버린 연출자의 무덤

굳이 엉덩이: '힙하게'라는 단어에 맞춘 것인가, 아니면 그 반대인가?

여자 주인공이 엉덩이를 만져야만 사이코메트리 능력을 발현할 수 있다
는 사실은 드라마 제목 〈힙하게〉에서 유추할 수 있다. 힙이라는 단어가
엉덩이라는 영어 단어 'HIP'에서 왔기 때문이다. 그러나 '힙하게'의 의미
는 보통 다른 뜻으로 사용된다. '힙하다'는 '힙스터스럽다'는 말의 줄임이
다. 힙스터는 주류에 반발하는 개성 강한 청년층을 뜻하는 단어로 비주
류를 뜻하는데 이것이 최근에 원래의 뜻과는 반대로 유행을 이끄는 선두
주자, 유행하는 문화 등을 일컫는 말로 사용되고 있다. 작가는 동음이의
를 노려 드라마의 제목을 지은 것으로 보인다.

　　힙하다는 말에서 시작해서 그런 것인지 아니면 엉덩이를 통한 사
이코메트리를 먼저 생각하고 '힙하게'라는 제목을 붙인 것인지는 모르
겠으나 왜 하필 엉덩이냐에 대한 고민은 있어야 할 것으로 보인다. 왜냐
하면, 사회적으로 타인의 신체를 허락 없이 만지는 행위에 대해 매우 강
력한 경고를 날리고 있기 때문이다. 그러나 드라마에서는 초능력을 발
현한다는 이유로 타인의 엉덩이를 만지거나 다리를 만지는 행위를 너무
쉽게 다룬다. 또 다른 사이코메트리 능력자가 눈을 통해 능력을 발현한
다는 것을 생각해 보면 굳이 엉덩이를 선택했어야 했는지 의문이 든다.
엉덩이라는 만지기 어려운 신체 부위를 선택해 코믹함을 연출하려는 의
도는 읽히지만, 사회적으로 너무 민감한 문제를 둔감하게 처리해 버렸
다고 생각한다. 귀엽고 사랑스러운 여자 주인공이 타인의 엉덩이를 만
지는 장면을 그저 '변태' 같다는 대사를 던지며 넘길 수 있을까. 일부러
껌을 붙이고 떼어준다는 구실로 엉덩이를 만진 것을 허락받았다고 할
수 있을까? 뒤집어서 생각해 보자. 만약 남자 주인공이 그런 상황을 연

출했다면 시청자들은 어떻게 생각했을까? 이것을 드라마 전개의 요소로만 볼 수 있는지는 의문이다.

일진 미화: '언니'라는 말로 해결할 수 있는 문제인가?

배옥희는 봉예분의 가장 친한 친구다. 그녀는 봉예분이 도움을 요청할 때마다 자신의 후배들을 소집하는데 여기에서 후배란 과거 일진 시절에 인연을 맺은 동생들이다. 후배들은 성인이 돼서도 배옥희가 소집할 때마다 재빠르게 달려오는데 불평 하나 없이 "네~ 언니!"라고 답하며 배분받은 임무를 수행한다. 극에서는 이들이 나올 때마다 코믹한 대사를 끼워 넣는다. 예를 들어 봉예분이 달리기를 잘하는 사람을 찾을 땐 염색한 것, 담배 피운 것을 잡히지 않기 위해 도망가다 보니 잘 뛴다고 후배들이 답하는 장면이 그렇다. 후배들이 뛰고 있을 때 극 중 감초 역할인 다은이 오빠가 나타나 자신은 학생주임이라서 학생들을 잡기 위해 달리다 보니 누구보다 가장 빠르다며 후배들보다 더 빠르게 뛰는 장면이 나온다. 그 외에도 여러 가지 에피소드가 등장하는데 이것을 단순하게 봐도 되는지는 고민해 볼 문제다.

과거에 학교폭력을 당했던 피해자들이 자신의 피해 사실을 알리고 적극적으로 회복을 위해 힘쓰기 시작한 지 그리 오래되지 않았다. 이로 인해 드라마가 한창 진행되는 도중에 하차한 배우가 있는가 하면, 아이돌 그룹에서 탈퇴한 가수도 있다. 학교폭력 근절에 관한 문제가 사회적 이슈로 민감하게 대두되는 가운데 드라마에서 일진의 모습을 잠시 일탈했던 사람들의 모습으로 코믹하게 그리는 것이 과연 넘어갈 수 있는 것일까.

어느 정도 감안하고 극을 본다고 하더라도 국회의원 선거 유세 현장에서 배옥희 등이 각각 다른 후보의 선거 유세원으로 들어가 일부러

싸움을 유도하고 폭력을 행사하는 모습은 정말로 문제가 되는 장면이다. 현행 공직선거법상 후보자나 선거운동원 등을 폭행하면 처벌받기 때문이다. 단순히 가볍게 볼 문제가 아니라 구속영장까지 청구될 수 있는 사안임에도 드라마는 봉예분이 많은 사람의 엉덩이를 만져보기 위해 아수라장이 된 선거 유세 현장을 선택했고, 선을 지나치게 넘어버렸다. 이는 방송심의위원회에서 반드시 짚고 넘어가야 할 정도로 심각한 사안이다. 그러나 드라마는 이 장면 역시 코믹함으로 덮어버렸다.

경찰의 권력 남용: 마치 정말로 그렇게 하는 것처럼 그려낸 드라마

드라마의 더 큰 문제점은 경찰이 자신의 권한을 넘는 행위를 계속해도 가볍게 넘긴다는 점이다. 타인의 개인정보를 열람하면 최대 파면까지 당할 수 있는 상황임에도 불구하고, 바람난 남편을 불법 사찰하는 데 자신의 권한을 남용한다. 드라마에서는 이에 대해 시말서를 쓰는 행위로 코믹하게 덮었다. 또, 전혀 범죄 혐의가 없는 사람을 계속해서 의심하는 모습, 그런 사람에게 반드시 잡겠다고 경고하는 모습 등 경찰이 인과관계에 전혀 맞지 않는 행동을 하는 것도 문제다. 이 역시 경찰이 마치 그런 것처럼 그려짐으로써 경찰을 심하게 매도하는 장면이다. 문장열 형사가 가장 의심했던 사람인 김선우가 범인을 찾을 수 있는 결정적 단서를 남기며 죽었다는 점을 생각하면, 대놓고 범인을 특정하며 수사를 펼친 문장열의 행동이 이해가 되지 않는다. 진짜 범인을 숨기기 위해 작가가 이러한 장면을 삽입한 것으로 보이는데 범인을 숨기기 위해 경찰 권력의 남용을 무분별하게 허용했다는 점 또한 민감하게 다뤘어야 하는 지점이다.

〈힙하게〉라는 드라마는 재미있는 드라마다. 그런데 그것이 문제다. 재미를 추구하기 위해 정말로 예민하게 바라봐야 하는 지점들을 뭉툭하게 만들어버렸기 때문이다. 어차피 허구의 이야기인데 세세히 지적하는 것이 맞는지 반론이 있을 수 있다. 그러나 드라마는 시대를 반영하고 시청자에게 큰 영향을 끼칠 수 있다는 점을 간과해선 안 된다. 우리 사회는 그동안 둔감했던 감각들을 깨워 예민하게 다루는 성장을 이뤄냈다. 타인의 신체는 함부로 만지면 안 되며 학교폭력은 시간이 지나서도 바로잡아야 함을 체득했다. 공권력을 남용하며 타인의 자유를 침해하지 않도록 하는 것은 시민혁명을 통해 어렵게 이룩한 것들이다. 그러나 드라마는 최선을 다해 싸워온 역사를 지워버리고 코믹을 선택했다. 그 과정에서 시청자들의 동의 없는 시청 연령 변경도 감행했다. 드라마가 재미를 추구하는 것도 좋지만, 그 과정에서 우리가 진정으로 놓치지 말아야 하는 것들을 고민해 봤으면 하는 바람이다. 정말 '힙한' 것은 우리가 이룩한 것들을 빛내며 웃음을 추구하는 것이 아닐까.

링 위에 소환된 빌런, 세치혀 승부사 되다

MBC 〈혓바닥 종합격투기 세치혀〉 비평

김제이

토크가 스토리가 되는 순간

"대한민국 최초의 썰 스포츠"라는 슬로건을 걸고 올해 지상파 MBC에 편성된 새 예능 프로그램 〈혓바닥 종합격투기 세치혀〉(이하 〈세치혀〉)는 그동안 보지 못했던 예능 포맷을 선보였다. 출연자들의 개별 토크를 대결 형식으로 보여주는 〈세치혀〉는 매회 내로라하는 입담꾼들이 등장해 토너먼트로 경기를 진행한다. 라운드마다 격투기의 링처럼 꾸며진 무대에 오른 두 명의 출연자가 준비한 토크를 하다 클라이맥스에 다다른 순간 절단 신공으로 토크를 끊으면 스튜디오에 있는 100명의 관객이 더 듣고 싶은 토크의 주인공에게 투표함으로써 승자가 가려진다. 오직 승자만 링 위에서 토크를 마무리할 수 있고 다음 라운드에 오를 수 있으며 3라운드를 모두 승리한 우승자는 챔피언이 된다.

〈세치혀〉는 승부를 가르는 서바이벌이 프로그램의 큰 틀로서 형식적 재미를 만들지만 프로그램을 이끄는 힘은 링 위에 오른 출연자들의 입담, 즉 토크에 있다.

토크(talk)의 사전적 의미는 '말하다', '이야기하다', '수다를 떨다'이다. 여기서 '이야기하다'의 '이야기'는 서사적 특성을 갖는 스토리(story)로서의 이야기와는 다르다. 스토리로서의 이야기는 사건의 재현 혹은 사건의 연속이 나타나야 하고 이때 이야기를 만드는 사건은 기존 상태에서 중대한 변화를 가져오는 예외적이고 특별한 일이어야 한다.

그런데 출연자들이 직간접적으로 경험한 일들을 관객과 시청자에게 말로써 전달하는 〈세치혀〉의 토크는 대부분 서사 특성을 갖는 이야기, 즉 스토리 형태를 보이고 있고 서사를 이루는 사건이 빌런이 저지르는 악행일수록 표심을 자극한다. 출연자에 의해 링 위에 소환된 빌런들이 토크 대결의 승부사 역할을 하고 있는 것이다.

화력(話力)을 키우는 빌런

중낳괴(중소기업이 낳은 괴물) 세치혀, MZ 문학 세치혀, 함무라비 세치혀, 마봉춘 세치혀. 탈북 세치혀 등 〈세치혀〉 출연자들은 저마다 다른 닉네임으로 링 위에 오른다. 닉네임은 출연자의 전문성 혹은 정체성을 반영하는 캐릭터이자 토크의 화제(話題)로 다양한 직업을 가진 32명이 시즌 1에 출연해 100여 가지 화제로 대결을 펼쳤다.

남다른 삶을 살았거나 별난 사람들을 겪은 출연자들의 토크 내용은 기상천외하고 다채롭다. 청중을 사로잡기 위해 정제된 말로 표현되는 〈세치혀〉 토크는 기존 토크쇼 프로그램에서 인터뷰어의 질문에 대해 답하는 연예인의 신변잡기나 유명인들의 인생담과 다르다.

지옥 같은 북한 교도소 탈출담, 트랜스젠더나 동성애자가 겪은 요지경 세상사, 성인용품점에서 아르바이트하며 겪은 진상 손님 경험담처럼 흥미롭고 생소한 소재들이 목소리, 단어, 표정, 기술에 신경 쓴 출연자의 말솜씨와 어우러져 하나의 완결된 이야기로 전달되는데, 특히 토크에 빌런이 등장할 때 흡입력이 높아진다.

〈세치혀〉가 정규 프로그램으로 편성 받는 데 일등공신으로 여겨지는 출연자는 파일럿 프로그램 챔피언인 트랜스젠더 유튜버 '마라맛 세치혀'이다.

마라맛 세치혀는 강렬하고 자극적인 토크로 큰 인기를 얻었는데 첫 번째로 존재감을 발휘한 이야기는 빌런에 대한 대처법이다. 유튜버로서 인기를 얻던 중 자신을 사칭해 몹쓸 짓을 벌이던 빌런을 겪은 경험담은 얘기하자마자 관객들의 큰 관심을 얻어 승리했고 초등학교 6학년 범인을 잡아 어른스럽게 대처했던 뒷이야기까지 마무리할 수 있었다. 빌런의 악행에 대한 긴장감과 빌런의 정체에 대한 궁금증이 몰입감을 높인 것이다.

정규 프로그램이 된 후 마라맛 세치혀를 꺾은 입담꾼은 이혼 전문 변호사인 '불륜잡는 세치혀'이다. 불륜잡는 세치혀는 공개 사연으로 알게 된 불륜 사례들을 뛰어난 입담으로 전달하는데 라운드를 거듭할수록 이야기 속 불륜남과 불륜녀는 더욱 기만적이고 뻔뻔하고 악랄해진다.

애완견 알레르기가 있는 아내를 속여 애완견 동호회 유부녀와 바람을 피우고 증거를 애완견 옷 속에 숨긴 신혼 1년 차 남편, 남편과 불륜을 저지르고도 성관계 영상을 보냈다고 역으로 고소한 남편 후배와 그 과정에서 여러 사람과의 성관계를 몰래카메라로 찍은 행위가 들통난 남편, 부부로 위장한 후 외도하는 사람들에게 상습적으로 돈을 받아내는 불륜 사기단, 병간호하는 아내를 배신하고 여러 여자와 바람을 피우다 병상에서 세상을 떠난 남편까지. 이처럼 생각지도 못한 방법으로 불륜을 저지르는 빌런들의 행동에 관객들은 눈살을 찌푸리고 혀를 차면서도 긴장과 몰입을 멈추지 못해 불륜잡는 세치혀는 정규 프로그램의 첫 챔피언이 되고 3연속 방어에 성공한다.

　　주목할 만한 점은 불륜잡는 세치혀가 파일럿 프로그램에서도 불륜을 소재로 이야기했지만 1라운드에서 떨어진 것인데 파일럿 프로그램에서는 불륜 트렌드에 관한 전반적인 소개에 그쳤다면 정규 프로그램에서는 실제 사례를 캐릭터 중심으로 생생하게 이야기해 화력(話力)을 키울 수 있었다.

더욱 강력해지는 빌런

프로그램이 회를 거듭할수록 빌런은 토크에 더욱 자주 등장하고 더욱 강력해진다. 불륜잡는 세치혀와 팽팽하게 맞선 적수는 32년 동안 경찰서에 몸담았던 '수사반장 세치혀'이다.

　　수사반장 세치혀가 들려주는 강력 팀 경험담에는 과학수사가 불가능했던 시대 좌충우돌 현장 수사 중에 마주친 흉악범들이 등장한다. 내연관계에 있던 여자를 살인한 남자, 수사반장 세치혀의 목에 칼을 겨눈 범죄 조직의 부두목, 성범죄를 저지르고 오리발을 내미는 명망 있는 고위 공무원 등등, 불륜남·불륜녀들이 부도덕성으로 개인 간에 분쟁을 일으킨다면 이들은 사회질서를 어지럽히는 범죄를 저지른다.

　　3연승을 거둔 수사반장 세치혀는 불륜잡는 세체혀와의 결승전에서 우리 사회에 만연한 동반자살에 대해 울림 있는 메시지를 전달하려다 실패한다. 뚜렷한 빌런이 등장하지 않는 이야기가 표심을 붙잡는 데 실패해 토크의 마무리를 짓지 못한 것이다.

불륜잡는 세치혀의 아성을 무너뜨린 것은 국내 1세대 프로파일러인 '셜록홈즈 세치혀'이다.

연쇄살인을 저지르거나 친딸을 성적으로 학대하는 사이코패스, 미제 살인 사건의 범죄자, 다중인격 범죄자, 프로파일링 증거로 17년 만에 잡힌 살인자 등 셜록홈즈 세치혀 토크 속 빌런들은 지금까지 등장했던 빌런들을 압도해 '불륜잡는 세치혀'를 이기고 무적의 연승을 이어간다. 비도덕적이고 반사회적인 괴물 빌런들이 짜릿한 이야기를 기대하는 관객의 마음을 사로잡은 것이다.

창작에서 이야기를 강렬하게 하는 힘은 갈등에 있다. 갈등은 사건에 의해 발생되는데 사람들은 사건이 크고 놀라울수록 큰 관심을 보인다. 빌런은 사건을 일으켜 이야기를 놀랍게 만드는 캐릭터로 이야기에 대한 몰입과 흥미는 빌런의 강력함과 비례하기 마련이다. 〈세치혀〉 토크 속 빌런이 강할수록 출연자의 승률이 높은 이유도 마찬가지이다.

그러나 한편으로 이야기를 듣는 사람들은 사건이 어떻게 일어났는지 설명되어 덜 놀라운 일이 되고 해결되기도 바란다. 자극과 안정이 교차하는 이야기에 매력을 느끼는 것이다. 예측할 수 없는 사건이 일어나고 탐정에 의해 사건이 해결되는 추리소설이 인기를 얻는 것도 그러한 이유이다. 수사반장 세치혀와 셜록홈즈 세치혀의 이야기는 추리소설의 특징을 가지고 있다. 사건이 일어나고 범인을 추측하는 과정과 범인이 잡히기까지의 과정, 그리고 사건이 발생한 이유가 토크에 포함되어 이야기의 매력도를 높인다. 관객들은 이러한 이야기를 통해 강력한 자극을 받아 흥분을 느끼고 범인을 잡아 사건이 해결되어 가는 과정을 들으면서 안정을 찾을 수 있다.

〈세치혀〉가 빌런을 활용하는 방법

위험 커뮤니케이션은 위험에 관련된 정보를 효과적으로 전달하고 이해 관계자들이 적절하게 대응하도록 돕는 커뮤니케이션 전략과 과정이다. 주로 잠재적인 위험이나 위험 요소에 대해 대중이나 관련 당국, 기관 등과 소통이 필요할 때 사용된다.

〈세치혀〉는 빌런을 통해 위험 커뮤니케이션을 시도한다. 빌런이 등장하는 실화를 스토리텔링화해 스튜디오의 관객과 시청자들에게 안전과 예방에 대한 관심을 호소하는 것이다.

불륜잡는 세치혀가 불륜은 반드시 발각된다는 점을 고지하고 불륜이 일으키는 구체적인 피해와 위험성을 강조하는 한편 피해에 대한 예방책을 제시했다면, 수사반장 세치혀는 범죄자에 대한 피해 예방과 범죄에 대한 일선 경찰들의 적극적인 대응을 알려준다. 셜록홈즈 세치혀는 위험 커뮤니케이션에 더욱 적극적이다. 사이코패스의 잔인한 행위를 "괴롭지만 알아야 하는 이야기"라고 강조하고 사이코패스를 만들어내는 아동 학대에 대해 관심을 갖고 예방해야 한다고 주장한다. 아동 학대를 신고해야 한다고 청자를 설득하고, 무관심하면 역공격당할 수 있다고 경고한다. 한 걸음 더 나아가 범인의 DNA는 추출했지만 일치하는 사람을 찾지 못해 미제사건이 된 목포여대생 살인의 범인 프로파일링 결과를 공개해 제보를 달라고 부탁한다.

빌런에 대해 말하는 것은 강력한 이야기를 즐기는 것일 뿐만 아니라 빌런이 활보하는 사회에서 안전과 예방에 대해 결속을 다지는 방법이 된다. 험담을 하며 재미와 결속을 느끼는 것과 같은 이치이다. 사회 질서에 위험이 될 수 있는 인물에 대해 활발히 이야기하는 것은 그 사회 질서를 유지하는 데 중요한 역할을 할 수 있다. 우리가 예측하거나 원하는 대로 흘러가지 않는 불안정한 세상에서 빌런에 대해 이야기함으로써 도덕적 위험과 삶의 변칙성을 상기하고 그것을 극복할 수 있는 지혜와 용기를 얻을 수 있기 때문이다.

한편, 〈세치혀〉는 링 위에 강한 빌런이 소환될수록 프로그램이 자극적으로 흐르는 것을 경계해 이를 보완할 수 있는 순한 토크의 입담꾼들을 등장시킨다.

뇌 과학자인 '뇌슐랭 세치혀'는 자신이 경험하며 관심을 갖게 된 빌런들의 뇌 구조와 그들의 심리에 대해 이야기하고 이들에게 피해를 입지 않기 위한 예방법이나 위기에 빠졌을 때의 행동 매뉴얼에 대해 전달한다. 명상가인 '멘탈코치 세치혀'는 불행한 경험 속에서 자신을 되돌아본 자전적 이야기로 피해와 좌절에 함몰되지 않고 자신을 사랑하는 법을 알려준다. 멘탈코치 세치혀는 승률과 상관없이 지속적으로 등장해 위로와 치유의 이야기로 프로그램의 분위기를 전환한다. 그런가 하면, 탈북인들의 목숨을 건 탈출기나 전신 마비 판정을 받고도 긍정성을 잃지 않는 장애인의 희망 메시지는 극적인 재미와 함께 고난을 극복하는 인간의 의지와 용기를 일깨운다.

이처럼 이야기 소재의 적절한 변화는 빌런으로 자극받은 흥분 상태를 안정화해, 프로그램 전체 스토리텔링을 '긴장 – 안정' 상태로 유지시킨다.

이야기를 활용한 예능 포맷의 가능성

'호모 나랜스', '호모 픽투스'와 같은 신조어가 등장한 것은 현대 사회에서 이야기하려는 인간의 본능이 두드러지게 나타나기 때문이다.

인간은 실제 일어난 사건을 재구성해 전달함으로써 이야기를 만들었고, 은유와 상징의 옷을 입혀 신화를 만들었다. 창세신화는 혼돈으로부터 어떻게 질서가 생겼는가를 설명하는 것으로, 빌런이 횡행하는 불확실한 세상에서 어떻게 인간이 생존의 길을 찾고 어떻게 문명이 탄생되며 어떻게 질서가 만들어지는지 알려준다.

잔혹한 빌런은 어린아이의 필독서에서도 등장한다. 누구나 어린 시절에는, 잡아먹기 위해 아이를 사육하는 마귀할멈이나 어리고 작은 아이를 한입거리로 삼는 흉측한 동물들을 이야기로 만나면서 성장한다. 무서운 세상, 조심해서 살라는 메시지를 동화 속 빌런의 잔인하고 엽기적인 행동으로 깨닫는 것이다.

바이러스가 일으킨 전염병을 극복하자 기후변화로 다시 위기를 겪는 시대, 연이은 흉기 난동으로 극단적 혼돈의 한가운데 서 있는 한국 사회에서 토크 속 빌런들은 위험에 대한 강력한 경고를 통보하는 전령이 될 수도 있다.

링처럼 꾸민 무대에서 전심으로 말하는 출연자와 무대 둘레에 밀착 배치된 관객석에서 전심으로 듣는 관객들은 마치 고대 그리스 원형극장에서 서사시를 읽는 시인과 그에게 집중하는 관객의 모습을 연상시킨다. 스튜디오를 꽉 채운 출연자와 관객의 호흡은 그 옛날, 이야기로 공동체의식을 형성하던 선조의 모습처럼 친근하고 이야기의 갈등을 강화시키는 빌런은 그들의 호흡이 긴밀히 이어지는 데 기여하는 것처럼 보인다.

그동안 한 예능 프로그램이 인기를 끌면, 이와 비슷하거나 같은 포맷의 콘텐츠가 우후죽순 만들어져 프로그램의 변별성을 사그라뜨렸다. 토크 예능 프로그램은 포맷의 트렌드에 비교적 영향을 덜 받으면서 꾸준히 제작됐지만, 대부분 연예인이 출연해 사적인 개인 정보들을 노출해 식상해졌다.

　다양한 출연자의 경험담을 서사가 있는 이야기로 업그레이드해 서바이벌 포맷으로 전달하는 〈세치혀〉는 그동안 보지 못한 예능 콘텐츠를 완성했고, 그 결과 유럽 6개국에 포맷을 수출하는 쾌거를 이뤘다. 신선한 기획의 이 예능 프로그램이 더욱 완성도 높게 정비돼 새로운 입담꾼들과 시즌 2로 돌아오길 기대한다.

'나'로서 존재할 수 있는 집에서 살기 위해

ENA 드라마 〈마당이 있는 집〉에서 나타난 여성 간의 연대

이현솔

우리에게 가장 편한 곳인 집, 누군가에게는 지옥?

통상 우리가 가장 안전하다고 인식하는 곳은 집이다. 집은 모든 위해로부터 벗어날 수 있으며 타인의 시선으로부터 자유로워질 수 있어 온전히 내가 나로서 존재할 수 있는 공간이기 때문이다. 특히 여성이라면 밤길에 길을 무섭게 걷다가 집에 도착하는 순간, 밀물처럼 밀려오는 안도감에 마음을 놓은 일이 있을 것이다. 우리는 집에서 신체적 자유와 정신적 자유를 찾을 수 있다. 그리고 집에 있는 부모, 형제, 자식을 마주 보면 험난한 세상 속 유일한 내 편이라는 안도감이 든다. 사랑하는 가족들, 안락하고 익숙한 가구의 배치. 일반적으로는 집이 불편하다는 말에 의아해할 것이다.

하지만 어떤 여성에게는 집이 생존을 위협하는 공간이 되기도 한다. 지난해 한국여성의전화가 언론에 보도된 것을 토대로 분석한 결과, 남성 파트너에게 살해되거나 살해될 뻔했던 여성은 1.17일에 한 명꼴로 존재했다. 많은 여성이 집에서 가족인 남편에게 살해됐으며 집이 그들을 지옥에 묶어두는 쇠사슬이 됐다. 여성을 폭력에 구속하는 집의 어두운 이면을, 그리고 부정하고 싶은 우리 사회의 현실을 〈마당이 있는 집〉은 여과 없이 드러낸다. 안식처인 집에서 안식을 찾지 못하는, 집에 구속된 여성의 모습을 이 드라마가 어떤 방식을 통해 드러내는지, 그리고 폭력으로부터 여성이 벗어나는 장면을 어떻게 묘사하는지 이 글을 통해 분석해 보고자 한다.

집이 가장 위험한 곳이었던 여성들

2023년 7월 11일 종영한 ENA 드라마 〈마당이 있는 집〉의 여자 주인공들에게는 가장 위험한 곳이 집이었다. 5개월짜리 아이가 뱃속에 있는 추상은(임지연 분)은 남편 김윤범(최재림 분)에게 허구한 날 맞고 살며 인간 취급마저 받지 못한다. 상은은 집에 들어갈 때마다 남편에게 맞을까 봐 무의식적으로 손을 떤다. 문고리를 잡을 때 침을 한 번 삼키고 심호흡해야 할 정도다. 남편에게 맞을 때는 아이를 보호하려고 배를 잡기보다는 당장 자신이 죽을 것 같아 머리를 싸매고 남편의 폭력에서 자신을 지킨다. 아이를 챙길 겨를 없이 하루하루 생존하기 바쁜 짐승 같은 삶이 상은의 일상이고, 남편의 폭력이 지배한 곳이 상은의 집이다. 집은 상은을 폭력에서 벗어날 수 없게 발목을 묶어둔 쇠사슬과도 같았다. 단란해야 할 복도형 아파트 한 칸은 상은이 숨조차 편히 못 쉬는, 철창 속 감옥 같은 곳이었다.

상은의 가족들이나 이웃들은 상은이 당하는 가정폭력에 큰 목소리를 내지 못했다. 경비원도 초인종을 누르는 선에서 개입을 끝내고, 상은의 아래층에 사는 가정은 놀라기만 할 뿐, 경찰에 신고하는 등의 행위를 보이지 않는다. 상은의 모친 역시 상은이 맞고 와도 다음부터 그러질 말길 바라며 친정으로 피신한 상은에게 남편 먹일 반찬을 쥐어 돌려보냈다. 상은의 신혼집은 상은에게 가장 위험한 지옥이며, 친정에 가더라도 다시 지옥으로 돌아올 수밖에 없다. 상은, 아니 정확히는 남편 소유의 집이기 때문에 모두가 관여하지 않는다. 작중 집은 폭력을 방관하는 이유로도 작용한다. '나다울 수' 있게, 타인의 시선에서 분리된 집이라는 공간은 '사적' 공간이기 때문에 누구도 상은의 피해를 구제하지 않는다. 상은이 피떡 지게 맞아도, 골절돼서 죽는다 해도 그것은 사적인 공간에서 일어난 일이니, 상은의 피해는 알 바가 아니다. 상은은 집에서 일어나는 폭력과, 주위의 방관에 지쳐 삶을 포기할 뻔했다. 하지만 상은은 타인의 구제를 기다리면 평생 자신이 구원될 수 없음을 깨달았다. 자신이 아니면 나를 폭력의 지옥인 집에서 꺼내줄 사람이 없다는 생각에 이른다. 남편이고 아이고 다 포기하고 싶지만, 결국에 상은은 "살고 싶다"라고 되뇐다. 집에서 나답게 살고 싶다는 원초적인 인간의 욕망을 깨달았다.

유능한 의사 남편과 똑똑한 아들, 남부러울 것 없는 초호화 주택에 사는 문주란(김태희 분)도 집이 편하지 않다. 언제부턴가 자랑스러운 집 마당에서 나는 썩는 냄새 때문에 불안감 속에 살고 있다. 혹시 시체가 있는 건 아닌지, 고양이가 쥐라도 묻어둔 건지……. 주란은 무언가가 썩어가는 냄새가 집안을 감싸는 것 같아 집에 있는 모든 시간이 편치 않다. 주란은 언니의 죽음을 직접 목격한 경험이 있다. 당시 언니의 시체에서 나는 냄새는 PTSD가 돼 주란이 정신의학과 약물을 복용하도록 만들고, 냄새에 예민하게 만들었다. 하지만 의사 남편인 박재호(김성오 분)

와 아들인 박승재(차성제 분)는 마당에서 아무런 냄새가 나지 않으며 과거의 일로 인해 주란이 과민 반응하는 게 아니냐며 의아해한다. 주란은 땅까지 파보며 냄새의 근원지를 찾으려고 하지만, 재호는 주란에게 "네가 그러면 그럴수록 사춘기인 아들이 힘들어 한다", "네 예민한 정신질환 때문에 서울에서 마당까지 딸린 공기 좋은 곳으로 이사 오지 않았느냐"며 주란이 느낀 오감의 경험을 부정한다. 심지어 냄새의 원인이 주란이 산 천연비료 때문이라며 주란을 이해시키려 하기도 한다. 주란은 천연비료를 산 적이 없는데도. 주란은 재호의 말에 안도감을 찾아가며 자신이 예민한 거라며 스스로를 진정시킨다. 하지만 냄새는 계속 나고, 마당에서는 누군가의 손이 발견된다. 역시나 남편은 시체의 손을 보고는 이전에 살던 사람이나 공사 인부들이 버리고 간 정원 장갑이라고 주란을 세뇌한다. 주란은 머리로는 남편을 믿고 싶지만, 마음은 그렇지 못해 집에서 불편한 하루하루를 살고 있다. 가슴 한편에서는 남편이 의심돼 미칠 지경이다. 그런데도 남편을 의심하는 본인이 아내와 엄마의 자질이 없는 것 같아 집에 있는 시간이 주란에게는 지옥 같다. 집은 수상한 공간이며, 가족은 믿을 수 없는 존재들로 느껴졌기에.

주란이 냄새의 근원지를 찾는 장면에서 재호가 주란을 가스라이팅하는 것도 주목할 만하다. 어떤 여성은 집에서마저 정신이 자유롭지 못하다는 안타까운 현실을 반추하게 해주기 때문이다. 주란은 분명히 무언가가 부패하는 냄새를 맡았고, 심지어 시체 썩는 냄새를 맡아본 경험이 있어 다른 냄새로 착각할 가능성이 작다. 그리고 어느 누군가의 손이 마당에 묻힌 것을 직접 목도했다. 그러나 재호는 항상 그걸 주란의 정신적 착란이라고 거듭 말한다. 항상 자기 전 재호는 주란의 머리를 빗겨주며 "처형 때문에 예민한 건 알겠지만 나도 아들도 당신의 눈치를 보느라 힘들다", "예민한 건 이해하지만 마당의 냄새 따위에 시간을 낭비하지

마라" 등의 이야기를 하며 주란의 경험을 부정한다. 이에 주란은 수용하는 듯하나 점차 괴리감을 느껴간다. 시청자는 주란이 답답하게 보이겠지만, 누구라도 자신의 오감을 부정당하며(그것도 자신을 가장 지지해야 할 가족인 배우자가 그런다면) 오랜 기간 살아왔다면 스스로를 믿기 힘들 것이다. 자기 경험이 자신의 착각에서 비롯된 허구라고 치부할 것이다. 결국 주란을 불안의 구렁텅이로 밀어 넣은 것은 재호의 간악한 가스라이팅이라는 주술 때문이었다.

살기 위해 살인을 선택한 여성들

그러던 어느 날 상은의 남편이 저수지에서 시체로 발견된다. 범인은 바로, 남편의 가정폭력 증거를 이혼을 위해 몰래 모아둔 상은이었다. 상은은 원만한 이혼과 위자료를 위해 그의 폭력에 반항하지 않았지만, 더 이상 이렇게 맞다가는 죽을 것 같다고 느꼈는지 남편을 죽여버리기에 이른다. 이후 상은은 자신의 범죄 사실을 눈치 챈 모친에게 침착히 털어놓는다.

"내가 안 죽였으면 그 인간이 나를 먼저 죽였을 거야."

살인은 인류사에 있어 가장 흉악한 행위로 여겨져 왔다. 살인은 타인의 살고자 하는 의지와 상관없이 타인의 삶을 앗아가기 때문이다. 그런데도 상은은 '살고 싶었'기 때문에 가장 극악무도한 짓을 할 수밖에 없었다. 자기 머리와 복부를 늘 차며 집안일이나 하는 노예쯤으로 알던 남편에게 벗어나려면 합법적인 방법에 기댈 수가 없었다. 공권력은 가장 사적인 곳이라는 이유로 집에 개입하길 꺼렸고, 상은은 남편에게 이혼소송을 걸어도 재판하는 동안 남편과 분리돼 살 수 있는 공간이라곤 없었다. 남편이 있는 이상 집은 남편과 상은을 묶어두고, 집에 있는 이상 남편과 함께해야 한다. 결국, 상은은 '나로서' 살고 싶었기에, 남편을 죽인다. 집으로부터 남편을 떼어낸다.

오늘날 뉴스에서는 남편이 아내를 살해한 경우에는 기이할 만큼 조용하지만, 남편을 죽인 아내의 일에는 각종 시사 프로그램의 방영 주제가 된다. 남편의 아내에 대한 폭력은 낯선 일이 아니지만, 아내가 반격하는 것은 흔한 일이 아니기 때문일 것이다. 아쉽게도 상은의 복수는 미디어라는 픽션에서만 일어나는 카타르시스일 뿐, 현실에서는 평생 남편에게 맞다 목숨을 잃는 아내들이 많다. 혹자는 "그냥 이혼할 때까지 참으면 될 것이지", "그냥 집을 나와 친정에 가면 될 것이지"라며 상은과 같은 여자들에게 반박을 가한다. 그러나 폭력의 집에서 벗어나고 가해자와 나를 분리해 줄 집을 찾는 것은 남성에게나 쉬운 일이다. 상은을 비롯한 많은 여성은 집이 아니라 어느 곳에서도 '안전 이별'을 하기 위해 생명을 걸어야 한다.

2016년, 동거 중인 40대 여성을 폭행해 죽음에 이르게 한 가해 남성에게 징역 7년만 선고한 통영 지원의 판결은 안전한 이별이 여성에게 어렵다는 것을 보여준다. 가까이 사는 여성의 이웃 모두 피해자의 비명과 울음을 들었음에도 아무도 그것을 막지 않았다. 결국 맞는 소리가 커서 피해자의 호소는 묻혀버렸고, 피해자는 죽어서야 지옥 같은 집에서 벗어날 수 있었다. 그래서인지 죽은 남편을 두고 해방감을 느껴 짜장면을 맛있게 먹는 상은의 모습이, 각종 SNS의 여성 유저들에게 '남편 사망 정식'이라는 이름으로 흥한 것일 테다. 여성의 가정폭력에 대한 통쾌한 복수는 안타까운 현실 속 여성의 마음을 대변하며, 억압된 채 죽어간 무수한 여자들에 대해 시청자들이 재고해 보게끔 유도한다.

한편, 주란도 남편을 죽인 상은에게 자기 남편 재호를 죽여달라고 부탁한다. 주란이 드디어 지난 몇 년간 남편이 가스라이팅으로 자신을 기만했음을 깨달았기 때문이다. 시체 냄새가 난다는 주란에게 "천연 비료 냄새 때문일 거야. 자기가 사달라고 했잖아?"라며 주란이 사지도 않은 천연 비료를 샀다고 믿도록 속인 것, 아들의 방황이 주란의 우울증 때문이라며 부모의 모든 책임을 주란에게 전가하는 것. 그러다 주란은 재호가 자기 자신을 정신병자로 믿게끔 잃어버리지도 않은 귀걸이를 숨겼다가 다시 주는 걸 보고, 자신이 오랜 세월 조종당했음을 깨닫고 분노한다. 또한 주란은 남편이 어느 여성을 죽인 후 그 죄를 아들에게 뒤집어씌우는 것을 보고, 상은처럼 결심한다. 나의 아이와 자신의 미래를 위해 남편을 없애야 한다는 것을. 주란 역시 남편을 죽여야만 집에서 살아갈 수 있었다. 집은 남편이 가스라이팅하는 걸 용인해 주는 장소였다.

"제 남편을 죽여줘요."

자신의 풍족했던 결혼의 모든 순간이 재호의 기만이었음을 깨닫고 주란은 상은에게 남편을 죽여달라고 요청한다. 제아무리 좋은 집과 좋은 차를 타는 상류층 여성이었어도 남편의 통제에서 벗어날 수 없었다는 사실은 주란의 모든 삶을 부정하는 것이기 때문에, 주란은 남편에게서 벗어나 진실한 자신의 삶을 찾아야 했다. 그러기에 남편의 폭력으로부터 투쟁한 상은에게 조력을 구할 수밖에 없었다. 비록 고민하는 상은을 회유하기 위해 주란이 돈이라는 카드를 내밀었지만, 남성의 폭력에 맞서는 여성 간의 공감과 연대, 위로가 오갔음은 자명하다. 주란은 재호를 죽이는 과정에서 후회를 했는지 상은을 잠깐 배신하기도 하지만, 결국 상은이 재호에게 반격당하는 것을 보자마자 주란은 상은을 구한다. 상은이 폭력이 가득한 집에서 벗어나도록 돕는다.

주란과 상은뿐만 아니라 오해수(정운선 분)의 존재도 중요하다. 해수도 남편으로부터 가정폭력을 당한 적이 있었다. 과거 해수는 남편의 과도한 통제 때문에 집 밖을 나갈 수 없었고, 모든 심신이 남편에게 구속돼 있었다. 그 때문에 남편이 집에서 사고로 죽자, 그 사실을 믿을 수 없어서 남편의 시체와 함께 몇 달을 살았고, 이후 발견돼 정신병원에 수감된다. 치료를 통해 죽은 남편에게서 벗어난 후에는 집으로 돌아온다. 모두가 "미친 여자", "남편을 죽인 여자"라고 손가락질하는 해수이지만, 같은 피해자로서 주란과 연대하고, 주란이 재호의 행적을 찾도록 물심양면으로 지원하면서 승재까지 챙긴다. 피해자의 당사자성이 각자의 계층과 배경을 뚫고 세 명이 폭력에 맞서도록 끈끈하게 묶어준 것이다. 남자에 의해 미쳐버린, 불쌍하고 추한 여성들은 가부장제의 폭력에 맞섰다.

한국 미디어 시장에서 여성들은 어떠한 남자나 목적을 위해 오랜 시간 서로를 견제하는 모습을 보여줬다. 연적이자 정적이 돼 서로를 뒷담화하는 '여적여'(여자의 적은 여자)의 모습을 보여주며 여성이 감정적이고 여성끼리 기 싸움을 한다는 편견을 심어줬다. 그러나 이 드라마는 그러한 관습을 깨며 여성끼리 폭력의 피해 경험을 공유하고, 이를 통해 굳건히 하나로 연대해 각자가 폭력에서 벗어날 수 있도록 지지하는 '심리적 집'이 되는 모습을 보여준다. 감정적인 여성들이 기 싸움 없이 이너서클(Inner circle)을 형성할 수 있음을 보여주는 스토리가 기껍다.

연대를 통해 '나'로서 존재할 수 있게 된 여성들

주란은 상은을 구하는 과정에서 원래의 의도(교사)와 다르게 자신이 직접 재호를 죽여버린다. 본래의 계획과 다르게 결과가 나오자 결국 경찰서에 가게 돼 모든 사실을 토로한다. 다만 윤범의 사인이 자살로 판명이 나 보험금을 수령할 수 없었던 빈곤한 상은을 위해, 주란은 재호가 지속적으로 가정폭력을 했을 뿐만 아니라 윤범까지 죽여버렸다고 형사에게 위증한다. 그 덕분에 상은은 윤범이 몰래 월세로 빼돌린 전셋집을 찾고, 경제적 자립을 위해 반찬가게를 차릴 만한 돈도 받게 된다. 홀어미가 됐지만, 폭력적인 남편과 아이의 아버지는 차라리 없는 게 더 나았다. 상은은 주란 덕분에 아이를 무사히 키우고 '늘 맞는 불쌍한 새댁'에서 '반찬가게 사장' 인 나로서 살 수 있게 됐다.

같은 시간, 주란은 남편을 죽인 죗값을 치르게 된다. 친구라고 하며 면회를 온 상은에게 부잣집 아내로만 살며 남편에게 조종당했던 삶보다 차라리 감방 생활이 낫다며, 죄수인 현재가 차라리 행복하다고 토로한다. 가스라이팅을 당하던 호화로운 저택보다 '나'로서 존재할 수 있는 감옥이 더욱 집 같기 때문이다. 그리고 드디어 남편과 그를 속박하던 집에서 벗어나 주체적인 삶을 살아갈 수 있다는 기대감이 있음을 고백하며 말한다.

"이제 나로서 살아가보려고요."

비록 부유하고 고풍스럽던 주란은 전과자가 됐고, 생판 비정규직으로만 살아가며 남편에게 경제권을 의존하던 상은은 갑자기 자영업자가 됐다. 이들은 낯선 '집'에서 새롭게 모든 삶을 시작해야 하고, 남편 없이 아이를 키워가며 세상의 많은 편견과 맞서 싸워야 한다. 그러나 상은과 주란은 이 모든 것이 두렵지 않다. 서로서로 돕고, 내가 나로서 존재하는 것을 방해하는 억압의 존재가 이제는 없으니까 말이다. 나로서 살아가는 것보다 중요한 것이 어디 있겠는가. 그 덕분에 이들은 남편 없이 마주칠 미지의 세상이 두렵지 않다. 이제는 집이 지옥이 아니라 정말, 온전한 자신으로서 존재할 수 있는 공간이 됐고, 나를 억압하는 지배자도 없다. 이제 주란과 상은의 진정한 집은 청사진을 그렸고, 건축되기 시작했다.

결론: 남성과 맞먹는 여성의 모습이 '흔해지길' 바라며

사실 여성의 연대를 다룬 프로그램은 이 드라마 외에도 많다. 페미니즘 리부트 이후로 여성 주인공의 주체적 모습은 '허다해'지기도 했다. 당장 떠오르는 여성 연대물, 즉 워맨스 장르는 미디어 콘텐츠 시장이 열린 이래로 늘 있었다. 성폭력 피해 여성이 자신의 트라우마를 자극한 남성을 죽이고 도피하는 고전 명작 〈델마와 루이스〉, 가정폭력에 시달려 남편을 죽여달라는 조연의 부탁에 주인공이 협조하는 드라마 〈더 글로리〉 등. 하지만 이러한 여성 연대물은 중간에 남성이 조력자로 등장하거나 남성과 깊은 사랑에 빠지며 '피해자성을 가진 여성들의 반격'에 초점을 맞추기보다 여성과 사귀는 조력자 남성과의 관계 이야기로 주제가 전환되는 모습을 보여준다. 델마는 자신의 남자친구로부터 돈을 얻어내고, 루이스는 모르는 남성과 하룻밤을 보내다 델마가 가져온 돈까지 털린다. 동은 (주인공)은 남편의 가정폭력으로부터 자신을 구해달라는 현남(조연)의 부탁을 들어주던 도중 조력자 남성과 사랑에 빠져버린다. 즉, 현재까지의 대다수 여성 연대물은 남성과의 성애적 관계가 없으면 이야기의 전개가 불가능했다.

그러나 〈마당이 있는 집〉은 여태껏 나온 워맨스 장르와 사뭇 다르다. 두 여주인공이 남성과 성적 관계를 맺는 모습을 갑자기 보여주지 않으며, 이 둘을 성적 대상화하지도 않는다. 남편이 상은을 때리면서도 집에 두는 이유가 아내의 '밤일'과 집안일임에도 상은과 남편의 섹슈얼한 장면이 드러나지 않는다. 피해자가 무차별적인 폭력을 당하고 있음을 집의 시선에서 묵묵하게 고발할 뿐, 그 폭력이 어떤지 지나치게 묘사하지 않는다. 성적 대상화가 콘텐츠가 되는 현 미디어 시장에서, 이 드라마가 성적 대상화에 매몰된 서술을 하지 않는 점을 높게 산다. '위안부'

여성의 성폭력 피해를 고발하기 위해 여아들이 성폭력을 당하며 생리혈까지 닦아내는 장면을 부각한 〈귀향〉 등 강압적인 위계질서에 의해 폭력을 당한 여성을 그려내는 미디어조차 여성을 대상화했지만, 이 드라마는 그러지 않는다는 점이 큰 강점이다.

더불어 이 드라마는 남성에게 이야기의 주도권을 뺏기지 않고 여성끼리만 이야기의 주도권을 잡는다는 점이 큰 특징이다. 필자는 앞으로의 미디어 시장이 이러한 추세를 따라가길 바란다. 남성에게 맞아 죽는 여성이 흔한 기삿거리고, 반격하는 여성이 대서특필감이 되는 작금의 한국 사회에서 남성에게 휘둘리지 않는 여성의 모습을 미디어가 더 보여줘도 되지 않을까. 이 같은 작품이 계속 등장해 미디어에서 여성 또한 남성의 폭력에 맞서 싸울 수 있는 존재임을 계속 부각해 주길 희망한다. 여성 또한 삶의 능동적 주체임을 대중에게 인지시켜 줄 좋은 작품이 쏟아져, 이제는 대중이 '진정한' 워맨스 장르가 흔하다며 볼멘소리 하는 날이 오길 바란다. 이 드라마처럼 남자와 사랑하지 않아도, 그냥 여자끼리 폭력에 맞서도 이야기가 전개될 수 있는 미디어 콘텐츠의 등장을 더욱 고대해 본다. 남성의 힘과 사랑이 필요하지 않은 여성이 흔해지는 그날을 기다려본다.

웃기는 드라마의 미덕과 전략

남상백 ──┘

웃기는 드라마의 반가움

타인을 웃기는 것은 어려운 일이다. 더 할리우드 리포터(The Hollywood Reporter)에서 진행하는 토크쇼 〈액터스 라운드테이블(Actors -Roundtable)〉의 한 방영분에 로버트 드니로, 톰 행크스 등 대배우들이 등장한 적이 있다. 테이블에 둘러앉은 베테랑 배우들은 한목소리로 "코미디(웃기는) 연기가 가장 힘들다"라고 토로했다. 억지웃음은 모두를 곤욕스럽게 만든다. 웃음, 코미디는 많은 사람들이 아는 것을 배반하거나 뒤틀면서 발생하기 때문에 TV 프로그램으로 불특정 다수를 웃게 한다는 것은 어려운 일이다. 거기에 한국은 일련의 정치사회적 사건들을 지나오며 웃음에 대한 엄숙주의, 비하와 차별하는 발화에 대한 경계[1]가 쌓였다. 이는 방송에서의 검열로 이어졌는데 유튜브로 진출한 코미디언들은 한두 마디씩 검열에 대한 불평을 남긴

바 있다.

거기에 2022년은 팬데믹을 정통으로 지나가는 시기였고, 러시아와 우크라이나 전쟁이 발발했다. 웃기도, 웃기기에도 어려운 시기에 만난 〈천원짜리 변호사〉는 반가웠다. 기꺼이 천 원의 가치를 지닌 변호사가 되어 웃기겠다고 두 팔 걷어붙이고 나서다니! 법조인 과잉의 2022년 드라마 판에 웃기는 변호사의 등장은 충분히 예측 가능하지만 그게 '천변'이라 좋았다. 드라마를 둘러싼 내·외적 잡음이 애석하긴 하지만 코미디를 사랑하는 시청자로서 〈천원짜리 변호사〉에 대해 이야기하지 않을 수 없다.

〈천원짜리 변호사〉는 연출 전략으로 멜로드라마적 서사를 차용하고 여러 요소를 이용해 '인간성'을 적극적으로 구현해 냈다. 멜로드라마는 사랑을 속삭이는 플롯이 아니다. 도덕적인 쾌감을 구현하기 위해 권선징악을 뚜렷하게 만들어 인간의 기본적인 욕망을 충족시키는 장르이다. 피터 브룩스(Peter Brooks)가 이야기했듯이 멜로드라마는 "박해받던 무고와 미덕이 승리"[2]하는 것을 그려낸다. 이 전략을 통해 시청자들에게 카타르시스와 웃음을 동시에 전달하는 작업은 어려운 일이지만, 〈천원짜리 변호사〉는 해냈다.

---

1   물론 소수자를 억압하고 배제하는 차별적 발화는 공적인 영역에서 지양되어야 한다. 하지만 발화의 맥락과 연출상의 의도를 무시하고 PC적인 관점에서만 코미디를 꾸짖는 것은 자연스레 그 공간을 위축시킨다.

2   피터 브룩스, 『멜로드라마적 상상력』, 이승희·이혜령·최승연 옮김(커뮤니케이션북스, 2006), 63쪽.

멜로드라마적 배치

〈천원짜리 변호사〉는 주인공인 변호사 천지훈(남궁민 분)이 수임료를 천원만 받고 약자들의 사건을 해결해 주는 것이 주요 플롯이다. 천지훈이 변호하는 대상은 계급적으로 약자의 위치에 처해 있거나(갑질을 당하는 경비원과 회사 직원) 사회적 편견에 둘러싸인 인물들(소매치기 전과 4범과 연쇄살인 용의자)이다. 천지훈과 함께하는 이들은 전직 노동운동가이자 소시민적 가장인 사무장(박진우 분), 대형 로펌 대표의 손녀이지만 정의감 넘치는 젊은 시보 백마리(김지은 분)이다. 이들은 드라마에서 '선'의 위치에 포진해 있다. 타인을 생각하고 동등한 눈높이에서 "법조인의 윤리와 양심을 걸고"(3화) 악인들의 처벌을 도모한다.

이들과 대척점에 있는 인물은 대기업 전무로 갑질을 일삼는 천영배(김형묵 분), 목적을 달성하기 위해 천지훈의 아버지와 연인을 죽이는 JQ그룹 회장 최기석(주석태 분), 살인을 밥 먹듯 저지르고 은폐하는 차민철(권혁범 분)이 있다. 때로는 진실을 숨기는 데 협력하는 드라마 속 사법체계 자체가 천지훈 일행과 대립하기도 한다. 이들의 행동은 과장되어 있고 타인을 죽이고 폭행하는 데 아무런 거리낌이 없다. 이들은 미덕과 무고를 박해한다. 천지훈과 함께하는 이들이 승리하고 대립하는 이들이 패배해야 멜로드라마가 성립된다.

한 집단은 선하고 정의롭지만 자원과 힘이 적다. 다른 집단은 악하고 폭력적이지만 자원과 힘이 많다. 이 멜로드라마적 배치가 만드는 공간 속에서 웃음이 만들어진다. "웃음의 기능이란 모욕을 줌으로써 상대방을 위압하려는 것"[3]이라는 앙리 베르그송(Henry Berson)의 통찰처럼

---

3   앙리 베르그송, 『웃음』, 정연복 옮김(세계사, 1992), 159쪽.

두 집단 간의 격차가 크면 클수록 그 낙차에서 오는 웃음은 커진다. 천지훈 일행이 악랄한 JQ그룹 일당을 엉뚱하고 코믹하게 위압할 때 우리는 웃음이 터진다. 법을 피해가는 강자들을 향한 모욕과 응징은 우리의 마음 깊은 곳에 있는 욕망이기 때문이다.

멜로드라마적 공간

〈천원짜리 변호사〉의 멜로드라마적 배치와 서사는 어떤 공간을 만들어낸다. 그 공간은 우리가 '공론장'이라고 부르는 곳과 닮아 있다. 한국 사회는 공론장을 상실해 가고 있다. 정치를 기점으로 전 영역에서 양극화와 악마화의 경직된 공기가 우리를 둘러싸고 있다. 나름의 논리와 근거를 가지고 주장을 펼치더라도 내 진영이 아니면 매도당한다.

그 경직을 풀어주는 것은 웃음이다. 천지훈은 웃음을 터뜨린다. 아파트 경비원과 부하 직원들을 상대로 갑질을 일삼는 전무의 차를 망가뜨리고 나서, 거대 조직과 연관된 중고 자동차 사기꾼 앞에서, 그리고 자신이 사랑하는 이들을 죽음으로 몰아간 악덕 기업인 앞에서. 웃음의 영역(그 말랑하고 모호하며 너무 유연한)은 공론장의 역할을 할 수 있다. 나는 웃음을 통한 공론장의 창출이 〈천원짜리 변호사〉가 가진 미덕이라고 생각한다.

전과 4범의 절도범을 감싸는 문제, 서비스업과 직장 내에서 벌어지는 위계에 의한 갑질과 폭력 문제, 금전 권력과 사법 권력의 유착이라는 진부한(또 익숙하고 여러 차례 재현된) 의제들이 멜로드라마적 웃음의 가짜 공간 위에서 선명하게 펼쳐지고 엉뚱하게 해결된다. 이 멜로드라마의 카타르시스가 가장 잘 드러나는 것이 3화인데, 앞서 말한 천영배 전

무의 갑질 문제를 해결하는 내용이다. 천지훈은 갑질을 참다못한 경비원의 손자와 직원들의 의뢰를 받아들이고는 '빙고 게임'을 이용한 내기를 진행한다.

천지훈과 천영배는 빙고판을 사이에 두고 앉아 의뢰인들의 운명을 걸고 '놀이'를 진행한다. 천영배와 사측의 선전으로 위기에 몰린 천변 일행. 남은 숫자는 2와 23이다. 2를 막아 사측을 저지시키고 23과 8을 외친다면 천변과 갑질 피해자들이 승리할 수 있다. 천지훈은 갑자기 과장된 억양과 목소리로 '근로기준법' 76조의 2와 23조 1항을 이야기하며 백마리를 바라본다. 우스꽝스러운 표정으로 의아해하던 것도 잠시, 똑똑한 백마리는 숫자 2와 23을 연달아 외쳐 역전의 기회를 마련한다. 마지막 숫자 8은 천지훈과 백마리가 처음 만났을 때 인용했던 책으로 메운다.

천변 일행의 승리. 의뢰인들은 환호성을 내지르고 천지훈과 백마리는 의기양양한 표정으로 카메라를 바라보며 하이파이브를 한다. 앞서 말한 것처럼 이 드라마의 멜로드라마적 배치는 카타르시스를 더한다. 사측은 수많은 노동자들의 운명을 게임에 걸자는 천지훈의 의견을 기꺼이 수용하는 악한이다. 이들을 놀리고 모욕하는 것이 천지훈의 숭고한 의무이다.

아무리 공론장을 거부하는 시대라지만 반드시 이야기되어야 할 것들이 있다. 인간의 존엄과 생존에 대한 문제가 그것이다. 시사·교양에서 다루기엔 부담스럽고 예능에서 다루기는 엇나가기 쉽다. 그래서 여기, 수임료를 천 원만 받는 변호사가 등장했다. 웃음으로 직조하는 멜로드라마의 공간, 악행을 악행이라고 '뚜렷하게' 또 재미있게 말할 수 있는 그곳이 공론장의 역할을 대신할 수 있었다고 생각한다.

소리의 활극: 놀이의 충만함

〈천원짜리 변호사〉가 멜로드라마적 효과를 강화할 때 사용한 첫 번째 전략은 음향의 과잉이다. 1화에서 천지훈(남궁민 분)이 처음 의뢰인을 만나는 순간 세르반테스의『돈키호테』를 원작으로 한 〈맨 오브 라만차〉의 넘버와 서부극의 멜로디를 닮은 곡이 흘러나온다. 이 익살스러운 배경음악은 드라마의 속성을 단숨에 밝힌다. 그렇다. 이 드라마는 돈키호테처럼 거대한 적을 향해 질주할 것이고, 서부극처럼 악인들과 결투를 벌여 승리할 것이다. 12화에서는 천지훈이 OST「One dollar lawyer」를 아예 무반주로 따라 부르며 의뢰인을 당황하게 한다.

배경음악뿐만이 아니다. 눈썹을 움직이는 익살스러운 효과음과 후다닥 달려가는 효과음 역시 과잉이다. 여기에 경쾌한 리듬의 대사까지 더해진다. 천지훈과 사무장은 협화음으로, 백마리는 이른바 '나만 정상인' 포지션에서 불협화음을 일으키며 대사를 주고받는다. 이들의 대사는 각종 언어유희와 고성, 웃음으로 드라마에 익살스러운 분위기를 드리운다. 〈천원짜리 변호사〉는 '소리의 활극'이라 불러도 무방하다. 이 드라마는 영리하게 다양한 간격으로부터 이야기를 차단한다. 침묵과 간격이 생길 수밖에 없는 법정 장면을 지양하고 협상과 토의의 장소가 되는 사무실을 주요 공간으로 설정한다.

이런 식의 음향 과잉은 놀이와 닮아 있어 그것의 충만함을 구현한다. 놀이의 충만함은 어린 시절 좋아하는 애니메이션이나 영화의 배경음을 따라 부르며 놀이하던 기억, 친구들과 쉬지 않고 수다를 떨며 서로를 즐겁게 해주었던 기억을 불러온다. 음향은 이 기억에 힘입어 시청자들에게 주술을 부리고 설득한다. 어른의 육체와 상식에 갇힌 시청자들 내면의 아이를 잠시 해방시켜 이 비상식적이고 웃기는 드라마의 서사에

기꺼이 동의하도록 말이다.[4]

덧붙여 놀이를 닮은 이 음향의 과잉은 악인들을 위압한다. 9화가 그 단적인 예시이다. 사무장을 겁박해 불량 중고차를 강매한 중고차 사기꾼들은 천지훈의 광소와 백마리의 추격 끝에 울먹이며 잘못을 시인한다. 천지훈이 양손을 양 날개처럼 펼치고 뛰어오를 때는 독수리의 포효 소리가 울려 퍼진다. 백마리가 달릴 때는 콧김과 함께 기차 경적 소리가 울려 퍼진다. 이어서 중고차 사기 조직을 주차장에 몰아넣고 검찰과 경찰을 부른 천지훈은 "이 사기꾼 새끼야"라고 사기 조직의 대표를 익살스럽고 직설적으로 조롱한다. 악인들을 위압하는 것이다.

서울시 종로구 풍진로 100 201호: 향수의 충만함

〈천원짜리 변호사〉는 기꺼이 아이가 되기로 마음먹은 시청자들에게 하나의 공간을 펼친다. 천지훈의 사무실이 위치한 서울시 종로구 풍진로 100 201호는 이상한 공간이다. 로펌들이 모여 있는 법원 근처가 아니라 지극히 생활감 넘치는 동네 한가운데 있다. 사무실 건물 맞은편 1층 평상에서는 건물주와 상인들이 고스톱을 친다. 아이들은 비눗방울을 불며 뛰어놀고 지역 주민들은 서로를 잘 안다는 듯이 인사한다. 동네 이름은 풍진동, '풍진세상'을 떠올리게 하는 지명이다.

'응답하라' 시리즈에 등장할 법한 이 공간은 이상하다. 사회적 거리

---

4 이런 분석은 영화평론가 허문영이 애정을 담아 〈무한도전〉에 대해 쓴 글들에서 많은 부분을 인용했다. 특히 『보이지 않는 영화』(강, 2014)에 실린 「무한도전에 대한 몇 가지 생각」, ≪부산일보≫에 실린 "[부일시론] '무한도전'과 함께 살아가기'"(2018.6.18) 기사를 많이 참고했다.

두기와 시대의 부침이 사라진 진공의 공간처럼 느껴진다. 풍진동은 마을 공동체의 원형을 보여주어 향수를 불러일으킨다. 월세를 몇 달이나 받지 않으면서도 가벼운 꾸중으로 넘어가는 집주인과 변호사가 돌아다니며 어린아이와 이야기하는 곳은 서울 그 어디에도 없다. 하지만 마을의 향수는 힘이 세다. 시청자들은 기꺼이 풍진동의 유혹에 굴복한다. 풍진동 역시 유혹한다. "'천변'의 세계는 진짜가 아니야."

특히 천지훈의 사무실이 재미있는데, 과거 다방으로 사용하던 곳을 청소하고 정리해 변호사 사무실로 만든 것이다. 이 낡고 '이상한' 공간 앞에서는 의뢰인도 시보 백마리도 머뭇거리게 된다. 이 사무실은 천지훈에게는 연인과의 추억이 담겨 있는 공간인 동시에 복수를 획책하는 장소이기도 하다. 풍진동 주민들은 제 집처럼 드나들며 고스톱 규칙을 묻거나 건강기능식품 정보를 공유한다.

이제 시청자들은 준비가 되었다. 웃음을 안겨줄 과잉의 세상에 뛰어들 준비, 허튼 소리에 과장된 제스처를 늘어놓는, 〈천원짜리 변호사〉가 조성해 놓은 멜로드라마적 공간에 들어갈 준비 말이다. 진부한 멜로드라마적 서사도 이 드라마가 구현해 놓은 세상 속에서는 말이 된다. 대놓고 현실로부터 일탈[滑]하니 오히려 시청자들이 머무른[稽]다. 〈천원짜리 변호사〉가 보여주는 골계미이다. 웃고 싶은 시청자와 웃기려고 작정한 드라마가 만났다. 이제 웃기만 하면 된다.

〈천원짜리 변호사〉가 해낸 것과 해낼 것

〈천원짜리 변호사〉는 제대로 웃기겠다는 당초의 목표와 공론장에서 이야기되어야 하는 의제를 함께 녹여내는 데 성공했다. 여러 연출적 장치를 통해 민감하고 무게 있는 주제를 시청자와 일정하게 벌린 공간 속에서 부담스럽지 않게 풀어낸 것이 이 드라마의 성공 요인 중 하나이다. 크게 웃으면서도 이야기되어야 할 것들을 놓치지 않기, 웃음이라는 홈그라운드 안에서 때로는 능글맞게 때로는 진지하게 소수자들의 상황을 반영하는 이 드라마는 웃음을 좇는 다른 연출자와 감독들이 참고해 봄 직하다.

〈천원짜리 변호사〉에서 우리를 가장 웃게 하는 순간들은 역설적으로 법이 쓸모를 잃어버리고 추락한 비극적인 순간이다. 이 비극의 폐허에서 무엇을 길어 올릴 것인지 창작자는 고민한다. 비관과 파괴일 수도 있고 사회질서의 완전한 해체일 수도 있다. 나는 웃음을 길어 올리기로 선택한 〈천원짜리 변호사〉에 감사와 애정을 표한다. 삶을 이어가게 만들어주는 웃음의 힘. 그 힘을 신뢰하고 극대화하는 TV 프로그램이라면 공론장뿐만 아니라 다른 것들도 해낼 수 있지 않을까 생각해 본다.

욕망을 품은 아씨들

tvN 드라마 〈작은 아씨들〉 속 가난에 대하여

고은지

들어가며

정서경 작가의 두 번째 드라마가 많은 관심 속에 방영됐다. 폭풍 같은
전개와 예상치 못한 이야기는 〈작은 아씨들〉[1]에서도 유감없이 발휘된
다. 가난하지만 우애 있게 자란 세 자매가 대한민국에서 제일 부유하고
유력한 가문에 각자의 방식으로 맞서는 모습을 그려내 등장인물의 구체
적인 삶을 보여주면서 우리 사회의 거대하고 어두운 이면을 동시에 흐
르게 한다.

　〈작은 아씨들〉은 가난을 사실적으로 재현하면서 문제의식을 드러
냈다는 평을 받았다. 한국뿐만 아니라 전 세계에서 손꼽는 대표적인 사

---

[1]　12부작(2022.9.3~2022.10.9).

회 문제 중 하나가 빈부격차다. 극단적인 부의 쏠림은 미디어 내에서 단골 소재로 소비되어 왔다. 마찬가지로 〈작은 아씨들〉에서도 자본주의의 폐해를 드러내고 있지만, 이들의 가난에 온전히 공감하기는 어렵다. 의식주가 보장된, 생존에 위협이 되지 않는 상황을 사실적인 가난이랍시고 재현하기 때문이다. 물론 가난을 심각하게 다루어야 한다는 경직성에서는 벗어나야 한다. 이 점을 최대한 고려하면서 드라마 속 등장인물의 서사와 설정 속의 상대적 빈곤에 대해 논하고자 한다.

가난은 티가 난다?

미국 작가 루이자 올컷(Louisa Alcot)의 소설을 모티브로 한 드라마답게 〈작은 아씨들〉에는 궁핍하게 살아온 세 자매가 등장한다. 원작과 다른 점을 꼽자면 드라마 속 자매들은 좀 더 가난을 지긋지긋하게 여긴다. 이들의 과거나 가치관이 드러나는 언행은 돈 앞에서 작아지는 인간의 모습이 투영돼 있다. 원하는 것을 포기하게끔 만드는 게 돈이라는 건 부정할 수 없는 사실이다. 게다가 가난은 언제나 상대적이다. 인간은 주변과의 비교를 통한 빈곤을 가난의 척도로 삼는다. 이러한 점들을 고사해도 세 자매가 처한 상황은 가난하다고 하기엔 꽤 낭만적이다.

첫째 인주는 동생들과 다르게 잘하는 건 없지만, 결혼으로 집안을 일으켜보려고 한다. 인주는 좋은 집에서 온 가족이 걱정 없이 살고 싶다는 꿈을 위해 돈을 원한다. 현재 사는 집은 창문 새시가 고장 나 3년 동안 여닫지 못했기 때문이다. 실수로 열었다가 닫히지 않아서 쥐가 들어온 적도 있다는 대사는 시청자들의 연민을 유도하지만, 한편으로는 이들의 집이 자가라는 가설이 세워진다. 세입자라면 응당 집주인에게 새시 수리를 요청할 수 있는 권한이 주어진다. 하지만 인주를 포함한 자매들은 몇 년째 고장 난 창문을 방치 중이다.

또한 인주는 돈 있으면 뭘 사고 싶으냐는 질문에 겨울 코트라고 답한다. 여름옷에 비하면 겨울옷은 너무 비싸다는 이유에서다. 없어 보여서 사람들이 먹을 것도 주고 입던 옷도 줬으며, 거지라고 불쌍하다는 눈초리까지 받은 적 있다는 사람치고는 굉장히 우아한 답변이다. 화영에게 20억이라는 큰돈을 받게 된 후에도 인주는 평소에 사 먹기 부담스러운 비싼 아이스크림과 중저가 화장품 몇 개를 구매한다. 자신의 오랜 꿈을 이루기 위해 한강이 보이는 아파트를 알아보면서도 빚은 상환하지 않는다. 세 자매의 아버지가 어마어마한 빚을 남기고 해외로 도피해 있다는 설정과는 거리가 멀어 보인다. 우리는 이러한 지점에서 가난의 정도를 추측하게 되고, 의아함을 갖기 시작한다.

둘째 인경은 고모할머니 덕분에 곁에서 주식을 배우며 부잣집에서 유년 생활을 보낸다. 그 후 권력과 돈이 많은 사람 앞에서도 주눅 들지 않고 당당하게 질문할 수 있는 기자가 된 인경은 아직도 '어떤 사람들은 왜 열심히 사는데도 가난하고 어떤 사람들은 쉽게 부자일까?'라는 질문에 대한 답을 찾고 있다.[2] 인경의 장점은 약한 사람의 곁에서 악한 사람을 경계하고 대신 맞서준다는 것이다. 정의감과 공명심이 넘쳐나지만, 마음은 또 여려서 가슴 아픈 사연에 쉽게 동요된다. 감정적 동요는 기자의 직업 정신도 해쳐서 술의 힘을 빌리기 시작한 인경은 점점 알코올에 중독된다. 보도국 내 인경의 책상 서랍에는 술병이 잔뜩 들어 있다. 인경은 그 술을 작은 공병에 담아, 들고 다니면서 가글을 하는 척 수시로 마신다. 문제는 그 술이 값비싼 '데킬라'라는 점이다. 얼핏 봐도 몇십만

---

2   tvN, "〈작은 아씨들〉 인물 소개".

원은 족히 넘어 보이는, 가난을 논하는 서민이 사 마시기엔 부담스러운 가격이다. 게다가 인경은 매달 월급을 받아 아버지의 빚을 갚고 있다. 그런 환경 속에서 데킬라를 늘 서랍에 몇 병씩이나 쌓아두는 인경을 보면 시청자의 의아함은 의혹으로 바뀌기 시작한다.

셋째 인혜는 예술 감각과 재능으로 뭔가를 이뤄내고자 한다. 어려운 형편 속에서 별다른 사교육 없이도 최고의 사립 예술고등학교에서 두각을 나타내어 장학금을 받고 다닌다. 인혜의 야심은 재능과 돈을 교환하게 만든다. 친구 효린의 포트폴리오를 대신 그려주는 대가로 유학 기회를 얻는 것도, 효린의 부모에게 경제적인 지원을 받고 미디어에 이용되는 것도 개의치 않는다.[3] 오히려 부자는 가해자, 가난한 사람은 피해자라는 인식이 가난한 사람들의 자기중심적인 망상이라고 주장한다. 가진 게 없는 이가 건너편으로 가기 위해 아무리 몸부림쳐도 한계가 존재한다는 걸 인혜는 알지 못한다. 그는 돈이 없을 뿐, 뛰어난 재능이 발판이 될 수 있기 때문이다. 결국 인혜의 말은 또 다른 의문과 모순을 만들어낼 뿐이다.

세 자매에게서 가난함을 찾아보기 어려운 가장 큰 이유는 이들에겐 경제적으로 의지할 수 있는 보호자가 존재한다는 것이다. 자매에게는 오래전 강남의 땅을 사고판 돈으로 사업을 시작해 성공을 거둔 고모할머니 오혜석이 있다. 젊은 시절, 미군과 결혼해 미국으로 갔다가 이혼 후 간호사가 된 혜석은 한국에 돌아와 부동산 투자를 시작했다. 이혼 후 결혼할 생각을 하지 않고 사놓은 한강 뷰 아파트를 기반으로 부를 이루며 부동산 업계의 거부로 자리 잡았다.

혜석은 정기적으로 세 자매를 지원하지는 않지만, 이들에게 금전

---

3 "가난의 풍경과 말들로 바라본 〈작은 아씨들〉", ≪채널예스≫, 2022.9.23

적인 어려움이 닥치면 늘 등장한다. 마찬가지로 인주와 인경도 돈 문제가 닥치면 고모할머니를 찾는다. 인주가 한강 뷰 아파트를 구매하기 위해 고모할머니를 찾아간 이유도 혜석의 회사 명의로 된 한강 뷰 아파트가 몇 채 있었기 때문이다. 마찬가지로 인경은 자신이 조사 중인 박재상 재단에서 인혜의 수술비를 지원받기 싫어 고모할머니를 데리고 온다. 심장병을 진단받은 인혜의 몸에 심장 제세동기를 이식하는 데 드는 수술비는 약 1억 원. 오혜석은 병원비를 대신 결제하려는 박재상을 막아서고, 인혜는 오혜석의 카드로 일시불 결제한다. 이렇듯 혜석의 존재는 자매들이 가진 게 없다고 보기 어려운 지점들을 보여준다.

특히 둘째 인경에게서 혜석의 존재감이 잘 드러난다. 앞서 언급했듯이 쌓아놓고 마시는 술이 무려 데킬라이며, 돈은 뒷전인 채 정의로운 기자 생활에 몰두하는 삶은 혜석이 없었다면 불가능했을지도 모른다. 가난한 건 괜찮지만, 가난해서 도둑이 되기는 싫다는 인경의 올곧은 순수함도 혜석으로 인해 사라지지 않고 남아 있다. 고모할머니가 자신의 통장에 넣어둔 현금이 있다는 걸 알고 있었기에 진정으로 빈곤한 재정 상태를 겪어보지 못한 것이다.

욕망의 전차를 탄 세 자매

700억을 횡령하고 불법 비자금 장부를 빼돌린 후 목숨을 끊은 화영은 죽기 전 20억의 현금을 인주에게 남긴다. 그때부터 원령가(家)의 재산을 관리하는 남성과 공조해 감춰진 돈을 찾아내려다 인주는 오히려 그곳에 발을 들이게 된다. 극 초반부엔 화영의 죽음을 슬퍼하면서도 20억이라는 거금을 뺏기지 않기 위해 노력한다. 하지만 돈을 지키기 위해서라도 사건을 파헤쳐야 했던 인주는 화영의 죽음이 자살이 아닌 타살이라는 걸 알게 되고, 화영의 흔적을 따라가며 원령가와 맞서게 된다. 그때부터 인주의 목적은 20억이라는 돈보다는 사건의 진실을 밝히는 쪽으로 변화한다. 인주는 원령가에 이용당하다가 죽음을 맞이한 화영의 억울함을 어떻게든 풀어줘야만 한다.

인경은 정의로운 성격 하나로 기자의 본분을 다하고자 물불 가리지 않고 취재해 왔다. 이미 '보배저축은행 사건'을 취재하면서 원령가의 어두운 비밀을 파헤치던 인경은 소중한 동생 인혜를 지키기 위해 더욱 직접적으로 그들과 대립한다. 권력에 눌려 해고당하고, 각종 압박을 받으면서도 취재는 뒤에서 몰래 이어진다. 원령가와 엮인 인물들의 연이은 죽음과 그 옆에 놓이는 푸른 난초를 쫓던 인경은 고모할머니인 혜석마저도 같은 방식으로 세상을 떠나자 큰 충격을 받는다. 원령가 사람들이 해친 사람들만 수십 명. 인경은 더는 안타까운 일이 발생하지 않게끔 사람들을, 가족들을 지켜야만 한다.

가난한 집을 어떻게든 벗어나고 싶던 인혜는 절친한 친구 효린의 집인 원령가에 머물게 된다. 자신을 후원하는 집안이자 곧 유학까지 보내줄 원령가는 놓치고 싶지 않은 동아줄이다. 하지만 인혜는 그곳에 살면서 몰랐던 이면을 직시한다. 폭력적인 집안 분위기와 그로 인해 정신적으로 고통받는 효린을 보면서 함께 이 집을 탈출해야겠다고 다짐한다. 빚쟁이 아빠와 자기밖에 모르는 엄마 밑에서 자란 인혜는 누구보다 부모로 인한 힘겨움을 잘 알고 있기 때문이다. 날이 갈수록 분위기가 험악해지는 원령가에서 인경은 도주 계획을 세우고, 곁에서 효린을 지켜내려고 애쓴다.

세 자매는 각각 원령가와 얽히며 벌어지는 사건들 속으로 뛰어들었다. 서로 다른 신념으로 강렬하게 부딪치는 세 자매의 모습은 시청자들의 긴장감을 고조시킨다. 이들은 각자 원하는 목표를 품고 완벽히 떨어진 곳에서 출발했지만, 마침내 원령가라는 한 점에서 만나 욕망을 실현하려 한다. 그 욕망을 파고들면 가난과 돈이 아닌 다른 게 내포되어 있다는 걸 알 수 있다.

빼앗긴 가난

"부자들이 가난을 탐하고 있다." 모순적인 이 문장은 각종 TV 프로그램에 통용된다.[4] 프로그램 한 회만 촬영해도 직장인의 월급을 받는 연예인들이 미디어에서 드러내는 경제적 어려움은 때론 시청자를 불쾌하게 만든다. 방송에서 내내 빚을 언급하며 안타까움을 자아내는 연예인들은 그리 오래 지나지 않아 빚을 대부분 갚았다는 소식을 알린다. 비연예인은 평생 갚아도 모자랄 몇십억을 몇 년 만에 상환할 수 있는 사람을 과연 경제적으로 빈곤하다고 볼 수 있는가? 심지어 그들은 큰 빚과 가난을 충분히 해결할 수 있는 것으로 만들어낸다.

이처럼 경제적 빈곤을 일종의 스펙터클로 전시하는 이미지들이 미디어에 등장하면 가난은 현실성이 없는 볼거리로 전락한다. 부자들이 가난을 자기 몫으로 만드는 희롱의 과정은 감수성으로 포장되면서 견딜 만한 것이 되어버린다. 마치 가난을 기어코 극복하지 않으면 안 되는 것으로, 쉽게 극복할 수 있는 것처럼 치부한다. 또한 가난을, 그것을 극복하지 못한 이들의 탓으로 돌리는 분위기가 형성된다. 가난을 일종의 스펙이나 사연으로 삼는 이들과, 일종의 셀링 포인트로 자리 잡은 가난 스펙은 상대적 박탈감만 남길 뿐이다.

4   "유재석도 쓴소리 '가난 코스프레'…위선적인 셀링 포인트", 텐아시아, 2022.10.3

상대적 박탈감은 〈작은 아씨들〉을 보면서도 느끼게 된다. 드라마 내에서 벌어지는 모든 행위의 기반은 가난이다. 매회 가난을 수없이 언급하며 안타까운 서사를 강조하고, 어떠한 명분이나 구실로 소비한다. 그저 욕망을 해결하지 못하는 수준일 뿐인데도 부와 가난의 대립을 드러내면서 비도덕적인 일을 행할 수 있게끔 가난을 이용했다는 반감이 생겨나게 한다. 인주가 화영에게 받은 20억을 뺏긴 뒤 원령가의 비자금 700억을 갖기 위해 움직이려면 가난이 필요하고, 인경이 피해자들의 사연에 공감하며 원령가 밀착 취재를 시작하기 위해서도 가난이 필요하고, 인혜가 지긋지긋한 집을 벗어나 원령가에 얹혀살기 위해서도 가난이 필요하다. 〈작은 아씨들〉속 가난은 오로지 드라마의 진행과 설정을 위해 존재하는 것처럼 보인다.

인주는 자신을 따뜻하게 챙겨주던 화영의 자살 현장을 직접 목격한다. 죽기 직전에 화영이 남긴 20억을 받게 되면서 원령가와 엮이게 된다. 후에 화영이 자신을 이용했을지도 모른다는 의심스러운 정황이 발견되지만, 꿋꿋이 자신만의 방식으로 사건을 파헤쳐 간다. 인주는 사랑이 가득한 인물이다. 사내 왕따라는 타이틀에도 굴하지 않고 매사 긍정적이며 오로지 자신의 처지를 이해해 주는 한 사람, 같은 사내 왕따인 화영이 곁에 있다는 사실만으로도 견뎌낸다. 인주에게 금전적 어려움이 없는 상황이어도, 화영이 죽기 전에 인주 앞으로 20억을 남기지 않았더라도 죽은 화영을 위해 움직였을 거라고 확신한다. 인주가 목숨까지 걸면서 찾았던 건 원령가의 비자금이 아닌 화영의 흔적이었기 때문이다.

마찬가지로 인경의 취재도 필연적이었을 것이다. 인주가 원령가의 비자금 문제에 엮이기 전부터 이미 뒤를 캐고 다녔던 걸로 보아 대의를 위한 취재는 진행될 수밖에 없다. 인혜는 원령가에서 정신적 고통을 받는 효린을 위해 계획을 세워 어떻게든 탈출시켰을 것이다. 두 사람의 관계가 돈을 제외하고도 우정 이상의 감정으로 연결되어 있기 때문이다.

결국 '가난한 집 세 자매'라는 설정이 아니었어도 작은 아씨들은 각자의 욕망을 안은 채 부딪치고 움직였을 것이다. 인간은 선택의 연속으로 삶을 이어간다. 굳이 돈이 아니어도 인생이 뒤바뀔 만한 선택의 가치와 명분은 분명히 존재한다. 완벽한 핍진성을 위해 가난을 동원하는 건 올바르지 않다. 생존의 문제에서 벗어난 빈곤과 신세 한탄은 보는 이에게 상대적 박탈감을 선사할 뿐이다.

나가며

〈작은 아씨들〉이 여성 서사가 도드라졌던 드라마라는 건 부정할 수 없다. 그동안 TV 드라마에 등장했던 여성들은 남성보다 뒷전일 때가 많았고, 여성이 주역으로 시작됐어도 주객이 전도되게 마련이었다. 긴 나날 동안 드라마 속 여성들은 주목받기보다는 그저 등장했을 뿐이다. 그런 의미에서 〈작은 아씨들〉은 매 순간 성장하고 진전하는 여성 캐릭터들을 잘 그려냈다고 말할 수 있다.

다만 드라마에서 보여주는 가난이란 자신의 물질적 욕구가 제반 요인으로 인해 충족되지 못했던 상태를 가리킨다. 다른 이들에 비해 혹은 욕망을 이루기엔 물질적 수준이 상대적으로 모자란 가난이다. 그렇기에 나를 포함한 시청자들에겐 가난이라는 실제적인 의미로 다가오지 않는다. 그런 면에서 〈작은 아씨들〉은 작가의 말대로 작으면서도 크고, 낮으면서도 높은 드라마다.[5]

5   tvN, "〈작은 아씨들〉 기획 의도".

가상의 조선에서 현대의 우리에게 던지는 가치, '포용'

tvN 드라마 〈슈룹〉

이소정

가상의 조선과 현대 사회를 이어주는 가치, '포용'

tvN 드라마 〈슈룹〉은 조선시대를 배경으로 일어나는 가상의 사건들을 다룬 작품이다. 조선이라는 시대적 배경을 차용하고 있을 뿐 완전히 새로운 사건들로 에피소드를 구성하고 있다는 독특함이 있다. 실재하는 역사적 사건이나 이슈들을 다루지 않고 있음에도 불구하고, 〈슈룹〉이 대중의 공감을 살 수 있었던 이유는 무엇일까. 바로 이 드라마가 다양성(多樣性)을 추구하는 현대 사회에서 대중이 찾고 있었던 핵심 가치인 '포용(包容)'을 이야기하고 있기 때문이다. 포용은 일방적인 수용을 의미하는 것이 아니다. 타인의 관점에서 바라보고 이를 자신의 관점과 교류하면서 얻어지는 상호이해의 과정이다. '단 한 사람도 소외되지 않는 것', 즉 소수의 의견에 침묵하지 않고 다양한 사람들의 이해관계(利害關係)를 폭넓게 고려하는 과정이야말로 포용의 핵심인 것이다. 포용적 환경은 사회가 획일화된 집단주의에서 벗어나 다양성(多樣性)으로 이어질 수 있는 가능성을 제시한다. 다시 말해 포용은 사회 구성원들 개개인의 다양성을 수용하는 데 첫걸음이 되는 것이다. 사회적 약자에 대한 포용이 우선되어야 비로소 사회 구성원들의 화합이 가능해진다.

〈슈룹〉에 등장하는 다양한 에피소드는 하나의 공통된 가치인 '포용'에 수렴되는 것으로 보인다. 특히 모성애로도 불릴 수 있는 중전의 자식에 대한 포용은 대중의 마음을 따뜻하게 데워주었다. 가족 간의 불화와 가치관 갈등이 적지 않은 문제로 자리 잡은 현대 사회에 새로운 접근 방식을 제시했다는 점에서 인기를 끌었던 것으로 보인다. 이렇듯 현대 우리 사회의 문제점과 그에 대한 시사점을 보여준다는 점에서 〈슈룹〉은 큰 인기를 끌었으며, 최고 시청률 16.9%에 도달하는 성과를 보였다. 따라서 이 글에서는 가상의 조선을 배경으로 한 〈슈룹〉의 에피소드들이 '포용'이라는 가치에 어떤 방식으로 접근하는지 살펴보려고 한다.

성소수자에 대한 포용

시청자들에게 큰 울림을 줬던 회차는 '계성대군' 에피소드였다. 중전은 믿고 아끼던 아들 계성대군이 폐전각에 숨어 여장하는 것을 마주하게 된다. 중전은 초반에 큰 충격을 받으며 이 사실이 알려질 경우 발생할 정치적 공격과 비난을 막으려 그 장소에 불을 지른다. 그러나 이후에 폐전각에 숨어서 자신의 정체성을 숨기며 외로운 시간을 보냈을 아들의 모습을 떠올린다. 중전은 자신의 특별함을 숨기기 위해 다른 사람의 시선을 회피하며 살아온 계성대군의 고단한 인생을 차마 외면하지 못했다. 그래서 그에게 여장을 한 모습의 초상화와 아름다운 비녀를 선물한다. 이는 아들 내면의 성적 자아를 인정하고 소중한 자식으로서 포용하겠다는 뜻이다.

중전의 성소수자에 대한 포용은 현대 우리에게 큰 시사점을 준다. 현대 사회에서 성소수자에 대한 편견은 많이 사라졌다고 하지만, 여전히 이들에 대한 차별과 부정적인 인식이 남아 있다. 한국리서치 '2023 성소수자에 대한 인식 조사'에 따르면 '우리 사회가 성소수자를 받아들여서는 안 된다'라는 인식은 2021년에는 37%였으나, 2023년에는 43%로 증가했음을 알 수 있다. 이렇듯 우리 사회에서 아직 성소수자에 대한 인식이 완전히 개선되지는 못한 실태이다. 〈슈룹〉은 이러한 현대 사회의 모습에 의문을 제기하는 것이라 볼 수 있다. 중전이 아들, 계성대군의 정체성을 수용하고 따뜻하게 포용했던 것처럼, 우리 사회에서도 따뜻한 포용이 필요하다는 메시지를 주는 것이 아닐까.

경쟁에서 도태된 사회적 약자에 대한 포용

〈슈룹〉에서는 세상을 떠난 세자의 자리를 놓고 경쟁하는 택현(擇賢: 유능하고 어진 자를 뽑음)의 과정을 다룬다. 역사적으로 세자가 세상을 떠나면 그 아들인 원손을 세자로 책봉하거나, 세자의 바로 아래 동생을 책봉하는 게 일반적이었다. 그러나 〈슈룹〉에서는 위계와 서열을 가리지 않고 모든 왕자들이 택현에 참가할 수 있도록 그려내었다. 서자와 적자를 가리지 않고 유능한 왕자를 세자로 뽑는다는 점이 독특하다고 볼 수 있다. 이 밖에도 중전이 배동 선발 과정에서 보여준 모습이 인상 깊다. 많은 후궁들은 자신의 아들을 선발시키기 위해 불법 과외를 붙이거나 시험지를 매수하는 등 불공정한 방법을 사용한다. 그러나 중전은 직접 책을 읽고 분석하며 아들들과 함께 공정한 방식으로 공부하고 성장을 이끈다.

현대 사회에서 입시 비리, 불공정한 경쟁 방식은 큰 문제로 자리 잡고 있다. 경제적 수준이 학습 수준을 결정한다는 말이 있을 정도이다. 슈룹이 묘사한 것처럼 비밀리에 시험지를 매수하거나 문제를 유출하는 등의 입시 비리도 여전히 나타난다. 이러한 상황에서 '정의로운 경쟁'을 추구하는 중전의 관점은 우리 사회에 공정한 경쟁, 정의로운 경쟁의 의미를 되새기게 한다. 정의로운 경쟁을 위해서는 경쟁의 시작점부터 불리한 위치에 있거나 경쟁의 과정에서 불합리하게 도태되는 사회적 약자에 대한 포용이 이루어져야 한다.

사회적 기회 소외층에 대한 포용

극 중 중전 '화령'은 적극적이고 진취적인 모습으로, 기존의 역사 속 중전의 모습과는 차별화되는 점이 있다. 중전은 왕 이호에게 직접적으로 의견을 제시하고 조언하며 잘못된 일에 대해서는 단호한 일침을 날린다. 눈앞에 놓인 위기를 헤쳐 나가기 위해 자신이 할 수 있는 방안을 적극적으로 탐색하고, 앞장서는 추진력도 보인다. 중전 '화령'의 캐릭터는 역사 속에서 중전이 여성으로서 마주할 수밖에 없었던 한계를 단박에 깨버렸다. 이처럼 〈슈룹〉은 실제 역사보다 더 적극적이고 진취적인 여성의 모습을 그리며, 우리가 쉽게 간과하는 기회의 평등이라는 가치를 잘 드러내고 있다.

〈슈룹〉을 통해 우리 사회에 여전히 남아 있는 여러 유형의 기회 불평등 사례를 떠올려 볼 수 있다. '남녀 임금 격차'나 '유리 벽', '유리천장'과 같은 문제들이 대표적이다. 이뿐만 아니라 장애인들도 고용 시장에서 여전히 여러 불평등을 경험하고 있으며, 접근성 부족 및 편견으로 인해 취업 기회를 얻기 어려운 경우가 많다. 이러한 기회 불평등을 완화하기 위해서는 먼저 사회적 포용이 선행되어야 한다. 따라서 우리는 다양한 사회적, 문화적, 경제적 배경을 가진 사회 구성원들을 포용하고, 그들에게 공평한 기회와 대우를 제공하는 데 힘써야 할 것이다.

의료 불평등을 겪는 사회적 약자에 대한 포용

코로나19를 겪은 우리에게 큰 긴장감을 안겨주었던 장면이 있다. 서촌에서 발생한 전염병 확산을 막기 위해 성남대군과 의성군이 펼친 토론 장면이다. 의성군은 전염병의 확산을 막기 위해 감염 지역을 봉쇄하고 재난을 당한 빈민을 구제하는 제도인 구휼도 중단해야 한다고 주장한다. 심지어 움막촌을 불태워야 한다고 주장한다. 의성군의 주장대로 한다면, 전염병에 대한 제대로 된 정보조차 알지 못하는 백성들은 봉쇄된 채로 굶주리거나 생활 터전을 잃게 된다. 이렇듯 백성들의 처지와 환경에는 무관심한 강자들이 자신들의 논리만을 앞장세우는 것은 의료 불평등과 사회의 구조적 모순을 나타낸다. 반면 성남대군은 대신들의 겁박에도 불구하고 백성의 처지를 헤아려 의료 지원, 식량 지원을 적극적으로 시행해야 한다고 주장한다. 또한 역학조사를 진행해 백성들이 감염 경로에 대한 정보를 제대로 파악할 수 있도록 해야 한다고 말한다. 재난 상황에서 정보격차, 경제적 지원 부재로 소외된 백성들을 외면하지 않고 포용해야 한다는 것이다.

성남대군의 주장은 우리가 재난 상황에 어떻게 대응해야 하는지 다시금 생각해 보도록 한다. 우리는 전염병에 관한 정보로부터 소외된 사람들은 없는지 꼼꼼하게 살피고, 재정적으로 어려운 환경에 놓인 사람들을 외면하지 않아야 한다. 또한 다양한 이유로 제대로 된 의료 서비스를 받지 못하는 소외 계층을 위한 지원도 필수적이다. 코로나19 이후에 우리에게 또 어떤 재난이 찾아올지 알 수 없다. 코로나19와 같은 또 다른 전염병이 다시 확산될 수도, 큰 규모의 자연재해가 일어날 수도 있을 것이다. 어떤 유형의 재난 상황이 발생하더라도 위험에 노출된 사람들에 대한 지원은 결코 중단되어서는 안 될 것이다. 우리는 그들의 안전을 보장할 수 있는 최선의 방법을 찾아 나가야 한다. 의성군의 냉랭한 외면이 아닌 성남대군의 따뜻한 포용으로 해결책을 도출해야 할 것이다.

글을 마치며

〈슈룹〉에서 그려진 가상의 조선은 현대 사회의 이슈와 상황을 묘사하는 거울과도 같다. 이 작품을 통해 우리는 성소수자부터 여성의 사회적 진출, 공정한 경쟁 체제, 재난 상황에서의 백성의 삶까지 다양한 주제에 대해 접하게 된다. 이러한 주제들은 단순히 작품 내의 이야기로 그치는 것이 아니라 현대 사회에서 우리가 직면하는 실제 문제점들을 대변한다.

〈슈룹〉에서는 단순히 가상의 세계를 그리는 것이 아닌, 그 속에 담긴 깊은 의미와 메시지를 통해 우리에게 던지는 질문들이 있다. 왜 성소수자에 대한 이해와 포용이 중요한가? 왜 공정한 경쟁 제도는 필요한가? 여성의 사회 진출은 어떤 의미가 있는가? 그리고 재난 상황에서 소외된 약자들의 삶은 어떻게 보호받아야 하는가? 작품 속에서는 이러한 주제들을 다양한 에피소드와 캐릭터들을 통해 세밀하게 탐구한다. 그 결과를 토대로 〈슈룹〉은 우리에게 사회에서 소외되는 이들에 대한 이해와 포용의 중요성을 일깨워 준다. 또한 현대 사회에서의 불공정한 경쟁 문화와 그로 인해 발생하는 문제, 코로나19와 같은 재난 상황에서의 대처 방안 등 현실 세계의 복잡한 문제들에 대해 깊은 통찰을 제공한다.

〈슈룹〉은 단순한 엔터테인먼트로서의 가치를 넘어서 현대 사회의 복잡한 문제점들에 대한 해답과 방향성을 제시한다. 이처럼 현실 세계의 문제점을 허구의 세계를 통해 비판하고 해결 방안을 모색하는 〈슈룹〉의 접근 방식은 독창적이면서도 현대 사회에 깊은 시사점을 던져준다. 이를 통해 우리는 현재의 문제점들에 대해 다시 한번 진지하게 생각하고, 보다 포용력 있는 사회를 만들어갈 방향을 모색하게 된다.

눈으로 보고, 귀로 듣는 세상의 내면으로

MBN 〈아바타 싱어〉에 관하여

정다은

시작하며

"Young한데? 완전 MZ인데요?"

이 발언은 〈아바타 싱어〉의 판정단 패널 한 명이 다소 멋있다고 생각한 아바타의 출연에 대한 반응이다. 그런데 이 말은 현재 "Old한데? 완전 구식인데요?" 이 정도의 의미로 인터넷에서 사용되고 있다. 디지털 기술에 대한 MZ 세대의 높은 이해력과 소비력에 비해 프로그램 측이 턱없이 낮은 완성도의 아바타 캐릭터를 선보인 것에 대한 반어적 해석이라고 볼 수 있다. 〈아바타 싱어〉는 증강현실을 이용해 아바타를 무대 위에 내세우고, 무대 뒤에서는 가수가 등장해 오디션을 펼치는 서바이벌 프로그램이다. 〈아바타 싱어〉에 나오는 아바타들은 일종의 '사이버 가수'라 할 수 있다. 해당 방송 프로그램은 국내 최초로 가요 콘텐츠에 메타버스를 이용했다는 신선한 콘셉트로 시청자의 관심을 많이 끌 것으로 예측되었으나 아바타의 시각적 구현에서 아쉬운 모습을 보여주었다. 이에 누리꾼은 판정단 패널들의 반응을 믿지 못하고 '대본이다'와 '어떻게든 방송을 띄워보려고 노력한다'라는 두 가지 의견을 내놓았다. 아바타에 실망한 대중은 패널들의 발언을 억지 반응으로 생각하고 있었다.

사이버 가수, 그 초창기: 얼굴 없는 가수

1998년에 데뷔한 사이버 가수, '아담'. 그는 컴퓨터 그래픽을 사용해 외형은 아바타 전신을 구현하고 전문 남성 가수의 목소리를 입힌 국내 최초 '사이버 가수'이다. 초기에 아담은 성공적이었다. 음반 판매량도 많았고, 음악 순위 프로그램에서 상위권을 차지하기도 했다. 소비자들이 아담에게 열광했던 이유는 국내 최초라는 타이틀을 가진 신선함에 끌렸기 때문일 것이다. 멋진 노래와 매력적인 목소리도 한몫했다. 하지만 아담은 단지 돈벌이 수단으로만 사용되었다. 그는 얼굴만 있는 가수였다. 아담의 성공은 그의 목소리를 담당하던 가수의 성공이 아닌, 아담의 외형을 만들어낸 제작사와 아담이라는 사이버 캐릭터의 성공이었다. 그의 목소리를 담당했던 가수는 아담이라는 가상의 인물 뒤에서 '얼굴 없는 가수'로 살아야 했다. 과연 이것이 가요계에서 말하는 진정한 성공적인 가수일까.

성공적인 가수의 조건: 연예계 인기 요인

그렇다면, 대중이 선호하는 '성공적인 가수'는 과연 어떤 조건을 가지고 있을까? 하나는 대중성이다. 즉, 성공적인 가수가 되기 위해서는 당연하게도 대중에게 잘 알려져야 한다. 많은 사람이 인지하고 소비하는 음악을 보유하고 있거나, 가수가 활동하는 국가가 아닌 해외에서도 주목하고 있는지 등을 꼽아볼 수 있다. 2000년대 초반, 인터넷 상용화에 따라 온라인 음악 시대가 도래했으며, 아날로그 시스템에서 디지털 시스템으로 전환되었다. 기술의 발전 덕분에 연예계가 지금의 모습으로 발전하게 된 것이다. 디지털 시대로 전환된 이후, 대중은 시간과 장소에 구애받지 않고, 언제 어디서나 SNS를 통해 자신이 원하는 콘텐츠를 소비할 수 있는 편의성을 갖추게 되었다. 현재 대부분의 연예 기획사에서 소속 연예인을 홍보하는 방식으로 가장 많이 활용하는 것이 SNS이며, 해외 팬들 역시 이를 통해 연예인의 글로벌 소식을 접한다. 이러한 사례는 2010년대 초반 발매된 싸이의 「강남스타일」을 들 수 있다. 그의 뮤직비디오는 2023년 10월 기준 동영상 SNS에서 49억 회의 조회수를 기록하고 있다. 음악에 대한 접근성이 용이해졌고, 그렇게 음악을 소비하며 싸이에게 12년 만에 전성기를 가져다주었다. 현재까지도 '강남스타일은' 전 세계를 흔들어 놓은 파격적인 음악으로 평가받고 있다.

　대중성과 함께 다른 하나의 연예계 인기 요인은 '외모'이다. 여기서 외모는 얼굴뿐만 아니라, 상대방에게 호감을 주는 차림새(깔끔한 복장, 표정 등)나 태도, 신체적 조건을 포함한다. 아이돌 그룹의 경우, 데뷔하기 전에 멤버들의 사진을 선공개하고 대중의 반응을 파악한다. 외모지상주의가 강한 국내의 경우, 대개 가수의 기본적 능력인 노래와 춤으로 인정받는 것 외에 외모 역시 출중해야지만 데뷔 조에 들어갈 수 있다.

간혹 대중의 선택을 받는 것에 명확한 이유가 없을 때도 있긴 하다. 가수 싸이도 한 언론과의 인터뷰에서 '강남스타일'이 왜 이렇게까지 인기를 끌게 되었고, 사람들이 열광하는지 예상하지 못했다고 언급한 바 있다. 하지만 독특한 춤을 추면서 멋진 제스처와 포즈, 맵시 있는 의상을 선보인 그 역시 외적으로 뛰어난 매력을 보여줬다고 할 수 있다. 그렇다면, 아바타의 모습으로 노래하는 사이버 가수는 '신선함'과 함께 '외모'로 인해 성공했던 것인가?

인간과 로봇의 경계에서 바라보는 음악의 치유 효과

MBN의 〈아바타 싱어〉는 제목에서 볼 수 있듯 캐릭터나 분신을 의미하는 단어인 아바타(Avatar)와 가수를 뜻하는 싱어(Singer)의 합성어로, 증강현실을 이용한 아바타를 무대 위에 내세우고, 무대 뒤에서는 가수가 등장해 오디션을 펼치는 서바이벌 프로그램이다. 해당 프로그램이 무대 위에 아바타를 세우고 얻게 된 이점은 각종 컴퓨터 그래픽을 사용하는 것에 어려움이 없다는 것이다. 그들이 선택한 노래나 무대의 콘셉트에 따라 하늘에서 쏟아져 내리는 별을 표현해야 할 때도 있고, 하늘을 나는 모습을 보여주어야 할 때도 있다. '무대'라는 한정적인 공간에서 인간의 모습으로 하늘을 날고, 순간이동을 하는 것은 쉽지 않기 때문에 아바타를 활용하는 것은 엄청난 이점 중 하나이다. 또, 〈아바타 싱어〉에서 타 프로그램의 유사한 방식을 찾아볼 수 있었다. 복면을 착용해서 자신의 정체를 감추고 노래 대결을 하는 〈미스터리 음악쇼 복면가왕〉과 커튼 뒤에 숨어 정체를 숨긴 모창 가수들 사이에서 진짜 가수를 찾아내는 〈히든싱어〉가 그 예이다. 이 세 방송 프로그램의 공통점은 출연자의 정체는 숨기고 목소리만 노출해 시청자에게 궁금증을 유발한다는 점이다. 방송 프로그램의 성공이라고 할 수 있는 높은 시청률은 바로 소비자가 느끼는 궁금증에서 온다.

〈아바타 싱어〉에서 인간 대신 아바타를 사용한 것 자체는 좋은 시도였으나, 아바타의 외형이 아쉬웠다. 프로그램 속 아바타들은 흔히 말하는 '요즘 감성'과 거리가 멀었다. 이 사실이 모순적인 점은 프로그램 홍보 시, '메타버스', 'MZ' 등 요즘 언어들을 이용해 차별화를 시도했지만, 막상 프로그램이 방영하고 난 뒤의 결과는 달랐기에 그러했다. 아바타의 질이 1990년대 후반에 제작된 애니메이션 영상만도 못했기 때문이다. 그들이 선정한 메인 대상층인 젊은 세대를 끌어당기긴커녕 반감만 느끼게 했고, 기성세대들에겐 접해보지 않은 형식의 프로그램이 이질감을 불러일으키기에 충분했다. 그로 인해 시청률 0%대라는 참혹한 결과를 불러왔다.

이는 일본의 로봇 공학가 모리 마사히로가 주장한 '불쾌한 골짜기' 이론이 떠오르는 부분이다. 불쾌한 골짜기는 인간이 아닌 존재와 인간이 어설프게 닮아 있을수록 불쾌감이 느껴진다는 주장이다. 〈아바타 싱어〉의 아바타들은 인간을 애매하게 닮아 있는 모습이었다. 해당 이론에 의하면, 프로그램 속 아바타들을 보고 이질감을 느낀 이유는 완벽한 기술력으로 완벽하게 구현한 인간의 모습도 아니고, 그렇다고 누가 봐도 캐릭터의 느낌도 아닌 애매한 상태였기 때문일 것이다. 그들은 움직임이 부자연스럽고, 이목구비가 어색하고, 눈에 초점이 없는 상태였다.

대중은 음악을 감상할 때 단순히 귀로만 듣지 않는다. 노래 가사에 집중하는 사람도 있고, 멜로디를 즐기는 사람도 있지만, 대체로 가수가 직접 노래하는 장면을 눈으로 시청하면서 음악을 감상한다. 우리는 신나는 댄스음악을 들을 때 가수들의 밝은 미소에서 긍정적인 에너지를 느낀다. 또, 절절한 사랑 이야기를 담은 발라드 음악을 들을 때에는 가수의 표정, 손짓 등에서 노래의 감정을 배로 느끼곤 한다. 음악은 치유의 효과가 있어서 음악을 들으면서 감정을 조절하고 심신의 안정을 되찾기도 한다. 그러나 애매하게 제작된 아바타를 통해 노래를 들을 때에는 앞서 말한 감정을 느낄 수 없다. 눈에 생기가 없는 아바타가 무표정으로 노래한다고 생각해 보자. 음악을 통해 느껴야 할 긍정적인 효과가 사라지고 반감이 느껴질 것이다. 그것은 외모의 아름다움과는 별도의 것으로, 같은 인간만이 느낄 수 있는 매력과 감정에 관한 것이다. 아바타의 정체가 공개된 후에 등장한 출연자들에게도 무분별하게 컴퓨터 그래픽을 활용했는데, 낮은 기술력을 이용해 만들어낸 그래픽 효과를 인간에게 적용하는 것은 부자연스러움을 가져왔다. 이처럼 150억에 달하는 제작비를 활용했다고는 보이지 않는 구시대적인 퀄리티에 시청자들의 혹평이 쏟아졌다.

사이버 가수의 흥행과 피해의 이면

사실, 사이버 가수는 사람들의 이목을 집중시키기에 가장 쉬운 존재이다. 2020년대에 들어서 사이버 가수가 데뷔가 늘어나는 추세이지만, 지금까지 대중은 인간의 모습으로 무대에 오르는 것을 더 익숙하게 생각한다. 그런 점을 염두에 두고 사이버 가수를 바라보면 일종의 새로운 시도가 대중에게 새롭고 신선한 느낌을 받게 해 사이버 가수에게 관심을 두게 한다. 이것은 좋은 의미이든 나쁜 의미이든 일단 시선을 끌게 하는 일명 자발적 소문 마케팅의 효과를 준다. 아바타라는 존재의 특성상 다양한 콘셉트를 손쉽게 시도할 수 있다는 점도 하나의 장점이 된다. 그러나 사이버 가수를 제작할 때, 고도의 그래픽 기술이 필요로 하기에 막대한 비용이 들고 다양한 디지털 콘텐츠를 제작하기 위해 계속해서 비용이 들어간다. 사이버 가수는 가상의 사이버 세상에서만 활동하므로 가수를 응원하는 대중과 직접적으로 소통이 어렵다는 문제가 발생한다.

미래에 사이버 가수가 지금보다 더 대중화된다면, 한 가지 우려되는 점이 있다. 맨 처음 언급했던 아담의 목소리를 내던 가수 박상철을 떠올려 보자. 박상철의 경우, 〈미스터리 음악쇼 복면가왕〉 프로그램에 출연하면서 자신의 목소리를 세상에 전달할 수 있었다. 하지만 사이버 가수가 연예계의 장르 중 하나로 자리를 잡는 세상이 온다면 아바타에게 더 많은 이야기와 콘셉트가 더해져 몰입도를 높이기 위해 목소리의 정체를 필사적으로 숨긴 채 활동을 이어나갈 것이다. 그렇다면 자신의 이름을 알리면서 세상에 목소리를 내는 것이 어려워질 것이다.

또 다른 사례로는 2020년대에 들어 연예계 학교폭력 폭로 사건이 불거진 것을 들 수 있다. 과거에 미성년자 신분으로 동급생 학우에게 정신적, 신체적 폭력을 가해 씻을 수 없는 상처를 입은 피해자가 해당 사실을 공론화했다. 연예계 데뷔 이후 도의적으로 어긋나는 행동을 저질러 남에게 피해를 주거나, 불법적인 행동을 해 은퇴하는 경우도 있다. 사이버 가수로 활동하지만, 자신의 정체를 밝히지 못하게 된다면 사이버 가수의 목소리를 담당하는 인물이 과거에 어떤 인물이었는지 알 수 없다. 이렇게 논란의 소지가 있는 인물이 아바타의 목소리로 활동하는 직업을 갖게 된다면 여론은 더욱 흔들릴 것이다.

마무리하며

2020년 데뷔한 SM엔터테인먼트의 걸그룹 '에스파'는 현실 세계 속 아티스트 멤버들이 가상 세계 속에 존재하는 자신의 또 다른 자아인 아바타 멤버들과 함께 활동한다는 콘셉트를 가지고 있다. 이처럼 독특한 세계관을 지니고 있는 아이돌이 등장하면서 무대 위의 아바타에 대한 진입 장벽이 낮아지고 있다. 그러나 아직 대중은 사이버 가수들의 단순히 외적인 면만 바라본다. 그들의 외모에 대한 의견을 나누고, 노래 실력을 평가한다. 우리는 그들이 불러올 사회적 이슈에 대해 생각하는 것도 필요하다.

엠넷의 프로젝트 방송 〈AI 음악 프로젝트 다시 한 번〉은 고인이 된 가수들의 목소리와 모습을 AI 기술로 복원하는 음악 프로그램이다. 최신 기술을 이용해 고인이 생전에 부르지 않았던 새로운 노래를 부르게 한다. 총 2부작으로 제작된 방송의 1회는 2000년대 초반, 큰 인기를 얻었던 그룹 '거북이'의 리더 터틀맨 편이었다. 거북이 멤버들은 약 십 년 만에 한 무대에 올라 노래를 부를 수 있었다. 해당 방송을 본 대중은 감동의 눈물을 흘렸다. 현재의 가상 기술은 세상을 떠나 더 이상 볼 수 없는 고인의 생전 모습과 목소리를 재현해 낼 정도로 발전했다. AI 기술은 악의적으로 자극적인 소재를 다루는 활용이 아닌 긍정적이고 따뜻한 감정을 불러일으키는 측면에서 효과적으로 활용될 수 있다. 아바타를 통해 그리운 목소리를 재현해 주는 프로그램의 수요와 인기는 나름 입증된 셈이다. 우리 사회에 긍정적인 영향력을 끼칠 수 있는 방향으로, 기술적 완성도를 높인 더 많은 가상 프로그램이 나오길 기대한다.

민주적, 살인 혹은 사형

SBS 드라마 〈국민사형투표〉

홍주석

국민 사형 투표

〈국민 사형 투표〉라는 드라마는 그 제목만으로 이미 사람들의 이목을 끌 만하다. 1997년 이후로 20년 넘게 사형을 집행하지 않아 실질적 사형 폐지국으로 분류되는 대한민국에서 사형을 소재로 드라마를 만들었음을 보여줌과 동시에 제목만으로도 사형을 투표로 결정한다는 것을 알 수 있기 때문이다. 내용은 더욱 흥미롭다. '개탈'이라고 불리는 정체불명의 등장인물과 그를 돕는 개탈 친위대가 범죄자들을 잡아들이고, 사형 집행 여부를 국민 투표를 통해 결정한다. 이러한 개탈 일당의 사형 행위를 막기 위해 나서는 것은 정의의 수호자인 경찰이다. 경찰은 특별수사본부까지 차려서 개탈 일당을 막기 위해 노력한다. 국민은 사형 투표에서 매번 과반수가 찬성표를 던진다.

국민의 찬성표

매번 국민의 과반수가 찬성을 던지는 줄거리는 드라마 내용상으로나 구성적으로나 훌륭한 선택이라고 할 수 있다. 드라마를 구성하는 데 있어 결국 국민 과반수의 찬성이 존재해야지만 사형이 집행되고, 사형이 집행되는 과정에서 발견되는 단서들로 인해 경찰이 점점 개탈 일당의 정체에 다가갈 수 있게 되는 것이다. 내용상으로는 개탈 일당의 사형 집행에 대한 도덕적 당위성을 부여할 수 있다. 사형이라는 단어로 인해 간과하기 쉬운 것은, 개탈 일당이 하는 일이 결국 살인에 지나지 않는다는 것이다. 살인을 비롯한 모든 범죄는 어떠한 이유로든 합리화될 수 없지만, 적어도 인간 내면 깊숙한 곳에는 권선징악의 가치가 뿌리 깊게 자리 잡고 있다. 찬성표를 던지는 국민은 사형 대상자가 되는 범죄자에 대한 국가의 처벌이 범죄 행위에 상응했다고 생각하지 않기에 찬성을 던진 것이다. 또 수많은 찬성표 중 자신이 던진 찬성표는 단지 한 표에 불과하며, 그마저도 자신이 직접 사형에 가담하는 것이 아니라 대리인인 개탈 일당을 통해 사형이 집행되는 것이므로 살인에 대한 일말의 도덕적 죄책감 역시 씻어버릴 수 있다.

개탈 일당은 범죄자를 선정하고 투표를 시행할 때 중립적인 위치에서 투표 결과에 따라 집행 여부를 결정하는 역할을 자처한다. 하지만 그들이 만들고 배포하는 영상은 암묵적으로 국민의 찬성표를 강요하고 있다. '이만큼 극악무도한 중범죄자가 고작 이 정도의 처벌을 받았는데 반대표를 던질 것인가?'라고 묻고 있다. 이러한 관점에서 국민의 찬성표는 자발적인 투표처럼 보이는 강요된 찬성표라고 할 수 있다. 이 강요됨을 더 극대화하는 것이 바로 언론과 여론이다. 언론은 자극적인 기사와 보도를 통해 개탈 일당을 정의의 사도인 것처럼 비추고, 그들을 잡으려

하는 경찰을 오히려 장애물로 인식하게끔 한다. 그들이 만들어낸 여론에 따라 움직이는 국민은 결국 개탈 일당의 영상에 더해 언론의 여론전에까지 강요받아 찬성표를 던지는 것이나 마찬가지다. 이런 언론의 모습은 비단 드라마만이 아니라 현실 세계에서도 쉽게 찾아볼 수 있다. 진실을 왜곡하거나 단편적인 부분만을 강조해 만든 자극적인 기사, 가짜 뉴스는 현재에도 문제다. 이러한 언론은 국민에게 정확한 정보를 전달한다는 본래의 공익적 기능을 상실한 것이며, 도리어 어떤 특정한 목적이나 이익을 위해 여론을 움직여 국민을 조종하기까지 하는 것이다. 결국, 국민의 찬성표는 표면적으로 국민 개개인의 자유로운 의사 표시인 것처럼 보이지만 사실 개탈 일당과 언론에 의해 강요된 것이며, 정의를 실현한다는 듯한 느낌을 주어 도덕적 우월감을 느끼게 하는 요소이다. 동시에 개탈 일당의 살인이라는 중대한 범죄를 합리화하는 수단이기도 하다.

개탈 일당의 사형 집행

국민의 찬성표는 대리인을 통한 본인들의 도덕적 우월감의 표시인 동시에 개탈 일당의 사형 집행의 명분이자 정당성의 근거가 된다. 우리는 어렸을 때부터 민주주의를 배우며 과반수의 원칙을 굉장히 중요시했다. 어떤 집단에서 참여자들을 대표하는 결정을 과반수 원칙으로 정하는 것이 일반적인 방식이며 공정하고 정의로운 방법이라고 배웠다. 실제로 많은 사례에서 과반수의 원칙은 정의로운 방식으로 작동한다. 하지만 동시에 우리는 과반수의 원칙이 적용될 수 없는 사례들도 배웠다. 명백한 '사실'이 있는 상황에서는 과반수의 원칙을 적용할 수 없다. 또 일반적인 상식,

사회에서 통용되는 도덕적 가치, 정의에 대해서도 과반수의 원칙이 적용되기 어려운 것도 사실이다. 드라마 속 국민이 현대의, 현실의 국민을 상정하고 있으므로 개탈 일당의 사형 집행이 과반수의 원칙을 기반으로 국민의 지지를 받는 것은 상당히 흥미로운 상황이다. 살인은 명백한 범죄 행위이다. 이를 모르고 국민 사형 투표에 찬성표를 던진 사람은 없을 것이다. 개탈 일당 역시 이 점을 알고 있다. 그들이 국민 사형 투표를 애써 만든 것도 이를 알고 있기 때문이다. 살인이 명백한 범죄임을 깨닫고 있기에 투표 없이 그냥 범죄자들을 잡아서 살인하는 것은 명분이 떨어질뿐더러 국민으로부터 지지를 얻지 못할 것을 인지하고 있었을 것이다. 개탈 일당이 국민 투표를 통해 얻고자 한 것은 국민의 지지와 국민 여론의 대리 집행자라는 이미지이다. 그렇다면 국민 과반의 찬성을 받은 개탈 일당의 사형 집행은 정당화될 수 있을까? 여기서 주목해야 할 것은 개탈 일당의 사형 대상이다. 그들은 중한 범죄를 저지른 이들이다. 또 국민의 시선에서 그들은 응당한 처벌을 받지 않은 이들이다. 범죄를 저지르고도 마땅한 처벌을 받지 않은 이들을 벌하는 것이 과연 나쁜 일일까?

우리가 과반수의 원칙을 중요하게 배워왔던 것과 마찬가지로 우리는 권선징악을 오랫동안 내면화해 왔다. 우리가 배운 문학 작품, 특히 고전 소설은 권선징악의 가치를 은유적으로 우리에게 강조한다. 영화나 드라마도 마찬가지이다. 명백하게 선을 대표하는 영웅이 존재하고 그를 괴롭히고 곤란하게 하는 악역이 존재한다. 그리고 대부분의 이야기는 마무리에 선이 악을 이기고 오래오래 행복하게 산다는 것으로 끝난다. 문제는 〈국민 사형 투표〉의 개탈 일당이다. 일단 중한 범죄를 저지르고도 편법을 써서 죄에 상응하는 처벌을 받지 않는 범죄자들은 명백히 '악'이다. 하지만 그들을 징벌하는 이들은 기존에 우리가 배워온 선, 혹은 영웅의 모습이 아니다. 개탈 일당은 영웅 행세를 하지만 사실

범죄자에 지나지 않으며 그들이 하는 사형 집행 행위 역시 결국 살인에 지나지 않는다.

그렇다면 그들을 잡으려고 특별 수사팀까지 꾸린 경찰은 '선'의 입장인가? 범죄 사실을 실토하게끔 하려고 범죄자를 폭행하고, 증거를 조작한 김무찬 경정은 '선'의 입장이 될 수 있을까? 살인을 이어가는 개탈 일당을 잡는다는 이유 하나로 경찰은 선의 입장이 될 수 있을까? 선과 악을 구분할 수 있는지 그리고 그들이 선인지 악인지 판단할 수 있다면 그 근거는 그들의 행동의 동기인지 혹은 결과인지 생각해 보아야 한다. 결국, 필자는 개탈 일당의 사형 집행이 가져오는 모순에 집중할 필요가 있다는 것을 말하고 싶다. 이는 지금까지 우리가 너무나 쉽게 받아들인 권선징악 프레임의 붕괴를 가져온 일이다. 〈국민 사형 투표〉는 악한 이들을 징벌하는 이들이 악일 수 있다는 사실을 보여주고 있다. 또 그런 악한 이들을 징벌하기 위해 노력하는 경찰이란 존재가 마냥 선인 것만은 아닐 수 있다는 가능성을 보여주고 있다.

그래서 결국, 정의란 무엇인가?

앞서 언급한 것처럼 〈국민 사형 투표〉를 보다 보면 결국 우리는 딜레마에 봉착한다. 정의를 실현하는 선의 존재가 희미하기 때문이다. 우리는 일반적으로 악을 징벌하는 존재가 선이라고 인식하고 있는데, 드라마 속에선 악을 징벌하는 존재가 결코 선이라고 단정 지을 수 없기에 결국 정의가 없는 것처럼 보인다. 여기서 한 가지 질문을 더 던진다. '정의란 무엇인가?' 국어사전은 정의를 "진리에 맞는 올바른 도리, 개인 간의 또는 사회를 구성하고 유지하는 공정한 도리"라고 정의하고 있다. 방식이 잘못되긴 했지만, 드라마 속에서 이러한 정의를 실현하고 있는 주체는 개탈 일당밖에 없다. 그마저도 정의롭지 않다고 여겨지는 주체가 정의롭지 않다고 여겨지는 방식으로 정의를 실현하는 것이다. 이는 도돌이표처럼 '그렇다면 개탈 일당은 선의 입장인가?'라는 질문으로 회귀하게 된다. 필자는 바로 이 지점이 이 드라마가 줄 수 있는 가장 가치 있는 질문이라고 생각한다. 더불어 이는 드라마를 넘어선 현실 세계의 시스템적 하자를 지적하고 있다.

현대 자본주의는 그 어느 때보다도 돈을 최우선의 가치로 둔다. "유전무죄 무전유죄"라는 말을 들어본 적이 있을 것이다. 이를 말한 지강헌은 가정집에서 556만원을 훔친 죗값으로 징역과 보호감호를 포함해 17년간 자유를 박탈당했다. 그가 스스로와 비교한 대상은 전두환 대통령의 동생인 전경환이다. 전경환은 73억 원가량을 횡령한 죗값으로 징역 7년을 선고받고, 2년 1개월 만에 가석방되었으며, 그로부터 6개월 정도 지난 후에는 사면 복권되었다. 지강헌은 이에 반발하며 교도관을 찌르고 한 가족을 인질로 잡아 인질극을 벌이다가 결국 경찰특공대의 저격에 사망하게 된다. 물론 모든 범죄는 그 경중을 떠나 비판의 대상이 되어야 한다. 하지만 556만 원과 73억 원이라는 액수는 너무나도 차이가 크다. 17년의 수감과 3년도 되지 않는 수감 기간, 그 죗값의 무게도 너무나도 차이가 크다. 이 사건은 1988년도에 일어난 일이다. 그러나 40년 정도가 지난 현재에도 크게 다르진 않다. 전관예우는 암암리에 여전히 존재하며, 많은 돈을 들여 높은 수임료를 받는 변호사를 선임하는 것이 유리한 것은 여전하다.

〈국민 사형 투표〉에서 사형 집행의 대상이 된 범죄자들이 대부분 사회적 지위와 돈을 이용해 편법을 써 처벌을 줄인 것처럼 현대에도 돈을 가진 범죄자들이 사회적 지위가 낮고 돈이 없는 범죄자들보다 재판에서 이기거나 처벌을 약하게 받기가 훨씬 수월한 것도 사실이다. 〈국민 사형 투표〉와 같이 범죄자에 대한 사적 처벌 집행이 논쟁거리가 된 사례도 기억이 난다. 2020년 아동 성범죄자인 조두순이 출소한 날 그를 집까지 호송한 법무부 차량을 발로 차고 조두순의 집에 찾아가 욕설, 살해 협박과 같은 일을 한 유튜버가 다소 있었다. 그들이 어떤 동기에서 범죄자에게 사적인 처벌을 가했는지는 알 수 없지만, 분명 조두순에게 징벌을 줬다고 해서 그들이 선이 되지는 않는다. 국민의 반응도 드라마와는 달랐다. 사형 투표에 과반수가 찬성한 드라마와 달리 조두순을 향한 유튜버들의 사적인 징벌에는 부정적인 여론이 더 강했다. 유튜버들의 동기에 공감하지 못하겠다는 의견이 많았을 뿐만 아니라, 해당 범죄자 하나를 징벌하기 위해 함께 피해를 봐야 하는 인근 주민의 피해가 너무 크기 때문이라는 것이었다.

드라마 속에서도 개탈 일당은 자신들의 정체를 들키지 않기 위해 사형을 집행하는 과정에서 필연적으로 목표한 범죄자 이외에 다른 일반 시민에게 피해를 준다. 드라마나 현실이나 똑같이, 악을 징벌하는 주체의 동기가 선하든, 혹은 결과가 선하든, 결국 그 징벌 행위가 다른 누군가에게 피해를 준다면, 그 행위는 피해를 줬다는 사실만으로 정당화될 수 없다. 즉, 정의라고 할 수 없다.

〈국민 사형 투표〉를 통해 생각해 볼 수 있는 것은?

필자는 〈국민 사형 투표〉를 보면서 초반엔 통쾌했다. 극악무도한 범죄자가 편법을 사용해 제대로 된 형벌을 받지 않고 나와서, 결국엔 또 다른 범죄를 계획하는 모습이 실제 현대 사회와 너무나도 닮아 있었기 때문에, 이들을 속 시원히 처벌해 주는 개탈 일당의 행위는 통쾌했다. 찬성표로써 이를 지지하는 국민의 상황도 이해가 갔다. 살인에 가담할 필요는 없이 그저 클릭 한 번이면 범죄자를 처벌할 수 있다는 것이 통쾌한 일이며, 도덕적인 무언가를 충족시켜 주는 일이기도 했을 것이다. 마치 책임 없는 쾌락을 택하는 것과 같이. 하지만 거듭해서 살인이 발생하고, 그 잔인한 장면을 목격하면서 결코 그것이 옳은 일이 아님을 깨닫게 되었다. 범죄자에 대한 또 다른 범죄 행위로써 사회가 유지될 수 있다면, 사실 그 사회는 완전히 망가진 사회일 것으로 생각했다. 일순간의 통쾌함보다 범죄자로부터 국민 각 개인, 자신을 보호해 주는 사회 시스템과 공권력이 무너졌음에 두려움을 먼저 느꼈어야 했다. 사실 드라마 속 국민 과반수가 찬성표를 던진 것도 도덕적 우월감 아래 저 깊은 곳에서 두려움이 작용했던 것 아닐까?

현실 세계 속 우리는 드라마 속 국민에 자신을 스스로 투영해 볼 필요가 있다. 스스로 정의라고 여겨왔던 존재들에서 '선'이 희미해지고, 악을 징벌하는 사회 시스템이 부패하거나 약해져서, 오히려 악이 더 쉽게 사회로 다시 진출하는 사회, 그리고 그런 악을 징벌하기 위해 또 다른 범죄를 저지르는 누군가. 그것은 꼭 드라마 속 얘기만은 아닐 것이다. 언론의 역할에 대해서도 성찰할 필요가 있다. 언론은 사실을 기반으로 최대한 중립적인 입장에서 정보를 전달하는 주체가 되어야 한다. 조회수에 따라 수익이 결정되는 구조 아래서 완전한 중립을 요구하는 것에 큰 무리가 있다는 것은 사실이지만, 최소한 언론이 수익 창출을 위해 왜곡되거나 편향된 정보를 제공하는 것은 지양해야 하며, 사회 시스템이 이를 경계해야 한다. 수용자인 국민에게도 객관적인 시선에서 이를 판별할 줄 아는 능력이 요구된다. SNS나 대중매체, 특히 유튜브와 같은 영상 매체를 통해 현대 사회는 정보 제공자와 정보 수용자의 경계가 모호해졌다. 스스로 올바른 판단 기준을 가지고 수용하지 않는다면,

언제라도 현실에서 국민 사형 투표가 일어날 수 있다.

하지만 이 모든 상황이 마냥 비관적인 것은 아니다. 애초에 〈국민 사형 투표〉 드라마 역시 영상 매체를 통해 국민에게 전파되었고, 필자가 이러한 비평문을 적은 것과 같이 생각할 거리를 제공했다고 할 수 있다. 결국, 주어지는 정보, 영상을 그대로 오락물로서 소비하기보다 이를 통해 발견할 수 있는 사회 문제를 드러내고 생각해 보는 것이 중요하다고 할 수 있을 것이다. 그런 점에서 〈국민 사형 투표〉는 한 번쯤 볼 만한 가치가 있는 드라마라고 생각한다.

태어난 대로 세계일주

이서진 ─┘

〈태어난 김에 세계일주〉가 뭔데?

"무계획, 생고생, 극사실주의 여행 리얼리티."

2022년 12월에 첫 시즌을 시작해 2023년 8월 기준, 시즌 2를 종영한 MBC의 여행 예능 프로그램 〈태어난 김에 세계일주〉의 콘셉트이다. 〈태어난 김에 세계일주〉, 일명 '태계일주'는 지금껏 볼 수 없었던 '리얼'을 강조하며 새로운 여행 예능의 탄생을 꾀했다. 그들이 말하는 리얼은 도대체 무엇이고, 그 리얼의 매력은 무엇일까? 이 글에서는 〈태어난 김에 세계일주〉를 보며 시청자들을 사로잡은 전략과 아쉬운 한계점에 대해 분석해 볼 예정이다. 나아가, 그 내용을 바탕으로 미래의 방송 환경은 어떠할지 예측해 보고자 한다.

〈태어난 김에 세계일주〉는 시즌 1과 시즌 2로 나뉜다. 시즌 1에서 여행을 떠난 주요 출연진은 웹툰 작가 기안84와 배우 이시언, 유튜버 빠니보틀이었는데, 그중에서도 기안84가 여행을 떠나게 된 이유이자 메인 출연자였고 나머지 두 명의 출연자들은 기안84의 여행을 돕는 역할이었다. 프로그램의 기획을 맡은 김영진 PD와 연출을 맡은 김지우 PD는 MBC의 또 다른 예능 프로그램 〈나 혼자 산다〉의 제작진인데, 〈나 혼자 산다〉에서 엄청난 화제성을 불러오며 연예인만큼의 인지도를 갖게 된 기안84를 주인공으로 새로운 방송 프로그램을 제작한 것이다. 〈태어난 김에 세계일주〉에서는 세 명의 출연진들이 여행을 떠나고, 이 여행 영상을 여행의 주인공인 출연자들과 MC 역할을 하는 다른 패널들이 함께 보며 리액션을 한다. 영상에 대해 코멘트를 하는 패널들은 모두 연예인인데, 개그우먼 장도연과 래퍼 사이먼 도미닉 등이 있다. 곧이어 2023년 6월부터 8월까지 방영된 시즌 2에서는 주요 출연진이었던 배우 이시언이 하차하고 UDT 출신 유튜버 덱스가 새로 합류했으며 방영 시간 또한 일요일 16시 30분에서 21시 10분으로 변경되었다.

〈태어난 김에 세계일주〉는 비연예인 주인공이라는 특징이 있고, 그로 인해 이 프로그램만의 특이성, 화제성 그리고 한계점을 가지게 되었다. 비연예인들이 주를 이루는 예능 프로그램이 주말 저녁 방영 시간을 꿰찼다는 점은 주목할 만하다. 텔레비전 예능 프로그램에 연예인으로 가득 찼던 불과 몇 년 전에는 쉽게 상상할 수 없던 일이다. 이것이 어떻게 가능했던 것일까? 어느새 TV 속에는 가수, 배우, 코미디언뿐만이 아니라 다양한 삶의 모습을 가지고 살아가는 사람들로 채워지기 시작했다. 그것이 휴먼다큐나 시사 프로그램에서 그치지 않고 이제는 토크쇼와 리얼리티 쇼와 같은 예능 프로그램에서도 흔한 일이 되었다. 그중에서도 〈태어난 김에 세계일주〉는 일반인이 출연하는 연애 리얼리티 쇼가 아님에도 불구하고 주 출연자는 비연예인이고 패널은 연예인으로 구성되었다. 이 프로그램이 다른 프로그램과 다른 차별점이 과연 무엇인지, 또 그것이 얼마만큼 화제가 되었고 나아가 그 화제성이 시사하는 점은 무엇인지를 생각해 볼 필요성이 있다.

'리얼'에 대한 욕구를 채워준 비연예인 주인공

〈태어난 김에 세계일주〉에서 주목을 받는, 여행을 떠나는 주요 출연자들은 시즌 1에서의 배우 이시언을 제외하고 모두 비연예인이다. 기안84는 웹툰 작가로, 이미 그의 대표작 〈패션왕〉을 통해 웹툰계에서 상당한 인기를 얻었지만, 일반 대중에게 인간으로서의 기안84는 낯선 존재였다. 잠시 후, 그는 MBC 대표 예능 〈나 혼자 산다〉를 통해 연예인급의 인지도를 가진 인물로 성장했다. 기안84는 시청자들이 그동안 방송에서 보지 못했던 가식 없고 꾸밈없는 모습을 보여주었다. 공원 벤치에 앉아 직접 만든 닭볶음탕 볶음밥을 먹으며 먹다 나온 닭 뼈를 그대로 가방에 넣는 행동, 먹고 난 숟가락을 외투 주머니에 보관하는 모습은 시청자들에게 충격적일 만큼 신선한 재미로 다가왔다. 기안84의 이러한 모습들이 대중에게 '상식의 틀에서 벗어난 엉뚱하고 솔직한 남자'의 이미지를 형성했다.

빠니보틀은 190만 명의 구독자를 보유한 여행 유튜버이다. 많은 여행 유튜버들이 있지만, 그중에서도 빠니보틀만이 가지는 매력은 솔직하고 거침없는, 자유로운 여행이다. 빠니보틀은 관광객들에게 인기가 많은 아름다운 유명 여행지보다 자신이 모험하고 싶은 곳을 탐색하고 '고생스러운 여행'을 하며, 여행 도중의 어려움에도 굴하지 않고 어떻게든 헤쳐 나가는 모습을 보여준다. 또한 다니던 직장을 그만두고 세계 여행을 떠난 빠니보틀의 여행 스토리는 반복되는 일상에 지친 현대인들에게 해방감이라는 대리만족을 경험할 수 있게 하기도 한다. 영어를 잘하지 않지만 주저하지 않고 현지인들과 소통하는 모습, 2000만 원을 들고 무작정 떠난 여행에서 행복하게 자신의 삶을 즐기는 모습. 시청자들은 이러한 모습들을 통해 특별하지 않아도 특별한 삶을 살 수 있다는 꿈을 꾸기도 할 것이다.

덱스는 특수부대 UDT 출신 유튜버로, 웹 예능 〈가짜 사나이 2〉에서 교관으로 처음 등장해 SNS상에서 꽤 주목을 받았다. 그 이후 넷플릭스 연애 리얼리티 프로그램 〈솔로지옥 2〉에 출연하며 대중에게 인기를 끌게 되었고, 〈라디오스타〉, 〈런닝맨〉 등 지상파 방송사의 대표 예능에 출연하며 그 인지도를 더욱 높였다. 사람들이 그에게 매력을 느끼는 이유는 물론 잘생긴 외모와 뛰어난 피지컬 때문이기도 하지만 그의 '날것의 성격'이 한몫한다. 처음 그가 유튜브에 출연했을 때와 지금의 덱스는 인지도에 있어서 많은 차이가 있지만, 그가 미디어를 통해 보여주는 한결같은 모습이 있다. 필터링 되지 않은 거침없는 그의 성격과 입담이다.

이렇게 타인의 시선에 주눅 들지 않고 자신만의 라이프스타일이 확실한 세 사람이 여행을 떠난 프로그램이 〈태어난 김에 세계일주〉이다. 대중이 좋아하는 그들의 장점을 확실히 담아내기 위해 제작진들은 험난한 여행지의 선택과 관찰 형식의 촬영을 전략으로 사용했다. 유명한 관광지의 인기 있는 장소보다 여행의 난이도가 높은 고산 지역, 인도와 같은 곳을 여행지로 선정해 출연자들의 평소 매력이 자연스럽게 묻어나올 수 있도록 하면서도 시청자들에게 신선한 볼거리를 제공했다. 제작진의 개입을 최소화해 세 사람의 성격과 관계성에 집중한 것도 프로그램의 매력을 더해주었다. 카메라는 그들의 하루 24시간을 모두 관찰·기록했고 이 과정에서 그들의 갈등, 평소 성격과 말투, 즉 시청자들이 보고 싶어 하는 것들을 담아낼 수 있었다.

일상적이면서도 재미있는 것, 꾸며지지 않은 리얼리티를 원하는 시청자들은 당연히 이 프로그램에 매력을 느꼈다. 시즌 1의 최고 시청률은 5.2%였고 평균적으로 4%대의 시청률을 유지했다. 곧이어 방영된 시즌 2에서는 최고 시청률 6.8%(수도권)를 기록했고, 평균 시청률도 5% 대로 시즌 1에 비해 높았다(시청률은 닐슨코리아를 기준으로 했다). 리얼리티 프로그램에 잘 어울리는 세 명의 주요 출연진 그리고 대중이 보고 싶어 하는 그들의 매력을 그대로 보여줄 수 있는 프로그램이 만나 서로에게 긍정적 영향을 준 결과로 해석할 수 있다.

비슷한 시기에 KBS 2의 〈걸어서 환장 속으로〉가 방영되었다. 이 프로그램은 가족여행 콘셉트로 〈태어난 김에 세계일주〉와 마찬가지로 출연진들 사이의 친밀한 관계성을 공략하며 '리얼'을 강조하고자 했다. 또한 여행지에서의 좌충우돌 에피소드를 겨냥한 것도 〈태어난 김에 세계일주〉와 유사하다. 방영 시간대도 겹쳤는데, 〈걸어서 환장 속으로〉의 시청률을 보면 최고 시청률은 6.0%이지만 평균 시청률은 2%대에 그치며 〈태어난 김에 세계일주〉에 밀린 모습을 보여주었다. 게다가 〈걸어서 환장 속으로〉의 출연진들은 대부분 가수, 배우 등의 연예인들이었다. 왜 비슷한 콘셉트의 여행 예능 리얼리티인데 〈태어난 김에 세계일주〉가 압도적인 인기를 끌었던 것일까? 필자는 이 이유를 '새로운 리얼을 향한 대중의 욕구'를 통해 설명하고자 한다. 수많은 콘텐츠가 쏟아져 나오는 현대의 방송계에는 새로운 것이 필요하다. 방송의 콘셉트, 연출, 편집, 출연자까지 신선해야 한다. 그리고 그것은 '진짜'여야 한다. 대중은 결코 조작된 것을 원하지 않는다. 시청자들은 꾸며진 모습만을 보여주는 연예인들에 지쳐서 더 이상 재미를 느끼지 못하고, 보다 더 숨김없는 모습을 보며 재미를 얻는 경향을 보인다. 〈걸어서 환장 속으로〉는 기존에 존재했던 여행 예능 프로그램과 크게 다를 것이 없다. 게다가, 해당 프로그램은 출연자들 사이의 긴밀한 관계성에 주목하는데 막상 프로그램에 출연한 문희준-소율, 규현-은혁, 강남-이상화 등의 관계는 이미 다른 프로그램을 통해 많이 접할 수 있었다. 결국, 이 프로그램은 시청자들에게 새롭지 않았다. 〈태어난 김에 세계일주〉는 다른 곳에서는 볼 수 없었던 조합, 새로운 인물들의 신선한 관계성을 보여주었다. 또한 출연자들과 프로그램 사이에 긍정적인 상호작용이 일어난다. 자유로운 개성이 강한 출연자들은 무계획 여행이라는 프로그램의 틀 안에서 더욱 편하게 여과 없이 자신의 모습을 드러낼 수 있었고, 프로그램 입장에서도 그러한 출연자들 덕분에 '리얼'이라는 강점을 제대로 확보할 수 있었다.

〈나 혼자 산다〉 시즌 2와 떡밥이라는 것에 대하여

'태계일주'의 흥행에 대해서는 명확한 한계가 존재한다. 우선, 〈나 혼자 산다〉를 벗어나지 못한 것이 첫 번째 한계이다. 기존 〈나 혼자 산다〉 팀의 제작진들이 해당 프로그램에서 일명 '세 얼간이'로 인기를 끌었던 기안84와 이시언을 섭외해 제작했기 때문에 '태계일주'는 애초에 다른 신생 프로그램들보다 흥행의 기반이 어느 정도 확보된 상태였다는 것이다. 〈나 혼자 산다〉를 좋아하는 기존 시청자들이 이 프로그램에 그대로 유입되었을 가능성이 크다. 방송의 형식 또한 〈나 혼자 산다〉를 벗어나지 못했다. '스타들의 일상 리얼리티', '세 남자의 좌충우돌 여행기'라는 주요 콘텐츠에는 차이가 있지만, 세 출연자의 여행 영상과 그들의 1인칭 인터뷰 영상을 보며 리액션하는 패널들의 모습은 〈나 혼자 산다〉와 정확히 일치한다. 물론, 여러 리얼리티 프로그램들이 관찰 형식과 1인칭 개인 인

터뷰, 그리고 패널을 활용한다지만 프로그램의 주인공이 〈나 혼자 산다〉
가 배출한 스타인 기안84라는 점, 연예인 패널 군단 또한 〈나 혼자 산다〉
에 여러 번 출연했던 연예인이라는 점 등을 고려했을 때 〈태어난 김에 세
계일주〉를 보면 자연스럽게 〈나 혼자 산다〉가 연상된다. 배우 이시언이
출연했던 시즌 1은 더욱 그랬을 것이다. 이러한 점들에서 〈태어난 김에
세계일주〉는 독자적인 프로그램이 아니라 〈나 혼자 산다〉 시즌 2인 것
같은 느낌을 들게 한다.

　　방송 자체에 대한 화제성보다 출연진 개인에 대한 화제성이 더 크
다는 것도 지적할 만하다. 기안84와 덱스는 방송 프로그램, 빠니보틀은
유튜브를 통해 이미 시청자들에게 어느 정도의 인지도를 확보한 상태였
지만, 〈태어난 김에 세계일주〉를 통해 세 사람은 대중에게 더욱 주목을
받게 되었다. 해당 방송에서 나온 장면들은 SNS상에서 계속해서 퍼져
나갔기 때문에 TV를 통해 방송을 보지 않은 사람들에게도 그들을 알리
는 데는 아무런 무리가 없었다. 하지만 SNS에서 클립으로 업로드되는
그 영상이 방송 프로그램의 인기인지, 출연자 개인에 대한 관심인지에
대해서는 그 방향을 의심해 보아야 한다. 때로는 방송 프로그램의 맥락
과 관계없이 영상의 일부만을 보여주는 클립이 화제가 되곤 한다. 그 이
유는 영상의 초점이 방송의 내용이 아니라 출연자의 매력 포인트에 맞
추어져 있기 때문이다. 이러한 경우에 방송의 존재감은 한없이 작아진
다. 방송은 그저 출연진을 '덕질' 하는 콘텐츠가 될 뿐이다. 유명 연예
인, 특히 '덕질' 문화가 활발하고 팬덤이 굳게 형성되어 있는 아이돌이
출연자라면 방송이 프로그램으로서 하나의 스토리를 전달하는 역할을
하는 것보다, 출연자의 덕질 포인트를 잡아내는 영상으로서의 기능을
하게 되는 경우가 많다. 극단적으로 말하자면, 이때 제작진들이 의도한
프로그램의 콘셉트와 준비한 콘텐츠는 시청자들에게 전달되지 않고 전

부 사라져 버린다. 시청자들은 그저 자신이 좋아하는 연예인의 목소리, 표정, 그리고 말투에 집중할 뿐이다. 그 찰나가 덕질 포인트가 되고 해당 클럽은 SNS에서 화제가 된다. 아이돌에 관한 새로운 정보, 즉 덕후가 덕질을 할 때 필요한 사진이나 콘텐츠 등을 '떡밥'이라고 지칭한다. 〈태어난 김에 세계일주〉는 하나의 방송 프로그램으로서 주제를 가지고 시청자들에게 전달된 것이 아니라, 그저 출연자 개인을 좋아하는 시청자들에게 '떡밥'용 영상을 제공한 것이 아니냐는 지적을 피할 수 없다. 출연자의 덕질 포인트로 화제가 되는 것이 프로그램의 인지도에도 긍정적인 영향을 미치기 때문에 이것을 한계점으로 지적하기에는 무리가 있다는 의견이 있을 수 있으나, 필자는 방송 프로그램으로서 의도했던 것을 시청자들에게 전달하지 못했다는 점에서 분명 치명적인 단점이라고 주장한다.

미래의 방송 환경 예측하기

오늘날의 미디어 환경은 다양한 매체와 다채로운 콘텐츠로 이루어져 있다. 미디어 환경은 기술의 발달과 사회적 흐름에 맞추어 계속해서 변화하고 있다. 예전에는 쉽게 상상하지 못했던 콘텐츠들이 등장해 대중의 마음을 사로잡고, 새로운 기술들이 방송과 시청자들을 더욱 가까워지게 만들고 있다. 앞서 언급했듯이, 〈태어난 김에 세계일주〉와 같은 비연예인 주인공 프로그램 또한 과거에는 쉽게 상상하지 못했다. 필자는 미래의 방송 환경에는 비연예인을 주인공으로 하는 방송 프로그램이 더욱 많아질 것으로 예측한다. 이것은 대중이 '정제되지 않은 새로움'과 더불어 '공감'에 대한 욕망을 가지고 있기 때문이다. 대중은 나와 같은 일반인,

쉽게 공감하고 소통할 수 있는 평범함 속에서 특별한 재미를 찾는다. 게다가, 이제는 연예인만큼 인기가 많은 일반인들이 점점 더 많아지고 있다. 대중은 굳이 나와 다른 연예인을 보며 애써 공감할 필요가 없어진 것이다. 연예인만큼 인기가 많다고 해도, 텔레비전 방송 활동이 주된 직업이 아닌 비연예인은 대중의 입장에서 공감할 수 있는 부분이 많다. 비연예인들은 연예인에 비해 진솔한 이야기를 조금 더 편하게 할 수 있는 입장에 위치해 있기도 하다. 그래서 시청자와의 거리를 더욱 좁힐 수 있는 것이다.

이로써 방송을 통해 보고자 하는 시청자들의 관심 영역은 더욱 확대되고, 다가올 미래에는 비연예인의 방송 진출이 지금보다도 한층 더 쉬워질 것이라고 필자는 생각한다. 연예인만큼 인기 있는 인플루언서뿐만 아니라 평범한 시민을 대상으로 하는 방송 프로그램의 탄생이 증가할 것이다. 이것은 방송과 시청자 사이의 거리 좁히기, 즉 대중의 공감에 대한 욕망을 충족시키기 위함이다. 공감한 시청자들은 또한 참여하기를 원한다. 오늘 방영한 에피소드에서 출연자 A는 어떤 사람이었는지, B와 C의 관계는 어떠했는지 등 다양한 내용에 대한 자신의 의견을 표출하고 다른 시청자들의 의견을 듣고 싶어 한다. 방송 프로그램에 대한 의견과 정보를 나눌 수 있도록 인터넷 커뮤니티가 개설되고, 각종 SNS에서 유포된 방송의 클립 영상에 수많은 댓글이 달리는 이유도 모두 대중의 그러한 심리와 연관이 있다. 더 나아가 자신의 의견이 직접적으로 방송의 내용에 반영되는 영향력을 기대하기도 하고, 일부는 방송에 나온 그 출연자처럼 자신도 방송에 출연해 주목을 받고 싶어 하기도 한다. 필자는 이러한 경향이 다량의 비연예인 주인공 프로그램을 생산하는 것의 배경이 되고, 다양한 장르에서 시청자 참여가 활발해지는 것에 일조할 것이라고 생각한다. 기존 오디션 프로그램에서 주로 등장했던 대중 투표 등의 시청자 참여의 범위가 확대될 것을 기대해 본다. 예를 들면 연애 리얼리티 프로그램에서 대중 투표를 통해 최종 커플을 예측해 보거나, 데이트 상대와 장소를 시청자들이 직접 결정할 수 있는 권한이 주어지는 것이다. '비연예인 주인공 프로그램'과 '시청자 참여 기회'의 확대라는 변화된 형식 속에서 지금까지 볼 수 없었던 새로운 콘텐츠들이 다양하게 등장할 것이다. 그리고 우리 모두는 공감에 대한 욕구를 충족하기 위한 리얼함이 불편함이 되지 않도록, 적극적인 시청자 참여가 지나친 간섭이 되지 않도록 항상 유의하며 그 변화를 지켜봐야 할 것이다.

SBS 〈TV 동물농장〉[1]의 희로애락

안호연

호수 위의 백조

디지털 시대로 접어들면서 기술의 발달로 다양한 매체들의 등장에 지상 파는 더 이상 시청자를 잃지 않기 위해 OTT 플랫폼과 유튜브 등의 소셜 미디어와 매일매일 시청률 전쟁을 하는 것처럼 보인다. 그런데 이 치열한 경쟁과 격동 속에서도 굳건하게 주말 아침 안방 1열을 차지하고 있는 마치 '호수 위의 백조' 같은 느낌이 드는 프로그램이 있다. 바로 〈동물농장〉이다. 〈동물농장〉은 벌써 20년이 넘는 기간 동안 1100회가 넘어간 장수 프로그램이면서도 평균 5%에서 10%를 웃돌기도 하며 상당히 높은 시청

---

1   SBS 〈TV 동물농장〉 중 심사 기간 내 상영분 1085, 1086, 1095, 1122, 1129, 1133, 1134, 1137회(2022.9.4~2023.8.20) 내용을 참고했다. 가독성을 위해 〈TV 동물농장〉 은 이하 〈동물농장〉으로 표기했다.

률을 자랑한다. 또한 지상파의 방송 프로그램은 보통 국내의 시청자를 위해 제작되기 때문에 문화가 다른 국가 간의 경계를 뛰어넘기는 쉽지 않다. 하지만 〈동물농장〉은 페이스북 페이지 팔로워 204만 명을 확보하고 있고, 유튜브에서도 487만 구독자를 보유하며 좋은 성과를 보여준다.[2] 게시한 동영상 중에는 꽤 많은 영상이 수천만의 조회수를 기록하고 있다. 또한 영상 내에는 전 세계 다양한 시청자들의 댓글로 가득 차 있고, 이전에 SBS가 밝힌 바에 따르면 유튜브 채널 'SBS TV동물농장 × 애니멀봐'의 구독자 50%가 해외 구독자라고 밝혔었기에 국내뿐만 아니라 해외에도 성공적으로 진출한 것으로 보인다. 오늘은 〈동물농장〉이 어떻게 국내뿐만 아니라 해외에서도 인기를 성공할 수 있었는지에 대해 희로애락(喜怒哀樂)을 중심으로 얘기해 보고자 한다.

희(喜)

〈동물농장〉에서는 갈 곳을 잃고 곤경에 처하거나 목숨이 위험에 처한 동물들을 구해내는 모습들을 많이 찾아볼 수 있다. 구조 전후로 제보자가 이야기해 주는 사연들을 통해 시청자들은 안타까운 감정을 느끼며 몰입하지만 이후 〈동물농장〉의 제작진이 적극적으로 개입해 생명을 구해내게 되면 시청자는 안도의 한숨을 내쉬며 기뻐한다. 기존 동물을 촬영하기도 하지만 자연에 대한 개입이 금기되는 자연 다큐멘터리와는 정반대이다. 제작진의 적극적인 개입은 자연 다큐멘터리를 보면서 안타까움을 느꼈던 시청자들의 욕망을 채워준다. 〈동물농장〉의 시청자는 냉혹하고

2   2023년 10월 15일 기준.

각박한 세상에서 제작진이 적극적으로 생명을 살리는 모습을 보면서 대리만족을 얻는 것이다.

이런 〈동물농장〉의 따뜻한 모습을 보며 한 주 동안 치열한 사회에서 사람과 경쟁에 부딪혀 지친 시청자들에게 다시 한 주를 시작하게 하는 에너지를 준다. 〈동물농장〉은 이렇게 구조된 동물에 대해 후속 제작하기도 한다. 구조된 이후 행복한 삶을 살고 있는 모습을 보며 시청자들은 반가움과 동시에 뿌듯한 감정을 느낀다. 이런 과정을 통해 뿌듯함과 기쁨을 느낀 시청자들은 〈동물농장〉의 애청자가 되기도 한다.

노(怒)

〈동물농장〉은 시사 교양 프로그램으로 분류되어 있다. 시사 교양은 '여러 가지 사회적 사건과 주요 쟁점에 대한 폭넓은 지식의 의미'를 갖고 있는데 평상시의 〈동물농장〉은 힐링 예능으로 느껴지기도 한다. 하지만 〈동물농장〉은 뉴스 보도에서 다루지 못한 사건이나 중요한 사건을 뉴스보다 더욱 빨리 보도하기도 하며 시사 교양 프로그램으로서 멋지게 활약하기도 한다. 이러한 모습은 최근 방영되었던 에피소드(1122회)에서 매우 잘 드러난다.

해당 회차는 반려동물을 보호해 주겠다는 명목으로 목돈을 요구하고 뒤로는 몰래 반려동물들을 잔혹하게 처분한 업체와 공모자에 대한 고발이 담겨 있다. 그 자초지종을 살펴보면 개들이 암매장되고 있다는 제보를 받고 취재하러 간 〈동물농장〉의 제작진은 암매장한 것으로 추정되는 땅 주인과 땅 주인에게 개와 고양이들을 제공한 반려동물 보호센터에 대해서 조사를 진행한다. 땅 주인에게 돈을 대가로 개와 고양이를 처분했던 반려동물 보호센터들은 모두 안락사가 없을 뿐만 아니라 무료 입양, 파양, 입소가 가능하다고 인터넷 홍보를 한 업체들이다. 하지만 홍보물을 보고 보호자가 찾아가면 무료 파양을 얘기했던 것과는 달리 각종 이유를 갖다 붙여 적게는 200만 원부터 많게는 700만 원까지 거액의 비용을 요구한다. 거주 환경, 이민 등을 이유로 파양이 불가피한 보호자는 결국 안락사가 없다고 약속한 업체와 계약한다. 이후 업체가 내민 계약서에는 "입양을 가면 소식을 전하지 못한다"라고 표기돼 있는데 계약 한 달 정도가 지나면 반려동물이 입양을 갔다고 거짓말한 뒤 땅 주인에게 돈을 주고 반려동물을 넘긴다. 반려동물은 결국 굶어 죽거나 둔기에 맞아 죽은 뒤 암매장된다. 사건을 자세히 취재하는 과정에서 사정을 몰랐다며 책임을 부인하는 보호센터들과 돈을 받고 동물들을 죽인 땅 주인은 서로를 헐뜯으며 거짓말하는 등 추악한 인간의 모습이 보인다.

특히 지난 3월 한 마리당 1만 원을 받고 1256마리를 아사시킨 사건에 대한 충격이 가시기도 전에 생명을 돈벌이로만 취급하는 비슷한 사건이 발생해 더욱 시청자의 분노를 일으켰다.

〈동물농장〉은 시사 교양 프로그램답게 때때로 학대받거나 유기된 동물에 관한 사건들을 자세히 취재하고 전달하며 현실의 문제에 대해 성찰하도록 돕는다. 특히 같은 에피소드(1122회) 앞부분에서는 시각 장애인을 보조하는 안내견의 삶을 다루었기에 마치 〈동물농장〉이 '사회에서 여러 역할로 봉사하는 개에게 정당한 대우와 책임을 지고 있는가?'라는 질문을 시청자에게 던지는 것 같기도 하다.

이러한 노(怒)는 동물보호법 개정을 요구하거나 엄벌탄원서를 작성하는 등 시청자를 뭉치게 해주고 현실의 문제를 해결하고자 하는 행동으로 이어진다.

애(哀)

슬픔을 의미하는 애(哀)는 희(喜)와 노(怒)를 보조하는 역할을 맡고 있다.

예를 들면 사람들에게 버려지고 학대받은 안타까운 사연을 가진 동물들을 보며 책임감이 없거나 욕심에 의해 희생당해 미안한 감정을 통해 애(哀)를 느꼈던 시청자는 이후에 있는 구조 활동을 보며 안도의 한숨을 내쉬며 더 큰 희(喜)를 느끼는 것이다.

노(怒)의 보조는 앞에 살펴보았던 에피소드(1122회)에서 특히 잘 드러난다. 암매장된 동물들의 인식표를 보고 연락해 찾아간 제작진이 보호자와 인터뷰하는 과정에서 반려견이 죽음을 맞이했다는 소식을 알게 된 보호자는 자책하고 울며 미안해한다.

물론 파양이 올바른 행동이라곤 볼 수 없지만 거액의 돈을 지불하더라도 함께 살았던 반려동물이 행복한 가정에 입양 가기를 바라던 보호자의 고통스러워하는 모습을 보며 시청자는 애(哀)를 느낀다. 그리고 이러한 마음을 이용한 업체에 대해 더욱 분노하게 된다. 〈동물농장〉의 이러한 애(哀)는 여성 MC 정선희와 레드벨벳의 조이가 눈물을 흘리는 모습을 통해 더욱 강화된다.

락(樂)

락(樂)에서는 즐거움을 주는 오락, 예능적 면모를 통해 시청률을 잡기 위한 모습이 잘 드러난다. 우선 〈동물농장〉은 진행자부터 프로그램 편집까지 치밀하고 다양하게 설계된 걸 확인할 수 있다. 〈동물농장〉의 네 명이나 되는 MC들은 오프닝과 엔딩을 제외하고는 제작진이 촬영해 온 영상에 리액션을 하는데 그 비중이 크지 않아 조금은 과하다는 의문이 들기도 한다. 하지만 〈동물농장〉의 MC들은 마치 네 명의 단란한 가족을 연상시킨다는 점에서 매우 중요하다. 현재 MC들을 살펴보면 메인 진행을 맡는 신동엽과 두 남자 MC에게 잔소리하면서도 감정이 풍부하고 다정한 정선희, 장난스럽고 가볍게 분위기를 풀어나가는 분위기 메이커 H.O.T의 멤버였던 토니 안, 단정한 진행과 풍부한 감정의 레드벨벳의 멤버 조이로 구성되어 있다. MC들은 마치 엄마, 아빠, 철없는 오빠 혹은 남동생, 누나 혹은 여동생의 역할을 맡고 있다. 이런 구조를 통해 가족 단위 시청자들의 선호를 얻고, 가족과 떨어져 지내는 1인 가구도 가족과 함께 있는 듯한 기분이 들게 돕는다. 이 외에도 앞의 세 명의 MC는 현재 텔레비전의 주 소비자인 중장년층에게 인기를 끌고, 조이 씨는 인기 있는 아이돌 그룹의 멤버로 젊은 층에 이목을 끈다. 또한 이 네 명의 MC가 모두 반려견을 기른다는 점에서 시청자에게 신뢰감을 주기도 하고, 동물을 좋아하는 시청자에게 호감을 쌓기도 한다. 이렇게 잘 짜인 MC들의 고정된 역할을 통해 편안하게 즐길 수 있는 가족프로그램으로 성공적으로 자리 잡은 것이다.

프로그램 구성 방식은 시대에 맞춰 변화하고 있다. 숏폼 콘텐츠들이 유행하자 방송을 시작하는 오프닝 과정에서 전 세계 동물들의 재미있거나 귀여운 장면이 담긴 쇼츠들을 활용한다. 방송 편집 과정에서도 오락적 요소도 놓치지 않는다. 방송 흥행 3요소라고 배웠던 동물과 아기를 합쳐 새끼 동물들을 보여주면서도 장면의 전환 과정에선 계절에 따라 꽃, 바다, 단풍, 눈을 클로즈업해 보여주어 시청자의 흥미를 끈다.

또한 연예인 게스트를 초청해 특집을 방영하기도 하고, 시청자들의 수요에 맞춰 제작하기도 한다. 최근 용인 에버랜드의 판다가 인기를 끌자 푸바오와 아이바오를 방영하기도 하고, 특수작전 팀을 소재로 한

〈강철부대〉 시리즈가 유행하자 〈동물농장〉 버전으로 특수 목적견을 소개하는 방송을 진행하기도 했다. 〈세상에 나쁜 개는 없다〉 같은 교정 프로그램이 유행하자 고양이 버전으로 제작한 '고양이 행동 개선 프로젝트'도 진행하고 있다. 이처럼 〈동물농장〉은 트렌드에 맞춰 변화하며 끊임없이 노력하고 있다.

논란: 형이 왜 거기서 나와 …?

〈동물농장〉은 동물이 주인공이기 때문에 다른 방송에 비해 논란이 거의 생기지 않는다. 하지만 최근 1122회에서 윤 대통령과 김건희 여사가 깜짝 출연한 것이 큰 논란이 되었다. 일요일 오전 가족과 함께 시청하는 프로그램이 정치적으로 이용돼 불쾌하다는 의견과 시청자 간의 정치적 대립이 심해지면서 〈동물농장〉의 시청자 게시판 40페이지 정도가 해당 회차에 대한 글로 도배되면서 진흙탕 싸움으로 번지기도 했다.

　해당 방송분을 살펴보면 윤 대통령이 관저에서 기르는 6마리의 반려견과 함께하는 모습은 동물을 좋아하는 시청자에게 동물애호가라는 이미지를 주고 윤 대통령이 직접 반려동물에게 요리해 주는 모습에서는 자상하면서도 보통 사람의 이미지를 준다. 후보 시절 "당선되면 안내견을 관저에서 키우고 싶다" 했던 이야기도 전달하며 약속을 지키는 정치인으로 생각되기도 한다. 김건희 여사가 유산해 힘들어 할 당시 유기견들을 돌보며 고통을 잊었다는 사연을 듣고 나면 안타까우면서도 응원하게 된다. 마지막으로 윤 대통령이 "국가와 사회를 위해 봉사한 특수목적견을 국가와 사회가 부담해 주는 게 맞다 생각한다" 말하며 책임감 있는 모습을 끝으로 1122회의 2부 암매장 사건으로 넘어간다. 물론 방송의 내용은 모두 실제 이야기로 구성되어 있지만, 〈동물농장〉이 특정 정치 세력에 대한 이미지 정치로 활용된 것은 사실이다. 언론인을 꿈꾸는 학도 입장에선 방송이 정치권력의 수단으로 전락할 수 있다는 우려도 든다. 주말이면 옹기종기 모여 〈동물농장〉을 보며 가족 간의 소통의 창구로 이용하는 시청자 개인의 입장에선 '불편한 논쟁'에 휘말릴 수도 있겠다는 우려가 든다.

우리는 어떤 미디어와 함께하고 있나?

앞에서 〈동물농장〉의 최근 논란에 대해 문제점을 제시하기도 했지만 〈동물농장〉은 선정적이고 자극적으로 변화하는 미디어 환경에도 지나치게 흥미만을 쫓지 않고 꿋꿋이 시사 교양 프로그램의 면모도 잘 보여준다는 점에서 좋은 방송이라는 생각이 든다. 〈동물농장〉은 예능과 교양이라는 장르를 넘나들며 시청자들의 지식에 대한 교양적 욕구와 흥미 욕구를 모두 충족시켜 준다. 그와 동시에 시청률도 확보하고, 자기만의 가치를 추구하면서 성공했다. 선정적이거나 자극적이지 않은 다른 가치를 추구하며 성공한 우리가 지향해야 할 교과서적인 프로그램이라고 생각한다.

탄탄한 포맷과 더불어 시대에 맞는 변화를 통해 계속해서 성장해 나가고 있다는 점에서 〈동물농장〉은 앞에서 언급한 호수 위의 백조처럼 우아하게 보이지만, 그 누구보다 최선을 다하고 있다는 생각도 든다.

마지막으로 한 가지 의문을 던지고 싶다. 당신은 과연 좋은 미디어를 소비하고 있는가?

꿈을 꾸는 중년들의 현실적인 판타지 〈닥터 차정숙〉

곽승희

드라마는 현실의 욕망을 반영한 판타지다. 이에 드라마를 읽는 가장 효과적인 방법은 이를 통해 충족하고자 하는 시청자의 욕망을 읽는 것이다. 오랜 전업주부 생활을 뒤로하고 20년 만에 다시 자신의 삶을 찾아나가는 중년 여성의 성장기 〈닥터 차정숙〉은 이러한 시청자들의 욕망을 잘 포착했다. 시청자들은 높은 시청률로 차정숙에 화답했다. 여전히 어디선가 마음 한편에 꿈을 소중히 간직하는 사람들이 있다는 방증이다. 〈닥터 차정숙〉은 가장 현실적인 고민들로 시청자들의 시선을 사로잡고, 드라마스러운 판타지로 문제를 해결해 가며 답답한 현실에 카타르시스를 선사한다. 그 안에 깔깔댈 수 있는 코믹 요소들은 덤이다. 〈닥터 차정숙〉이 매력적이었던 이유다.

엄마의 꿈은 뭐였어

소녀로 살던 시절에

누구보다 예쁜 아이였겠지

푸르던 날에 태어나

나처럼 어른이 되고

그때까지 어떤 꿈을 품어냈을까[1]

　어릴 땐 모두가 대체로 멋진 꿈을 안고 산다. 그리고 그 꿈이 아무리 허황될지라도 모두가 그 꿈을 지지하고 응원해 준다. 꿈을 꿀 수 있게 사회적 장려도 많이 한다. 매 학기 생활기록부 장래 희망란과 '넌 커서 뭐가 되고 싶어?'라는 어른들의 질문에 아이들은 꿈을 가지는 것이 의무인 양 열심히 꿈을 꾼다. 세상 모든 엄마도 꿈 많던 어린 시절을 거쳐 왔다.

　꿈을 가졌던 모든 아이는 시간이 지나 어른이 된다. 그러나 어른이 되어갈수록 거창했던 꿈과 포부는 정신없는 일상에 섞여 희석되어 버리고 만다. 현실이 꽤나 바쁘기 때문에 눈앞에 닥친 것들을 해결하다 보면 어린 시절 품었던 꿈은 철부지 낭만 정도로 치부된다. '엄마'란 이름을 가지는 순간, 자신의 꿈은 그저 희미한 기억 정도로만 남는 게 현실이다. 닥터 차정숙은 중년 여성들의 흐릿해진 꿈을 다시 선연하게 색칠한다. 현실과 판타지를 교묘히 오가면서.

1　린의 「엄마의 꿈」 가사 중 일부이다.

현실 1. 평범한 가정주부가 되어버린 전교 1등, 잃어버린 과거

> 곽애신(차정숙의 시어머니): 여자가 잘나서 입신양명해 봐야 가정이 온전치 못하면 다 헛거야.

의대 교수인 남편보다 공부를 잘했고, 의대 학점 4.0 이하로 떨어져 본 적 없는, 알고 보면 수재 중 수재 차정숙. 그러나 어린 나이에 출산을 했고, 커리어보다는 현모양처를 선택했다. 대학 동기들은 의대 교수에, 피부과 의사에, 전문의에 의사로서 승승장구를 해나가는데 정작 자신은 쓰러진 사람을 보고 아무 처치도 하지 못하는 경력 단절 여성이 되어버렸다.

그러나 그녀는 멋진 가정을 지켜냈다. 타고난 좋은 머리 덕분에 집안일도 야무지게, 아이들의 학업도 모자람 없이 뒷바라지하는 멋진 엄마가 되었다. 그러나 '온전한 가정'을 일구기 위해 그녀가 희생한 것들은 그동안 살아온 모든 일생이었단 걸 아무도 알아주지 못했다.

의대를 가기 위해 치열했던 고등학교 시절, 밤낮으로 공부하던 의대 시절의 노력은 현모양처가 되기 위해 필요한 시간들은 아니었다. 놀기보다 공부를 좋아했던 치열했던 시절은 설거지 비눗물에 씻겨 내려갔고, 전국 순위에 들던 수능 시절의 영광은 주스 믹서기에 함께 갈려 버렸고, 빼곡한 전문 용어로 밤낮을 지새워 얻은 의학 지식은 세탁기 세제와 함께 휩쓸려 가버렸다.

남들은 못 들어가서 안달인 의대 타이틀을 버리기까지 얼마나 고민을 했을까. 청춘 시절부터 쌓아온 모든 노력이 모르는 새 증발해 버린 상황을 직면한 슬픈 이야기는 차정숙만의 이야기가 아니다. 우리 사회를 살고 있는 수많은 여성들의 이야기이기도 하다. 2020년 기준 경력단절 여성 150만 명 시대,[2] 통계에 의하면 대졸의 고학력 여성의 경력단절도 점점 늘어나는 것으로 나타났다. 일을 그만둔 가장 큰 이유로는 결혼, 임신, 출산, 가족 돌봄 등의 이유였다. 결국 대부분은 '온전한 가정'을 일구기 위해 커리어를 희생하는 현실이 차정숙의 삶과 크게 다르지 않다.

현실 2. 엄마도 누군가의 소중한 딸이다

> 오덕례(차정숙의 어머니): 자식을 위해선 독초도 씹어 삼키는 게 엄만데 내가 왜 그깟 걸 못 하냐.

'온전한 가정'을 일구기 위해 그렇게 헌신했건만 간 수치 이상으로 쓰러진 차정숙에게 한달음에 달려온 건 한 집에 사는 남편도, 시어머니도 아닌 차정숙의 엄마 오덕례였다. 건강이 나빠 결국 간 이식 수술을 받아야 한다는 의사의 진단에 남편이 마지못해 자신의 간을 떼어주기로 결정하지만, 시어머니의 극강한 반대에 부딪혀 결국 무산된다. 사랑하는 딸을 살리기 위해 차정숙의 엄마 오덕례는 자존심과 체면을 모두 버린 채, 자신의 전 재산이 든 통장을 들고 간 공여자를 찾아 애걸복걸하기까지 한다. 죽음의 문턱에서 간신히 살아 돌아온 딸 정숙에게, 엄마는 작은 것이라도 좋으니 '네가 좋아하는 것부터 해보라'고 제안한다.

---

2   "작년 상반기 경력단절 여성 150만 60,000명… 46%가 30대", ≪서울경제≫, 2021. 1.21.

"내가 뭘 좋아하지?"

"네가 제일 좋아한 거 공부였잖아, 뭐든 배우는 거 좋아하고."

엄마의 말에 차정숙은 집에 돌아가 묵혀둔 문제집을 꺼낸다. 결국 차정숙을 가장 응원하고 용기를 북돋워 주는 사람, 무엇을 좋아하는지 가장 잘 아는 사람은 남편도, 시어머니도, 자식도 아닌 엄마였다. 엄마의 진심 어린 말 한마디에 정숙은 다시 잃어버린 꿈을 되찾기로 결심한다. 그리고 선언한다. 레지던트 과정에 도전하겠노라고.

현실 3. 또 다시 그만둘 결심: '엄마'이기 때문에

가족 구성원 모두의 반대 속에 차정숙은 어렵게 레지던트 과정을 시작한다. 그 삶이 결코 쉽지 않았다. 모르는 것투성이에 실수도 잦아 무시와 눈총을 받았고, 나이가 많다는 이유로 무능하단 시선도 받았다. 그 와중에 집안일도 돌보느라 잠은 부족하기 일쑤였다. 그럼에도 어렵게 시작한 만큼 그만둘 생각은 하지 않았다. 입시를 앞둔 고3 딸, 이랑이의 칭얼거림을 듣기 전까진.

서이랑(차정숙의 딸): 엄마 나 차별하는 거야? 오빠 고3 때는 이렇게 방임 안 했잖아. 남들은 다니던 회사도 관두는 마당에.

꿈을 향해 겨우 내디딘 한 발자국이건만, 정숙을 둘러싼 주변 환경은 그녀를 현실에서 쉽게 놓아주지 않는다. 악바리로 부여잡고 있는 레지던트의 꿈을 사랑하는 딸의 한마디에 차정숙은 무너진다. 나 좀 봐달라는 딸의 애원을 어느 엄마가 무시할 수 있을까. 이랑의 말에 정숙은 애써 되찾은 꿈을 다시 돌려놓겠단 결심을 한다.

> 차정숙: 나 병원 그만두려고. 무엇보다 이랑이 입시 도와줘야 할 것 같아.

치열하게 노력해 쟁취한 레지던트 자리, 건강 악화와 누적된 피로에도 포기하지 못한 그 기회가 '엄마'이기 때문에 다시 또 무너진다.

사실 이 이야기는 세상 모든 워킹맘에 대한 이야기다. 가사와 육아, 일까지 그 누구보다 많은 일을 하고 있는데 항상 아이에겐 미안하고 직장에서도 죄송하다. 아이를 포기할 수 없으니 결국 포기하는 건 직장이다. 2017년 한 설문조사에 따르면 워킹맘의 83.1%는 육아 때문에 일을 그만두려고 생각해 본 적이 있다고 응답했다.[3] 일도 좋고 아이도 좋지만 둘 다 욕심낼 수 없는 세상이다. 엄마이기에 자식에게 지는 책임감은, 스스로에게 지는 책임감보다 크기에 엄마는 언제나 자신보다 자식을 위한 선택을 한다.

현실 4. 합계 출산율 0.7시대

현실 세계 여성들의 상황도 차정숙이 마주한 상황도 크게 다르지 않다. 이렇다 보니 새로운 가정을 꾸리고 아이를 낳는 데 굉장히 신중해진다. 지금껏 살아온 모든 노력을 자신의 손으로 무너뜨리는 선택을 해야 할 수

---

3   이미나, "워킹맘 퇴사 결심 이유 1위 자녀의 초등학교 입학", ≪한국경제≫, 2017.3.17.

도 있다는 현실이 무섭기 때문이다. 결국 이러한 현상은 가파르게 감소한 출산율로 나타났다. 2023년 2분기 출생아 수가 크게 줄면서 출산율이 0.701로 또 다시 최저치를 경신했다.[4]

CNN은 한국 저출산의 사회적 원인들을 지적했다. 하나는 여성 희생을 가용하는 가부장적 문화, 그리고 또 하나는 육아휴직을 쓰기에 눈치 보이는 노동문화를 저출산 원인으로 꼽았다. 실제로 한국은 전 세계에서 성별 간 가사노동 차이가 가장 심각한 사회다. OECD에 따르면, 한국 여성의 일평균 무급노동(돌봄·가사·육아 등) 시간은 215분으로 남성(49분)의 4.39배였다. 반면, 유급노동시간은 남성(419분)이 여성(269.4분)의 1.56배였다.[5] 여전히 한국은 남성이 일하고 여성이 가사를 담당하는 전통적인 성별 분업이 견고하게 자리 잡은 사회임을 보여준다.

육아휴직을 쓰기에 눈치 보이는 노동문화도 저출산 원인으로 꼽힌다. 국회입법조사처 보고서에 따르면 2019년 육아휴직 사용 대상자 중 약 21%만이 육아휴직을 사용했다. 관련 자료가 공개된 OECD 19개국 중 가장 낮은 수준이다.

"애들 밥해주고 학교 보내는 데도 바빠 죽겠는데 선생이 자꾸 내 꿈이 뭐냐고 물어서 곤란스러워 죽겠다니까."

〈닥터 차정숙〉에 등장하는 대사가 아니다. 15년 전, 중국어 학원에 다녀온 엄마가 내게 했던 말이다. 드라마 속 차정숙의 모습에서 엄마의

---

4   "더 쪼그라지는 대한민국 인구 … 합계출산율 0.7명선도 깨지나", 《경향신문》, 2023.8. 30.

5   "CNN "한국, 260조 투입했지만 세계최저 저출산 해결엔 역부족", 《중앙일보》, 2022.12.5.

투정 어린 기억이 문득 떠올랐다. 그 시절 엄마에겐 꿈꿀 여유조차 없었 단 걸 아주 오랜 시간이 흘러서야 깨닫는다. 흘러가듯 살다보면 누구나 한 번쯤 나의 인생 초점을 '나'에게 다시 맞추는 시간이 필요하다. 중년 의 여성 차정숙이 죽을 고비를 넘겨서야 이 시간을 가지게 되었다는 이 야기가 현실과 크게 다르지 않은 것 같아 등골이 서늘하다.

판타지 1. 사실 그녀는 샤넬 가방을 땅바닥에 내팽개치면 서 엉엉 울 수 있는 사람

애처로운 중년 여성으로 그려지지만 사실 차정숙은 잘나가는 의과대학 교수의 부인이자, 부잣집 며느리, 잘난 의대생 아들과 똑 부러진 미대 입 시를 준비하는 딸이 있는 '다 가진' 여성이다. 거기에 본인 명의의 건물도 있다. 객관적인 조건으로 따져보면 차정숙은 대한민국의 상위 0.01%에 해당한다.

"샤넬 가방 땅바닥에 내팽개치면서 엉엉 울고 싶다. 페라리 핸들에 주먹 쾅쾅 치면서 흐느껴 울고 싶다"라는 밈(meme)이 한때 유행했다. 속상하고 슬픈 일이 있더라도 돈이 있으면 덜 불행할 것 같다는 자조적 인 말이다. 실제로 차정숙은 간 이식 수술을 한 후, 값비싼 명품 백을 턱 턱 사고, 고급 레스토랑에 가서 멋진 식사를 즐긴다. 달라진 그녀의 행 동에 가족들이 조금 놀라긴 했어도, 통장 잔고는 끄떡없었다. 남편이 불 륜에 이어 숨겨둔 혼외자가 있다는 사실을 알게 된 후엔, 자신의 선배이 자 아들의 여자 친구인 전소라의 포르쉐를 타고 질주를 만끽한다. 비싼 차의 뚜껑을 열고 질주하다 갑작스레 내린 비에 차가 흠뻑 젖는 와중에, 차정숙은 잠시나마 해방되었다는 듯이 양 팔을 하늘로 들어 올리며 소리 내어 웃는다. 수더분해 보이는 차정숙의 스트레스 해소법엔 사실 많은 돈이 들어간다. 차정숙과 같은 고민을 가지고 있다 해도 같은 방식으로 스트레스를 해소하긴 쉽지 않다.

판타지 2. 사실 그녀는 똑똑한 전문직

'대형 대학병원 교수인 남편보다 높은 학점. 20년 만에 잡은 펜대에 아들보다 높은 전공의 성적' 차정숙의 능력을 보여주는 객관적인 숫자다. 이미 보유한 '의사 자격증' 자체는 경력 단절 20년이 지나도 그 가치를 잃지 않는 든든한 안전망이다.

사실 현실에서 이른바 전문직 여성들이 겪는 경력 단절의 문제는 그 외 일반 직장인에 비해 크지 않다. 특히 의사 면허가 있는 경우, 전보다 처우가 낮아지긴 할지언정 구직하는 데 있어서 큰 어려움을 겪지 않는다. 드라마를 보는 우리가 그녀와 같은 방식으로 문제를 해결해 가기 어려운 지점이다.

판타지 3. 그녀의 세상보다 훨씬 더 차가운 현실

드라마 속 차정숙이 사는 세상은 현실보다 훨씬 따뜻하다. 그녀의 곁엔 만인의 이상형 로이킴처럼 무조건적으로 그녀를 사랑해 주고 보살펴 준다. 그가 그녀를 사랑했기 때문에, 정숙의 매력은 배가된다. 하지만 현실에서 무조건적인 사랑을 주는 로이킴은 없다. 이해관계로 점철된 직장생활에서 우당탕탕 실수해도 너그럽게 포용하는 마음씨 넓은 사람은 그야말로 판타지다.

아줌마의 오지랖이 사람들에게 사랑을 받지도 못한다. 드라마 속 차정숙은 넓은 오지랖으로 여러 사람에게 다정함을 건넨다. 수술을 거부하는 환자의 딸에게 찾아가 환자를 설득해 달라 부탁하고, 항문 수술을 받은 환자에게 속옷을 선물하기도 한다. 해외 입양인 출신 로이킴에게는 "친엄마를 꼭 만나보라"고 조언도 한다. 그리고 그녀의 이러한 오지랖은 대부분 은혜로 돌아온다. 오지랖 부렸던 환자가 알고 보니 기업의 회장님이어서, 그녀를 실직 위기에서 구해주기도 한다. 하지만 현실엔 오지랖을 짜증으로 응수하는 사람들이 대부분이다. '아줌마 오지랖'을 키워드로 검색을 하면 '짜증나네요'가 가장 상단에 도출된다. 오지랖에 대한 현실과 드라마의 간극은 중간점을 찾을 수 없을 정도로 넓다. 닥터 차정숙은 드라마가 선사할 수 있는 완벽한 휴머니즘의 판타지를 선사한다.

지극히 현실적인 판타지를 시청한 후에

드라마를 보며, 일하고 싶다던 나의 엄마가 생각났고, 앞으로 마주할 내 미래가 조금은 걱정되었다. 차정숙이 겪은 문제들은 아마 비슷한 나이대를 살아가는 여성이라면 고민해 봤음직한 것들이다. 모두가 나이 많은 전공의는 힘들 거라 말했지만, 차정숙은 모두의 무시 속에서도 꿋꿋하게 한 발 앞으로 나아가는 모습이 강렬한 대리만족을 선사했다. 큰 절망과 배신에도, 지치지 않는 성실함과 상냥함은 덤이다. 차정숙이 시청자들의 사랑받을 수밖에 없던 이유다.

현재 국회에는 '경력단절여성'을 '경력보유여성'으로 바꾸는 법 개정안이 발의됐다.[6] 지자체마다 앞다퉈 이들의 재취업 지원에 나서고 있지만 단순 보조금 지원, 단순 교육 지원에 국한된 정책들에 실효성이 떨어진다는 의견이 나온다. 결국 자신이 쌓아온 것들을 지키기 위해 비혼과 비출산을 선택한다.

> 차정숙: 길을 닦아 달라거나 손을 잡아주는 것을 바라지 않는다. 걸어 갈 수 있게 해달라.

차정숙이 레지던트에 다시 도전하며 남편 서인호에게 건넨 말이다. 동시에 앞으로의 시대를 살아갈 여성으로서 우리 사회에 건네고픈 말이기도 하다.

---

6 "'경력보유여성' 바꾸는 법 발의", ≪미디어 오늘≫, 2023. 4. 12.

이런 결말을 더 바라보면 어떨까요?

tvN 드라마 〈일타 스캔들〉, 교육 드라마의 방향을 찾아서

김소은

치열한 사교육 경쟁, 낯설지 않지요?

신선한 창의력과 개성이 빛나는 시대, 우리는 그렇게 세상이 변화하고 있다는 걸 배우며 느끼고 있다. 하지만 좋은 학력, 명문대 졸업 등의 이력으로 능력을 판단하고 더 좋은 평가를 받는다는 사실은 아직 남아 있다.

그 사실을 누구보다도 잘 알고 있기에 어릴 때부터 치열한 사교육 과정은 그다지 어색하지 않고 해야 하는 과정, 그냥 자신의 의무처럼 생각하기도 한다. 그런 관습과 행동으로 현재는 초등학생부터 다양한 사교육을 받고 매달 발생하는 학원비의 금액은 정말 입을 다물 수 없을 정도이다.

비용도 만만치 않지만 그곳은 누구와도 경쟁이 되는 세상이기에 같이 공부하는 친구조차도 성적으로 등급이 매겨지는 이상 경쟁자이기도 하다. 목표에 맞는 대학에 들어가기 위해 밤낮을 가리지 않고 공부해야 하지만, 성적에 대한 강박감과 불안감에 시달리는 학생들의 소식은 뉴스나 SNS로 끊이지 않고 이슈화된다.

그중 교육, 입시와 관련해 끊임없는 경쟁을 해야 하는 시대 속에서 사교육에 대한 열망과 치열함을 현실적으로 담아낸 〈일타 스캔들〉[1]이 있다. 이 작품은 사교육에서 원탑으로 불리는 일타강사를 둘러싼 수업 경쟁을 담은 스토리다.

〈일타 스캔들〉은 현실 속 사교육의 모습과 치열한 입시 경쟁 모습을 담아내 시청자들의 공감을 불러일으켰다. 지금 시대의 입시 경쟁에서는 많은 사교육 과정을 거쳐야 입시 성공이라는 목표 단계에 도달할수 있을 거라고 생각하는 사람들이 거의 대부분일 것이다. 그렇기에 사교육을 모티브로 한 드라마들이 거듭 방송해도 끊임없이 문제들이 거론되는 만큼, 이번에 〈일타 스캔들〉을 통해 현실 사교육의 모습과 문제들을 살펴보고 이런 작품의 결말이 사교육 경쟁에 보여주는 의미가 있는지 혹은 더 심화하는 것은 아닌지에 대해 얘기해 보고자 한다.

사교육 드라마, 이것이 최선의 결말인지

계속해서 사교육의 권위가 커져가는 현실은 모두들 당연하게 느끼고 있다. 좋은 강사진을 섭외하고 그런 이점을 사교육만의 장점으로 활용해 학원 홍보를 하는 광고, 전단지를 수없이 받아봤을 것이다. 오히려 현재는 공교육보다 사교육을 더 우선시 생각하는 부모들도 많이 존재한다.

---

1   tvN 드라마(16부작, 2023.1.14~3.5).

더구나 현재는 국내에 영유아부터 사교육 학원을 알아보고 다니기 시작하는 추세이다. 공교육을 시작하기도 전에 미리 선행 학습을 주입시키는 것은 한창 뛰어놀아야 할 아이들의 발달에 좋은 영향을 줄 수 없다. 하지만 사교육 열풍은 점점 막강해지고 그런 파도에 휩쓸려 공교육의 입지와 중요성이 약화되고 있다. 이렇게 과도하게 사교육을 하는 원인은 좋은 학교에 들어가기 위한 입시 문제가 대부분일 것이다. 여러 개의 사교육을 다니는 게 힘들기도 하고 때로는 숨이 턱 막힐 듯 답답하지만 이렇게라도 공부해서 열심히 살지 않으면 미래의 자신을 더 걱정하게 된다. 정말이지 "지금 열심히 해서 나중에 대학 들어가면 너 하고 싶은 거 하면 된다"라는 말은 많이 들어봤을 것이다. 그 당시에 힘들어서 그런 고민이 든다고 할 수 있지만 공부라는 것은 그때 잠시 머물다 가는 존재가 아니라 끊임없이 고민하고 풀어야 하는 학습이다. 그때 잠깐 가지는 고민과 걱정일 수가 없다는 말이다. 솔직히 말해서 혼자 공부할 자신은 없고 학원에 의존하면 숙제와 시험 속에 살아야 하는 피곤한 인생이 될 것 같은, 확실한 해결도 떠오르지 않는 막막한 상황이나 다름없다. 그렇기에 복잡하게 고민할 바엔 학원이라도 다녀서 시간 낭비를 하지 않고 공부를 해 성적을 올리는 것이 더 효율적이고 기반이라도 마련해 줄 수 있다고 생각할 것이다.

앞서 소개한 사교육만의 장점을 내세워 열풍을 보여준 장면을 〈일타 스캔들〉에서도 직통으로 묘사했다. 바로 치열한 입시 세계 속에서 사교육의 일타강사를 내세워 사교육의 이점을 보여줌으로써 사교육을 선택하고 이에 의존할 수밖에 없는 스토리를 시청자들에게 보여준 것이다. 드라마 속 일타강사는 학생들에게 연예인만큼 인기와 호응을 불러일으킨다. 강사의 수업에서 자기 자식의 좋은 자리를 구하기 위해 학부모들은 새벽부터 학원 앞에서 줄을 서서 기다리고, 수업에 활용되는 문제집은 강사의 가치만큼 귀하게 생각한다.

또한 일타강사를 활용해 학원의 기존 수업만이 아닌 소수의 학생들만 데리고 따로 프리미엄 수업을 진행해 그곳에 들어가기 위해 학부모와 그의 자식들은 열과 성의를 다하기도 한다.

〈일타 스캔들〉에서는 일타강사라는 소재로 사교육의 강한 존재감을 연출했지만 동시에 그로 인해 발생하는 사교육의 피해도 같이 보여 줬다. 학교에서 선생님은 열심히 수업을 하지만 학생은 학교 수업을 듣지 않고 학원에서 준 문제집을 푸는 장면을 연출했다. 결국 선생님에게 발견되지만 학생은 아무런 뉘우침 없이 학원 문제집을 완벽하게 풀고 싶다는 생각만 가득하다. 이 점에서 볼 때도 사교육의 권위가 공교육보다 앞서 있다는 것을 짐작할 수 있다. 그렇기에 열심히 수업을 지도하는 선생님 입장에서는 존중받지 못하는 불쾌함 속에서 수업을 하는 의미를 잃어버릴 수밖에 없다. 또한 다들 알다시피 학교에서 수업해야 할 진도를 이미 선행해서 온 학생들이 거의 대부분이기에 그렇지 않은 학생은 손에 꼽을 정도이다. 엄연히 다른 공교육과 사교육의 분별이 흐려지고 있는 듯한 위험을 알려준 것이다.

〈일타 스캔들〉에서는 이런 대사가 있다. "수업을 하루 이틀 쉰다고 뭐가 달라지나요? 최대한 평소대로 아무 일 없다는 듯이 면학 분위기를 찾아야죠." 학원에서 운영하는 소수정예 수업 반의 한 학생이 의문의 사고로 목숨을 잃어 큰 충격받기도 하지만, 이런 혼란 속에도 자기 자식의 공부가 더 우선이라 짐작할 수 있는 학부모의 대사였다. 같이 공부했던 학생 혹은 친구, 같이 얘기 나눴던 학부모의 자식이었을 아이가 죽었는데도 수업 휴강을 반대하는 학부모의 모습은 사교육의 폐해가 아닐까? 또한 〈일타 스캔들〉은 사교육 세계의 치열한 경쟁이 배경인 드라마이지만 관계 해결로 기승전결의 마무리가 된다면 시청자들에게 사교육의 과열 경쟁 속에서 아름다운 인간관계로만 기억되는 모순된 상황을 만들지 않을까 우려된다.

그럼에도 보여주는 따뜻하지만 어색한 결말

이런 힘든 경쟁 속에서도 한 명쯤은 우리에게 위안과 빛이 되어주는 존재가 있을 것이다. 〈일타 스캔들〉에도 치열한 사교육 경쟁 속에 웃음을 잃지 않고 빛을 밝혀주는 포인트가 있다. 여기서 보여주는 빛은 바로 '관계'이다. 관계라 함은 추상적이기도 하지만 우리 인간들 사이에서는 '관계' 없이는 살아가기 힘들 정도로 중요한 요소이다. 가족, 친구, 누구라도 인사를 하고 안면이 있다면 '관계가 형성됐다'라는 표현을 사용할 수 있을 것이다.

독한 경쟁과 압박 속에서 위안이 되어준 관계는 대표적으로 '부모와 자식, 친구, 선생님과 제자' 세 가지를 들 수 있다. 먼저 사교육의 원인으로 뽑았던 부모의 강요와 집착 안에서 어떻게 부모, 자식 관계가 빛이 될 수 있었을까. 대부분의 드라마 전개가 그렇듯이 부모 자식의 관계는 초반에 불행과 오해를 겪지만 후반부에 제일 큰 깨달음과 좋은 사이로 변화한다.

여기서 좋은 사이로 변화했다는 의미는 초반에 부모의 강요가 얼마나 잘못된 이기심인지 깨닫게 됐다는 뜻이기도 하다. 여기서 드라마 전개에 초점이 맞춰지면 안 된다. '흔한 드라마 전개잖아'라고 생각할 수 있지만 그래도 전개 속에서 변화 가능성이라도 보여준다는 점이 우리에게 위안을 주는 것이지 않을까 생각한다.

두 번째로는 친구 관계이다. 가장 큰 빛을 담당하고 있는데, 입시라는 상황에 같이 놓여 있는 관계여서 그런지 친구의 아픔과 고민을 잘 이해해 주고 걱정해 주는 사이로 친구를 외면하지 않고 같이 있어주는 행복을 담당한다.

　마지막으로는 선생과 제자의 관계이다. 이 관계는 선생님의 힘이 가장 큰 존재로 비추고 있다. 〈일타 스캔들〉에서는 부모의 잘못된 행동으로 부정행위를 하게 된 학생이 용기를 내 선생님께 털어놓는 장면이 있다. 부모의 행동이 큰 원인이었지만 결국 부정을 저지른 학생의 잘못도 없지 않을 수 있다. 그렇지만 선생은 자신의 학생이 어떤 상황에서 거기까지 갔는지 헤아리고 바로잡을 수 있게 최선을 다하는 모습을 보여준다. 이처럼 〈일타 스캔들〉에서는 사교육, 입시 경쟁으로 인해 벌어진 사건 속에서 다양한 '관계'들이 서로 힘든 과정을 함께 이겨내며 힘이 되어주기도 한다. 그러나 반대로 초반에는 오해가 쌓이고 틀어진 '관계'라도 과정을 걸쳐 서로 이해하고 더 깊어진 '관계'로 기쁘게 마무리한다. 인간은 '관계'라는 요소에 영향을 받을 수밖에 없다. 정신없는 사회 속에서 의지하고 위로받으며 때론 어둠에 빠져 있을 때 정신 차리게 해주는 이들도 바로 '관계' 속에 있기 때문이다.

　하지만 시청자들에게 '관계'로서 성장하고 의미 있는 마무리를 맺어도 기존의 문제 원인이었던 과열된 사교육과 그로 인한 입시 경쟁은 제자리 상태로 똑같은 거나 다름없다. 〈일타 스캔들〉뿐만 아니라 기존의 다른 교육 소재의 드라마 결말들도 예외는 아니다. 교육을 소재로 한 다양한 드라마들이 방송된 후에도 계속 거론되는 사교육 문제와 경쟁을 완화하는 여론들이 여전한 것은, 지금까지 작품들의 영향에 효용 가치가 있는지도 의문스럽다. 실제 사회의 과도한 사교육과 입시 경쟁을 모티브로 가져왔다면, 그 문제를 조금이나마 완화할 수 있는 해결 상황으로 맺는 결말이 더 영향력을 전달할 것이다. 이런 〈일타 스캔들〉의 결말처럼 시청자들에게 행복과 만족을 주는 결말이라도 우리에게, 즉 실제를 살고 있는 시청자들에게 좀 더 현실 가능성을 보여주는 결말을 보여주기를 바란다. 결말뿐만이 아닌 제작을 할 때도 단지 드라마의 스토리를 위해 사용되는 소재의 역할뿐인 건지도 확인해 볼 필요가 있다.

지친 교육 현실 속에 긍정의 바람이 불러오길 바라며

드라마, 예능 등 다양한 프로그램 소재들은 미디어 매체를 통해 시청자들과 만난다. 신선한 아이템과 극본으로 새로운 시선과 유행을 일으키기도 하지만 현실 사회에서 일어나는 이슈들과 어느 정도의 상호작용을 사회에 미치는지 고려할 필요성도 매우 중요하다. 그렇기에 미디어 작품들이 현실에서 가져온 소재나 배경을 사용할 때는 그로 인해 실직적인 문제에 대한 좀 더 긍정적인 방향과 시선을 가질 수 있도록 변화의 실마리를 제공할 수 있어야 한다고 생각한다.

사교육, 입시 문제를 살펴보면 현재 킬러 문항을 제외하고 경쟁을 완화해 사교육을 경감하는 등 여러 방안이 거론되고 있지만 그에 대한 반대 의견도 없지 않다. 미디어에서도 교육과 관련된 다양한 작품이 계속 방송되고 있지만, 솔직히 잠깐 나왔다가 흘러 지나가는 시냇물과 같다.

이런 상황 속에서 작품들의 방향성은 매우 중요하다. 물론 현실에 방안을 제시해 줘야 한다는 뜻으로 말하는 것은 아니다. 대중에게 미디어의 역할은 굉장히 중요하다고 생각하지만, 작품들의 영향력은 뉴스에 비해 한계가 있다고도 생각한다. 창의력, 판타지 등 대중이 좋아할 만한 장르와 소재를 가지고 시청자들을 만족시키기 위해 만드는 드라마는 현실감이 부족할 수도 있다. 그러나 핵심 문제에서 방향이라도 흐리지 않았으면 하는 바람이다. 〈일타 스캔들〉에서도 사교육, 입시를 배경으로 다룬 만큼 마무리에라도 교육의 방향을 확실히 잡아준 결말이었다면 더 효과적이지 않을까 생각한다.

지금의 바람으로는 〈일타 스캔들〉의 결말이 '관계 개선'도 좋지만, 사교육의 과열된 현상으로 공교육의 입지와 기준이 점점 흐려지는 실태 속에 그 구분을 확실히 만들어 공교육의 정체성을 확실히 보여줬다면 어땠을까 싶다. 그렇게 했다면 교육 분야의 바람직한 생각과 신념을 시청자들이 다시 생각해 볼 수 있는 기회가 되었을 것이다. 인물들의 감정과 상황만 볼 때 행복한 결말일지라도, 그 뒤에는 여전히 경쟁과 과열된 사교육이 남아 있다. 그러므로 모든 이들이 긍정적인 변화를 맞는 마무리였으면 한다.

드라마 속 학교폭력

드라마 속에 묘사된 학교폭력이 지닌 힘

백지민

서론: "그냥 장난이었어요"

"그냥 장난이었어요."

학교폭력과 관련된 뉴스나 기사에서 가해자들의 변명으로 가장 자주 언급되는 문장이다. 가해자들에게는 장난으로까지 여겨지는 학교폭력 그 속에는 말하기조차 힘들고 무서운 피해자들의 아픔이 감춰져 있다. 학교폭력이 일어나는 데는 여러 가지 이유가 있을 것이다. 가해자 개인의 심리적 이유 또는 개인의 가정적 이유가 원인이 될 수도 있을 것이며, 학교 내 숨은 이유나 다른 사람의 영향 또한 존재하리라 생각한다. 이러한 모든 것들이 학교폭력의 이유와 원인이 될 수 있지만 이외에 미디어의 영향 또한 빠질 수 없는 동기이자 이유라고 생각한다. 물론 어떤 이유이든 간에 학교폭력이 정당화될 순 없다. 그렇지만 원인을 알고 방향을 바꾼다면 더 많은 아픔이 발생하는 것을 예방할 수 있지 않을까? 최근 많은 드라마와 영화에서 학교폭력이 소재거리가 되고 있다. 그와 동시에 미디어에서의 학교폭력 묘사가 적나라해지고 있다. 이렇게 묘사된 장면을 시청한 시청자들은 학교폭력의 심각성을 느끼며 피해자의 아픔에 공감하는 반응을 보이기도 하고, 한편으로는 적나라하게 드러나는 학교폭력 장면을 학생들이 모방하지는 않을까 하는 우려의 목소리를 내기도 했다. 이렇게 우려의 목소리가 나올 정도로 적나라한 학교폭력 장면이 그대로 노출되어도 되는 것일까? 어쩌면 이러한 장면이 학교폭력의 동기이자 원인으로 작용하는 것은 아닐까? 지금부터 미디어 속 학교폭력 장면의 힘과 앞으로 미디어가 가져야 하는 방향성에 관해 이야기하고자 한다.

본론 1. 〈더 글로리〉 속 학교폭력

최근 큰 인기를 얻은 드라마 중 하나인 〈더 글로리〉는 학교폭력을 다룬 드라마이다. 극 중에서 가해자로 등장하는 박연진과 피해자로 등장하는 문동은. 박연진은 자기 친구들과 문동은을 괴롭힌다. 다른 드라마 속에서 흔하게 등장하는 셔틀이나 신체적 폭력은 물론이며, 고데기 열판을 몸에 직접 대어 열 체크를 하거나 성희롱을 당하는 등의 괴롭힘이 드라마 속에서 서슴없이 묘사되었다. 이를 시청한 시청자들의 반응은 어땠을까? 〈더 글로리〉가 방영된 후 네이버의 한 카페에서는 자신의 조카가 다니는 학교 학생들이 '더 글로리 놀이'[1]라는 장난을 한다는 글이 게시되었다. 이 글에 따르면 해당 게시 글 작성자의 조카의 학교 학생들은 자신보다 약해 보이는 학생들을 불러서 돈이나 금품을 빼앗고 뺨을 때리는 등의 신체적 폭력을 행사하며 비웃고 괴롭힘을 일삼았으며 이를 '더 글로리 놀이'라고 불렀다는 것이다.[1] 이 글을 접한 사람들은 "〈더 글로리〉 드라마를 보면서 학생들의 모방이 걱정되었는데 벌써 생기다니 걱정이다", "청소년의 모방범죄 심각한 것 같다" 등의 반응을 보였다. 〈더 글로리〉의 사실적인 학교폭력 묘사가 이를 시청한 학생들에게 자극을 주어 현실 속 또 다른 피해를 불러일으킨 것이다.

본론 2. 〈소방서 옆 경찰서〉 속 학교폭력

〈소방서 옆 경찰서〉는 재난, 사고, 범죄 상황에 가장 먼저 투입되어 범인을 잡는 경찰과 화재를 잡는 소방관의 현장 공동 대응을 다룬 드라마이다. 이 중 2화가 학교폭력을 소재로 다룬 내용이다. 〈소방서 옆 경찰서〉 2화에서는 한 남자아이가 같은 반의 한 여자아이를 괴롭히는 장면이 등장한다. 남자아이는 왕따였던 여자아이에게 도박을 알려주어 돈을 다 잃게 만든 뒤 자기 돈을 빌려주고 엄청난 이자를 책정해 자신에게 빚을 지게 만든다. 이후 여자아이에게 여자아이 엄마의 도장과 통장을 가져오라며 협박했고, 여자아이가 이를 거절하자 여자아이의 집에 몰래 들어가 몰

---

1 '더 글로리 놀이'는 '소녀감성아줌마'(소마)의 "더글로리 놀이라고 들어보셨나요?", https://cafe.naver.com/sogam0515/1589707?art=ZXh0ZXJuYWwtc2VydmljZS1uYX Zlci1zZWFyY2gtY2FmZS1wcg.eyJhbGciOiJIUzI1NiIsInR5cCI6IkpXVCJ9.eyJjYWZlV HlwZSI6IkNBRkVfVVJMIiwiY2FmZVVybCI6InNvZ2FtMDUxNSIsImFydGljbGVJZCI 6MTU4OTcwNywiaXNzdWVkQXQiOjE3MDAwMzA5MTIwMDF9._-_Do8MPJR8NO caiJ-awEvT57g99S2_OzWGm3fBhm6Y에서 인용했다.

래카메라를 찍어 이로 협박을 이어간다. 이에 여자아이는 자꾸 이렇게 괴롭히면 농약을 먹고 죽겠다며 협박하고 남자아이는 여자아이가 절대 그럴 수 없을 것이라고 도발한다. 이에 여자아이는 홧김에 농약을 먹자 남자아이는 겁이 나 도망을 간다. 이후 여자아이는 소방대원과 경찰에게 구조되었으나 끝내 사망했고, 그 후에는 범인을 잡는 스토리가 이어진다. 이 드라마 역시 학교폭력을 다룬 드라마이며 해당 드라마 회차를 시청한 시청자들은 촉법소년에 관한 범죄를 다룬 내용이다 보니 제대로 된 처벌 장면이 등장해야 하는 것 아니냐는 반응을 보였다. 드라마에서는 범인이 누구인지 밝혀지고 그 아이가 촉법소년이라 처벌하지 못한다는 암시만 있고 처벌 장면이 따로 등장하지 않았기에 나온 반응이 아닐까 생각한다. 여기에는 또, 촉법소년이기에 처벌하지 못하고 회차가 마무리되면 이를 가볍게 여겨 학생들이 폭력을 일삼게 될 수도 있다는 우려도 담겨 있다고 생각한다.

이 회차에서 가해자로 등장하는 남자아이가 자신이 촉법소년인 것을 미리 알고 치밀하게 범죄를 계획한 것으로 폭력의 이유가 묘사된다. 만약 해당 장면이 학생들에게 노출된다면 학생들은 미디어 속에서 자신의 또래 학생이 촉법소년에 해당해 이를 악용하는 모습을 보게 될 것이며, 이로부터 자신 또한 학교폭력을 행한다면 '나도 저 아이들처럼 촉법소년에 해당해 처벌을 피할 수도 있지 않을까'라는 생각이 들게 할지도 모른다. 만약 이러한 생각을 하는 학생이 있다면 이는 학교폭력의 책임에 대한 학생들의 경각심을 거의 없어지게 하는 결과를 가져올 것이며 학교폭력 묘사로 인한 모방범죄 발생 가능성에 불을 붙이게 될 것으로 예상되고 걱정된다.

본론 3. 두 드라마 비교를 통한 드라마의 일 순위

앞서 소개한 두 드라마는 모두 학교폭력을 하나의 소재거리로 이용했다는 점에서 공통점을 지닌다. 또한 적나라하고 사실적으로 해당 장면을 묘사한 것도 하나의 공통점이다. 드라마가 해당 장면을 이렇게 사실적으로 묘사하는 이유는 무엇일까? 예상컨대 시청자들에게 해당 장면을 현실감 있고 생생하게 전달하기 위해서가 아닐까 생각한다. 현실감은 드라마를 제작하는 데 중요한 요소 중 하나이기 때문에 이를 생생하게 전달하는 것 또한 중요하기 때문이다. 그런데 드라마를 제작할 때 현실감을 생생하게 전달하는 것이 과연 일 순위일까? 드라마는 다양한 연령층이 시청할 수 있고 그렇기에 다양한 연령층에게 영향을 미칠 수 있다. 이를 인지한다면 현실감 있는 생생한 묘사보다 이를 시청하는 시청자들에게 미칠 영향을 더욱 중요시해 일 순위로 생각해야 하는 것이 아닐까? 만약 사실적인 묘사가 시청자들에게 끼칠 악영향이 예상된다면 이를 최소화하고 다른 방법을 묘사해야 하는 것이 아닐까 하는 생각이 든다.

앞서 언급된 두 드라마의 차이점은 비록 법적인 처벌은 아니나 〈더 글로리〉의 가해자들은 드라마의 마지막에 처벌받게 된다는 것이다. 그러나 드라마 〈소방서 옆 경찰서〉에서는 앞서 말했듯이 미성년자, 즉 촉법소년이라서 처벌을 받지 못한다는 것을 암시하면서 회차가 끝난다. 〈소방서 옆 경찰서〉와 같이 학교폭력을 행했지만 처벌을 받지 않고 끝난다면 이는 이를 보는 시청자들에게, 특히 미성년자 시청자들에게 더 큰 모방 효과를 불러일으키리라 생각한다. 아직 생각이 미성숙한 아이들에게 처벌받지 않는 모습을 드러내면 해당 장면을 통해 아이들은 '학교폭력을 해도 우리는 처벌받지 않는구나'라는 생각을 각인시킬 수 있고 이로 인해 아이들이 학교폭력을 모방하는 데 장애물 하나가 사라지는 것일 수 있기 때문이다. 계속 언급하지만, 드라마 속에 학교폭력을 적나라하게 묘사하는 것은 위험성이 높고 학생들의 모방범죄를 일으킬 수 있는 행위이다. 이것만으로도 충분히 위험한 행위인데 드라마 속에서 이에 대한 충분한 처벌 장면을 보여주지 않는다고 생각해 보아라. 이는 이를 시청하는 미성년자 아이들의 모방범죄를 예방하기는커녕 더욱 활발하게 만들 수 있다는 걱정이 든다. 가장 좋은 방법은 학교폭력의 모습을 최대한 줄여서 표현하는 게 좋겠지만 이러한 방향이 쉽지 않다면 정확한 처벌 장면을 보여주어 미성년자 시청자들의 경각심을 불러일으켜야 한다고 생각한다.

결론

나 또한 모방 위험을 지닌 장면을 사실적으로 묘사하는 것을 무조건적으로 제한하자고 주장하는 것은 아니다. 방송사에도 표현의 자유가 존재하며 무조건적으로 제한했을 경우 오히려 악효과가 발생해 시청자들로 하여금 거부감을 느끼게 할 수 있기 때문이다. 그렇다면 방송사는 어떠한 방향으로 나아가야 할까?

우선 가능하다면 모방 위험을 지닌 장면을 배제시키는 것이 제일 효과적인 방법일 것이다. 노출되지 않는다면 모방하게 될 위험도 발생하지 않을 테니 말이다. 그러나 이는 현실적으로 불가능에 가까우므로 방송사는 학생들이 모방하지 않도록 관련 장면을 묘사할 때 아동 심리 전문가나 관련 전문가와 장면에 대한 의견을 공유하면서 학생들에게 최대한 자극이 가지 않도록 하는 방향을 찾아내야 한다. 또한 해당 회차나 드라마가 모방 위험을 지니고 있다는 것을 판단하고 시청 연령을 제한

하는 기준을 넓힐 필요가 있다고 생각한다. 시청 연령 제한은 시청할 수 있는 연령을 제한함으로써 적절하지 않은 장면을 제한하기 위해 시행된다. 그러나 최근에는 시청 연령 제한이 의도대로 지켜지지 않고 있다. 심지어 네이버를 포함한 각종 포털 사이트에 '시청 연령 제한'을 검색하면 유튜브를 포함한 다양한 OTT 사이트의 연령 제한을 해제할 수 있는 방법들이 소개되고 있다. 이러한 현재의 문제점도 반영해 연령 제한 기준을 확대함과 동시에 '시청 연령 제한'이라는 이름이 지켜질 수 있도록 하려는 노력도 필요하다고 생각한다. 모방의 원인을 완전하게 없애고 막을 수는 없겠지만 최대한 발생하지 않도록 예방하려는 노력이 필요하다고 생각한다.

또한 우리 시청자들의 노력도 필요하다. 우리는 어떠한 노력을 할 수 있을까? 일단 누군가의 보호자로서 우리의 노력이 필요하다. 주변에 어린아이나 학생들과 많은 시간을 보내는 보호자라면 우리는 그들의 사고 과정에 약간의 개입을 통해 바른길로 인도해 주어야 한다. 물론 위험이 있는 장면을 아이가 시청하지 못하도록 막는 것이 최고의 방법이지만, 만약 미디어에서 아이의 사고를 어지럽히는 장면이 표현되었고 이를 아이가 시청하는 것을 막지 못했다면 우리는 이를 인지하고 사전에 예방하려고 노력해야 한다는 것이다. 아이에게 수시로 해당 장면의 행동이 부적절한 행동임을 각인시켜 주고 해당 행동의 결과가 어떠한지 아이가 확실하게 인지할 수 있도록 지속적인 이야기와 교육이 필요하다. 앞서 본문에서 언급한 '더 글로리 놀이'와 연관 지어서 이를 이야기해 보자. 아이들은 〈더 글로리〉 드라마를 시청한 뒤 해당 드라마에서 가해자가 피해자에게 행했던 것처럼 또래 친구들의 돈을 빼앗고 신체적 폭력을 행했다. 이렇게 아이들 사이에서 놀이로 가장한 폭력이 발생하지 않게 하기 위해서도 우리의 노력이 필요하다. 먼저 이는 놀이가 아님을 알려주어야 한다. 학교폭력이 얼마나 심각하고 무서운 행위인지 알려주기 위해 학생들에게 지속적으로 해당 행위로 친구가 어떠한 고통을 받고 있는지를 알려주어야 하며, 이는 결국 놀이를 행하는 아이의 책임으로 이어질 수 있다는 것 또한 인지시켜 주어야 한다. 또 한 명의 시청자로서 우리의 노력이 필요하다. 해당 미디어를 소비하는 시청자로서 비판적으로 받아들이고 처신하려 노력하는 것이 필요하다는 것이다. 해당 장면은 그저 드라마 속 한 장면일 뿐이고 작품으로만 받아들여야 할 것이다. 이러한 노력이 합쳐진다면 모방에 대한 위험과 빈도는 줄어들 수 있고 예방될 수 있다고 생각한다.

"그냥 장난이었어요." 서론에서 가해자들의 변명으로 언급했던 대사이다. 이 대사를 입 밖으로 꺼내는 학생들이 없어지도록, 또 학생들이 행하는 학교폭력의 원인이 미디어가 되지 않도록 미디어와 우리 시청자 모두의 노력이 필요하다는 것을 우리는 잊어서는 안 된다.

킹더랜드의 개천용은 메이드복을 입는다

김나현

신데렐라는 어릴 적 부모님을 잃고 계모와 언니들에게 구박을 받지만, 기적처럼 나타난 요정 할머니와 유리 구두 덕분에 왕자님에게 선택받아 행복하게 살게 된다. 신데렐라 이야기는 "신분 상승에 성공해 행복하게 살았답니다"에서 멈춘다. 그가 신분 상승에 성공한 뒤, 어떤 성취를 이루며 살아가는지 궁금해하는 이들은 거의 없다. 아름다운 드레스와 반짝이는 유리 구두를 장착하고, 부유하고 명예로운 왕자와 함께 거대한 궁전을 거니는 것이 신데렐라 인생의 최종 목표로 여겨지기 때문이다. 사실 신데렐라는 왕자비가 되고 싶다 말한 적이 없는데도.

〈킹더랜드〉(JTBC, 2023.6.17~2023.8.6)는 한국 로맨틱 코미디 장르의 기본형이 되는 것들만을 취한 드라마다. 주인공 천사랑은 어렸을 때 부모님을 여의고 조손가정에서 자랐지만, 항상 웃음을 잃지 않고 씩씩하게 살아가는 21세기 '캔디렐라'다. 2년제 대학 출신이라는 이유로 자신을 차별하고 무시하는 직장 상사 앞에서도, 매뉴얼만으로는 처리가 불가능한 진상 손님 앞에서도 '헤르메스' 정신을 발휘해 웃음을 잃지 않아야 하는 캔디렐라 호텔리어 천사랑 앞에, 까칠하지만 능력 있는 재벌 3세 킹호텔 본부장 구원이 나타난다. 그는 천사랑이 위기에 빠질 때마다 이름 그대로 '구원'해 주며, 그와의 '사랑'을 싹틔워 나간다.

미소가 예뻐서, 피아노 없이 피아노를 연주할 줄 알아서, 교육 없이도 매뉴얼을 3개 국어로 암송할 줄 알아서 초고속 승진을 하고, 모든 호텔리어들의 꿈인 VVIP 라운지 '킹더랜드'에 입성하게 되는 천사랑은 〈킹더랜드〉에 등장하는 모든 직장인 가운데 가장 두드러지는 '개천용'이라 평가할 수 있을 것이다. 그는 킹더랜드 내에서도 최정예 멤버들만 함께할 수 있는 드림 팀의 일원으로 차출된다. 이는 그가 능력을 인정받았기에 킹호텔의 호텔리어로서 오를 수 있는 최상위 직급에 도달한 것처럼 연출되지만, 현실에서 그를 기다리는 것은 꽉 끼는 메이드복과 오너 일가의 시중을 드는 업무다. 〈킹더랜드〉의 개천용 천사랑은 몸에 달라붙는 셔츠와 치마를 입고 오너 일가의 기분이 상하지 않도록 최고의 서비스를 제공한다. '헤르메스' 정신으로 말이다.

일각에서는 이를 블랙 코미디라 생각할 수도 있겠지만, 드라마에서 묘사하는 천사랑은 정말로 '개천용'이다. 호텔리어로서는 불가능했지만, '부유하고 명예로운 왕자님' 구원과의 결혼함으로써 신분 상승을 이루어 내기 때문이다. 드라마는 그가 모두의 박수 소리가 울려 퍼지는 성대한 결혼식장에서 구원이 내민 팔에 팔짱을 끼고, 행복한 미소를 짓는 것을 클로즈업하며 마무리된다. 천사랑의 마지막 대사는 그가 구원과 함께라면 '어디든' 갈 수 있을 것을 암시하지만, 이를 보며 마냥 '아름다운 이야기였다'고 기뻐하기는 어렵다. 여성 노동자가 개천용이 되기 위해 최종 목표로 삼아야 하는 것은 정말로 '백마 탄 왕자님 만나기'인 것일까.

로맨스가 봉합하는 성차별주의

〈킹더랜드〉가 표면적으로 내세우는 노동자 차별의 기준은 계급이지만, 드라마를 들여다보면 계급보다는 성별이 그들을 나누는 더욱 명확한 기준이라는 것을 확인할 수 있다. 이는 노동자들의 복장에서 가장 뚜렷하게 드러난다. 천사랑의 제주도 인터뷰 라이브 방송을 시청하기 위해 사무실에 모인 동료 호텔리어들의 복장을 예시로 들어보자. 여성 호텔리어들은 모두 메이크업을 하고 몸에 꼭 끼는 치마 정장 근무복을 착용하고 있지만, 남성 호텔리어들은 민낯으로 넉넉한 품의 바지 정장 근무복을 착용하고 있다. 이러한 복장 차이는 천사랑의 친구, 승무원 오평화의 근무지에서도 보인다. 기내를 돌아다니는 오평화와 그의 여성 동료들은 획일화된 메이크업을 하고, 몸에 달라붙는 셔츠와 치마로 이루어진 근무복과 펌프스 힐을 착용한다. 하지만 오평화의 후배이자 남성 승무원인 이로운은 민낯으로 넉넉한 크기의 재킷과 셔츠, 바지로 이루어진 근무복을 착용한다. 그는 여성 동료들에 비해 헤어와 메이크업에 큰 노력을 쏟지 않아도 되며, 손님의 세탁물을 들고 라운지까지 뛰어가기에 큰 부담이 되지 않는 낮은 굽의 정장 구두를 신어도 된다. 호텔리어와 승무원은 걸음걸이까지 교정 및 교육받는 것으로 알려진 직업이다. 그들은 근무 시간 내내 여러 곳을 끊임없이 걸어 다녀야 하고, 장시간 서 있어야 한다.

2013년 2월, 불편한 치마 복장이 승무원의 업무 능률을 떨어뜨린다는 문제가 제기되면서 아시아나 항공은 국가인권위원회의 권고에 따라 여성 승무원이 자유롭게 바지 근무복을 선택해 착용할 수 있도록 규정을 바꾸었다. 하지만 여성 승무원들은 규정이 변경된 지 5년이 흐른 2018년까지도 자유롭게 근무복을 선택할 수 없었다. 그들이 바지를 선택하면 "정말 바지를 입을 거냐"며 선택을 취소할 것을 압박하는 상사들

의 전화가 걸려 왔기 때문이다.[1] 지난 5월, 대구 공항에서 아시아나 항
공기의 비상구가 열린 채로 착륙하는 사고가 발생했을 때, 온몸으로 출
입문을 막고 안전 바를 설치하는 여성 승무원의 사진이 화제가 되었다.
자칫하면 큰 인명 피해로 연결될 수 있는 일촉즉발의 상황 속에서도, 사
진 속 여성 승무원은 치마 근무복을 착용하고 있었다. 이를 본 대다수의
누리꾼들은 "치마가 너무 불편해 보인다"고 이야기했다.[2] 불편한 치마
와 구두 복장이 그들의 능률을 떨어뜨리는 요소라는 점은 사진 한 장만
으로도 명백하게 확인할 수 있다. 큰 보폭으로 걸어 다니기 어려울 뿐만
아니라, 발 건강을 해치기까지 하는 복장 규정은 그들의 업무 능률을 저
하시킨다.

〈킹더랜드〉는 이런 부조리한 성 차별적 장면을 로맨스로 승화시켜
극복한다. 이를테면 시간 안에 손님에게 세탁물을 전달해야 하는 오평
화가 불편한 복장으로 빠르게 달려가다 한계를 느껴 곤란해하고 있을
때, 비교적 편한 복장을 착용한 이로운이 슈퍼맨처럼 등장해 그의 업무
를 대신 해결해 주며 '구원의 로맨스'를 싹틔우는 장면처럼 말이다. 오
평화의 직장 상사인 사무장은 '건강 관리 체크'라는 명목하에 후임 승무
원들의 체중을 검사하고, 이를 당사자의 동의 없이 모두의 앞에서 공개
한다. 남성 승무원 이로운은 이 과정에서 이유 없이 제외되는 특혜를 받
는다. 사무장이 체중이 증가한 여성 승무원 오평화에게 "몸무게가 1kg
씩 늘어날 때마다 비행기 기름값이 얼마나 늘어나는지 모르냐"라고 말

---

1   "[취재설명서] 아시아나엔 왜 바지입은 여승무원이 없을까", JTBC뉴스, 2018.3.9, https://
    news.jtbc.co.kr/article/article.aspx?news_id=NB11600725(검색일: 2023.10. 14).
2   "치마 입고 '열린 비상문' 몸으로 막아…승무원 옷 더 편했다면", ≪한겨레≫, 2023.5.29,
    https://www.hani.co.kr/arti/society/society_general/1093723.html(검색일: 2023.10.
    14).

하며, "체중 관리는 개인의 자존심을 넘어 회사 비용 절감에 필수"이므로 "체중이 증가한 것은 회사를 위하는 마음이 없는 것"이라 간주하고 "네가 그러니 승진을 못하는 것"이라며 모욕적인 언사를 내뱉는 장면은 성차별적이고 비윤리적 사생활 침해를 당하고 있는 여성 승무원의 실태를 고발한다. 이에 적극적으로 대적하는 것은 권리를 침해당하는 오평화가 아니라 혜택을 누리고 있는 이로운이다. 그가 이러한 상황과 관습이 비합리적이라 생각하기 때문에, 이를 뜯어고치기 위해 대적하는 것은 아니다. 이는 모욕을 당하는 대상이 좋아하는 여성이기 때문이다. 이는 여성 승무원의 실태를 고발하기 위한 장면이 아니라, 그가 오평화를 구원해 줌으로써 그들에게서 '로맨스 관계'가 형성되는 것을 보여주기 위한 장면이라 해석하는 것이 더욱 정확하다. 이로운은 사무장에게 맞서기 위해 역지사지의 방식을 사용한다. 그는 오평화에게 모욕을 주고 자리를 뜨는 사무장을 불러 세워 "사무장님 또한 체중을 재야 하는 것 아니냐"고 말한다. 사무장이 다른 여성 승무원를 곤란하게 만들었던 방식을 사용해 그가 민망함을 느끼도록 만든 것이다. 이 상황에서 오평화는 자신에게 모욕을 준 비합리적 관습에 대한 분노감이 아니라, 자신을 대신해 사무장에게 대적해 주는 이로운에 대한 애틋함을 느낀다. 정말 '아닌 밤중에 로맨스'가 따로 없다.

〈킹더랜드〉는 이러한 문제점을 로맨스적 요소로 승화시켰지만, 사실 이는 명백한 직장 내 성차별이다. 남성 승무원 이로운이 사무장을 대하는 태도에서도 이것이 드러난다. 여성 승무원들은 직장 내 최고참인 사무장에게 잘 보여야만 승진의 기회를 얻을 수 있기 때문에, 어떠한 모욕을 들어도 꿋꿋하게 버틴다. 기장은 승진이 좌절된 오평화에게 "그렇게 곰처럼 일만 하지 말"라며, "미나처럼 꼬박꼬박 선물도 가져다 바치고, 때 되면 김장도 도와야 승진할 수 있"다고 조언한다. 이는 그들이 철저한 위계 질서하에서 근무하며, 업무 능력 외의 영역 또한 요구받고 있다는 것을 보여주는 장면이다. 하지만 팀에서 가장 낮은 직급인 이로운은 상사의 눈치를 보지 않고 회식에 불참하겠다 말하고, 사무장에게 당당하게 체중 공개를 요구하는 등 부당한 상황에서도 적극적으로 자신의 의사를 밝힐 수 있다. 사무장은 그런 그에게 다른 여성 승무원들처럼 보복을 가하지 않고, 오히려 그를 배려하는 태도를 보인다. 이는 이로운이 직장에서 '보이지 않는 권력', 즉 직급과 관계없이 성별로 인해 형성된 권력을 지니고 있음을 보여준다. 〈킹더랜드〉의 직장 내에서 성별로 인한 비대칭적 관계가 형성되고 있음을 알 수 있는 것이다.

예쁘게 꾸민다고 다 예쁜 건 아니지요

젠더 이분법을 바탕으로 〈킹더랜드〉에서 취하고 있는 노동자들에 대한 태도는 현실의 여성 인권까지도 퇴보시킬 수 있다는 우려를 동반한다. 그도 그럴 것이, 이 모든 것을 천사랑과 구원의 로맨스가 뜨겁게 불타오를 수 있도록 만드는 장작으로만 사용하고 말기엔 너무 무거운 주제들이기 때문이다. 킹호텔의 최고 위치까지 승진해도 부잣집 하녀가 되는 천사랑을 보며, 시청자들은 현실의 여성 노동자들을 가로막는 유리천장을 떠올리게 된다. 판타지적인 클리셰를 남발하며 '신데렐라'를 '구원'하는 '판타지 드라마'에서 유일하게 '판타지'가 적용되지 않는 영역이 존재한다는 것을 깨닫고, 드라마에 빠져들던 여성 시청자들이 괜한 씁쓸함을 느끼며 꿈에서 깨어나게 되는 것일지도 모른다.

천사랑이 학력으로 인한 차별·핍박 등 부당한 대우를 받았던 로비에서 모든 호텔리어들에게 꿈의 영역으로 여겨지는 킹더랜드로 승진하게 되었을 때, 그의 앞에는 친절한 상사 전민서가 등장한다. 그의 존재는 킹더랜드가 '부당한 것이 평범하고 자연스러운 것'이었던 로비와 다르게 합리적인 공간이며, 이곳에서는 천사랑이 더 이상 지난날의 수모를 겪지 않게 될 것임을 암시해 준다. 사실, 누군가를 학력 등의 이유로 차별하고 모욕하는 것은 법으로도 금지되고 있는 명백한 괴롭힘이다. 천사랑이 로비에서 겪었던 일들은 비정상적, 즉 드라마적 환상이 가미된 상황이라는 뜻이다. 하지만 〈킹더랜드〉에서는 '킹더랜드'라는 공간의 환상성과 승진의 극적 특성을 강조하기 위해 이를 반대로 설정했다. 로비에서의 처우는 일반적인 것이고, 이러한 구조적 문제는 개인의 능력 차원에서 극복할 수 있다는 교훈이 느껴지게끔 말이다. 그러면서도 그들은 실현 불가능한 판타지를 선보이며 여성 노동자가 구조적 문제를 극복하는 것은 개인의 능력 차원에서 불가능한 일임을 보여주고 있으니. 우리가 〈킹더랜드〉를 시청하며 아이러니함을 느끼는 것은 당연한 수순일 것이다.

호텔리어라는 직업을 사랑했던 천사랑은 "킹호텔 내에 소속되어 있으면 구원과의 사랑을 지키기 어렵다"는 이유로 직장을 그만둔다. 그가 민박집 '호텔 아모르'를 개업하는 장면은, 그가 수동적으로만 존재해야 했던 호텔을 벗어나 능동적으로 꿈을 개척해 나갈 것이라는 기대를 수반했다. 하지만 '호텔 아모르'는 그가 '백마 탄 왕자님' 구원과 결혼식을 올린 뒤로 존재를 감추었다. 호텔리어라는 직업을 무척 좋아했고, 꿈 앞에서는 무모하지만 도전적이었던 천사랑이라는 인물의 종착지가 재벌 3세 구원의 아내 자리라니. 드라마가 전하고자 하는 메시지가 "모두 백마 탄 왕자님을 만나세요"일 리는 없겠지만, 이렇게 마침표를 찍어버리는 것을 보고 나면 〈킹더랜드〉가 시시하는 바는 그뿐이라고 치부할 수밖에 없어진다.

후진 로맨스

〈킹더랜드〉의 여성 주인공 천사랑은 지독할 정도로 착실하고 성실하며 순수하다. 그는 드라마 내에서 누군가에게 해를 끼치지 않는 '절대적 선'으로서 존재하고, 이는 그의 신분 상승이 당연하게 가능할 것이라는 믿음을 동반한다. 이는 그가 멜로드라마에서 가장 중요하게 여겨지는 '과잉의 정서'를 가장 잘 보여주고 있는 인물이기 때문인데, 그런 점에서 본다면 그는 멜로드라마 특유의 과잉적 역동이 도덕적 양극화와 도덕적 정의의 준수라는 원칙에서 기인한다는 김현경의 주장[3]을 뒷받침해 주는 근거가 되기도 한다.

김현경은 2013년 방영된 드라마 〈비밀〉(KBS, 2013.9.25~2013.11.14)을 신자유주의가 불러온 젠더화된 양극화의 억압적 현실에 대한 불만을 고졸 여성 강유정의 수난과 사랑/연애로 전치시킨 이야기이자, 그가 자신의 선한 의지를 통해 '악한' 이들을 처벌하고 부자인 남성과 맺어지고자 하는 소망과 좌절의 멜로드라마라 해석[4]했는데, 이는 거시적 관점으로 보았을 때 〈킹더랜드〉와도 일맥상통한다. 멜로드라마는 과잉의 정서가 대중의 욕망을 반영하고 있다는 믿음을 토대로 구축되는 드라마다. 선하게 살면 '멋지고 부유한 왕자님'을 만나 신분 상승을 이룰 수 있다는 믿음이 드라마 내에서 과잉의 정서로 표현되는 것이다. 이는 가난한 여성이 현실을 극복할 수 있는 돌파구가 남성에게 의존하는 것뿐이라고 이야기하는 것처럼 보일 수도 있다.

---

3   김현경, 「신자유주의 시대의 멜로 드라마적 상상력: 텔레비전 드라마 〈비밀〉을 중심으로」, 《여성학논집》, 32(2)(2015), 17쪽.
4   같은 글, 13쪽.

〈킹더랜드〉는 열심히 노동하는 여성이 사랑을 이루고 신분을 상승하는 이야기라는 점에서 가난한 스턴트우먼 길라임이 백만장자 김주원과 사랑에 빠지는 이야기를 담은 로맨틱 판타지 드라마 〈시크릿가든〉(SBS, 2010.11.13~2011.1.16)의 계보를 이어가고 있다고도 해석할 수 있다. 그리고 그렇기 때문에 이 드라마를 더욱더 '게으르다'고 평가하게 된다. 〈시크릿가든〉은 방영 당시 '버릇없는 부잣집 도련님'이 '가난한 스턴트우먼'의 백마 탄 왕자님이 되어 신분을 상승시켜 준다는 설정 때문에 지극히 클리셰적이라는 평가를 받았다. 13년이 지난 지금까지도 그 뻔한 클리셰를 사용해 모든 문제를 남녀 주인공의 로맨스로만 해결하려는 드라마가 만들어지고 있다는 것이 〈킹더랜드〉가 비판에서 자유로울 수 없는 지점이다. 사회적 분위기에 따라 시청자들의 젠더 의식 수준은 향상되어 가는데, 여전히 2010년의 구시대적 클리셰에 머물러 있는 드라마가 나타났다니. 기존의 문법에서 탈피해 신선한 '성별 반전 신데렐라 서사'를 선보인 드라마 〈남자친구〉(tvN, 2018.11.28~2019.1.24)나 여성 중심의 승계 싸움을 보여 주는 드라마 〈퀸메이커〉(넷플릭스, 2023.4.14)처럼 변화를 원하는 대중의 요구를 충족시키기 위해 신선하게 서사를 전복시키는 드라마들이 등장하는 2023년에, 극적인 신데렐라 서사를 쌓기 위해 게으른 방식으로 클리셰를 답습하는 〈킹더랜드〉의 등장은 묘한 아쉬움을 자아내게한다.

직장 내 성차별적 문제점들을 주인공 커플의 로맨스가 진전되기 위한 발판으로만 사용하는 〈킹더랜드〉를 보면, 어쩐지 자꾸만 로맨스에 거부감이 생긴다. 우리가 누군가와 관계를 맺음으로써 친밀한 감정을 형성하고, 그 안에서 안정감을 느끼는 가장 보편적 정서인 로맨스를 밀어내게 되는 이유 또한 여기서 발견할 수 있다. 킹호텔을 놓고 벌이는 승계 싸움에서 사사건건 구원과 천사랑을 방해하고 그들이 위험에 빠지도록 덫을 놓는 '악'이 활개를 치는 상황에서도, 〈킹더랜드〉는 자꾸만 구원의 복근을, 그에 반한 천사랑의 사랑에 빠진 눈빛을, 그들이 나누는 긴 입맞춤을 오랫동안 클로즈업한다. 시청자들이 〈킹더랜드〉를 "모든 것을 키스로 무마하려고 한다"라고 비판하는 것도 자연스러운 맥락일 것이다. 그렇다면 〈킹더랜드〉는 왜 이토록 현존하지 않는 구시대적 캐릭터를 사용해 로맨스를 밀어붙이는 것일까. 〈킹더랜드〉는 성차별적 문제점을 판타지로써 무화하고, 이를 로맨스의 발판으로 사용해 나가고 있다. 이는 판타지라는 장르의 방향성 또한 고민해 보게 만든다. 시청자들에게 환상적인 꿈을 선물해 주는 것이 판타지의 역할이라지만, 그 목적을 달성하는 데 급급해 등한시한 것들이 너무나도 많지 않은가.

여성 주연 메디컬 드라마의 새로운 챕터

남희경

미디어의 중년여성 재현 방식: 성장코드 그러나 여전히 존재하는 모성신화 이데올로기

2023년에는 〈닥터 차정숙〉을 포함해 〈길복순〉이나 〈퀸메이커〉, 〈일타 스캔들〉등 50대의 여성 배우들이 잇달아 주연을 맡는 작품이 특히 증가 했다. 이는 기존 남성 캐릭터의 주변인 혹은 그들을 빛내는 데 사용되는 대상에 불과했던 중년 여성 배우의 새로운 도약을 시사한다. 전문가들은 이러한 사회적 현상의 원인을 OTT 도입에 따른 콘텐츠 시장의 확대에서 찾았다. 김성수 대중문화 평론가는 OTT 시장은 소수라도 단단한 시청층 이 있으면 수익원이 될 수 있으므로 경륜 있고 연기력을 갖춘 중년 여성 을 중심으로 한 서사가 등장할 수 있었다고 보았으며, 공희정 드라마 평 론가 역시 OTT의 확장으로 작품 제작 편수가 늘고 다루는 인물상이 다양해지며 중년 여성의 이야기가 들어갈 틈이 생겼다고 설명했다.

그렇다면 중년 여성 중심 콘텐츠의 양적 증가 자체가 현 대중문화의 서사 구조가 페미니즘적 서사로 변화했다고 설명할 수 있는가. 그렇게 말하기에는 아직 무리가 있다. 미디어는 여전히 중년 여성에게 기대하는 모성 신화적 스테레오 타입을 벗어나지 못하고 있기 때문이다. 대부분의 중년 여성 캐릭터는 여전히 어머니로 상징되는 따뜻함과 넓은 포용력, 인정 어린 성격을 가지고 있다. 이는 의사 차정숙에게서도 찾아볼 수 있다. 의사라는 남성성이 강한 직업에서 차정숙이 갖는 강점은 무엇일까. 바로 모성이다. 의과대학 재학 시절, 전공의 시험을 50점 만점에 49점이라는 우수한 성적으로 통과했지만 병원 내에서 그는 '훌륭한 실력을 갖춘 의사'라기보다는 환자와 그 가족들을 보살펴 주는 '인정 많은 의사'에 가깝다. 수술에 실패한 환자가 힘들어하는 모습을 보면서 "남 일 같지 않아서요, 우리 아들 보는 것 같아요"라며 걱정하고, 결국 죽음을 맞은 환자의 장례식에 짝이 맞지 않는 신발을 신고 달려가 자식 잃은 슬픔을 위로한다. 병원에서 일을 시작한 직후 의사로서의 자질을 의심하며 일을 계속해야 할지 고민하던 때에도 차정숙의 정성 어린 간호에 감동을 받은 환자의 지지와 응원이 일을 지속하는 계기로 작용하기도 한다.

차정숙의 모성애적 성격은 타 캐릭터와 이항대립 구조를 통해 그 특징이 더욱 뚜렷하게 나타난다. 중년 여성 의사 정숙과 대립적 구도에 있는 28세 3년 차 레지던트 소라는 젊고 자신감 넘치며 자신보다 나이가 많은 사람에게도 거침없이 의견을 제시한다. 이는 MZ 세대 자체를 상징하며 동시에 환자를 대하는 데 지나치게 이성적이고 냉철한 발화와 오라를 통해 미디어가 전통적이고 반복적으로 그려내는 의사의 모습을 보여준다. 반대되는 성별과 성격을 가진 남편 인호와의 관계에서도 두 인물 사이의 이항대립 구조를 확인할 수 있다. 딸 이랑이 미술 입시 준비를 희망하는 상황에서 아버지 인호는 이랑의 그림을 찢고 미술 도구를 버리며 적극적이고 폭력적 형태로 의견을 제시한다. 그러나 우리의 인정 많은 차정숙은 따뜻한 말로 응원해 주고 몰래 학원을 보내주기도 하며 무조건적으로 꿈을 지지해 준다. 이는 비단 집안에서뿐만이 아니다. 병원에서 근무하고 있는 전문의이자 아들인 정민이 환자의 상태를 제대로 파악하지 못하고 퇴원하라고 말했던 상황에서도 캐릭터의 대비가 두드러진다. 정민의 잘못된 판단으로 환자가 목숨을 잃자 인호는 이를 타 과의 탓으로 돌리는 데 반해 정숙은 자신이 직접 유가족에게 찾아가 무릎을 꿇고 "용서해 달라" 사과하며 눈물을 흘린다. 정숙과 인호가 두 자녀를 사랑하는 마음은 같다. 그러나 이를 표현하는 방식에 있어 정숙의 표현은 더욱 여성스러우며 부드럽다.

혼합 메디컬 드라마의 등장,
그리고 그들이 나아가야 할 방향

〈닥터 차정숙〉은 성장하는 중년 여성 캐릭터 텍스트를 통해 이루고 싶은 꿈이 있지만 그러지 못하고 50대가 되어버린 수많은 차정숙들을 위로하고 새로운 도전의 가치와 희망을 전해주었다는 점에서 의의가 있다. 그러나 이것이 표현되는 모습에서는 여전히 개선이 필요해 보인다. 중년 여성을 진정으로 무대의 중심으로 옮겨놓기 위해서는 그들을 주제로 한 작품의 증대를 넘어 정형화된 시선을 탈피하는 독립적 캐릭터를 구축함으로써 진정한 의미의 성장과 독립이 이뤄져야 할 것이다.

초점을 옮겨 작품 속 공간에 집중해 보았을 때, 차정숙이 대부분의 시간을 보내는 곳이자 작품 속 주된 배경이 되는 공간인 병원은 이른바 삶의 축소판이라고도 불린다. 탄생부터 죽음에 이르기까지 생을 위해 치열하게 몸부림치는 몸짓들에는 우리의 희로애락이 담겨 있다. 그렇기에 장르적 관점에서 병원이라는 공간이 주된 공간으로 사용되는 의학 드라마는, 다양한 인생사를 통해 콘텐츠를 무한히 확장할 수 있다는 점에서 제작자에게 매력적으로 다가간다. 이뿐만 아니라 건강과 질병이라는 인류 보편의 관심사를 다루고 있기 때문에 삶과 죽음을 다루는 극적 서사를 박진감 있게 전개할 수 있다는 점에서 시청자에게도 오랜 시간 인기와 흥행을 보장하는 장르로 자리 잡았다. 전문가들은 이러한 메디컬 드라마의 성장과 변화가 가장 크게 이뤄진 지점이 2012년 센세이션을 일으킨 작품 〈하얀거탑〉 방영 전후라고 보고 있다.[1] 〈하얀거탑〉이전, 의사는 정의감에 불타는 의인 혹은 카리스마 있는 전문 직업인으로 묘사되었다면 〈하얀거탑〉은 의사들 사이 개인적인 관계와 정치, 직업이 가진 사회적 존재로서 의미를 다뤘다는 점에서 높은 평가를 받았다. 이 작품의 흥행 이후 미디어에서 의사라는 직업이 가진 정체성은 점차 변화하기 시작했다.

이러한 흐름에 발맞춰 현재의 의학 드라마는 여러 유사 콘텐츠와의 경쟁 속에서 살아남기 위해 점차 장르를 분화하고 혼합하기 시작했다. 의료 과정과 병원 내에서 이뤄지는 사건, 환자 간의 갈등 등 의학적 요소가 중심에 크게 자리 잡은 과거와는 달리 현재에는 메디컬 드라마라 해도 메디컬적인 요소는 작품 중 하나의 주제에 지나지 않는다. 오히려 병원을 배경으로 이뤄져 왔던 중심 사건을 병원 외부의 공간으로 이

---

1 하지현, 건국대 의대 정신건강의학과 교수의 인터뷰, "의학 드라마가 TV를 점령했다고?", https://www.arenakorea.com/arena/article/8430(검색일: 2023.11.1).

동시키거나 외부 사람과의 관계에 새롭게 중심을 맞추는 등 로맨스, 우정, 가족 등 메디컬과 다른 장르가 결합된 새로운 형태의 의학 장르가 반복적으로 생산되고 있다. 〈닥터 차정숙〉 역시 메디컬과 가족, 코미디를 혼합한 장르라는 점에서 이러한 관습을 지속한다.

그렇다면 '메디컬 드라마'라는 이름하에 메디컬만이 중심이 되지 않는 것이 문제가 될 수 있는가? 물론 아니다. '메디컬 + a 장르(일명 혼합 메디컬 장르)'의 공식을 따른 장르의 재생산은 제작자에게 제작상의 편의를 부여하고 시청자에게는 작품에 대해 특정 기대를 제공할 수 있다. 장르가 제작자와 수용자 간의 약속이라고 불리는 이유가 바로 그것이다. 또한 이러한 시각을 통해 시청자들은 어렵고 멀게만 느껴지는 의사라는 직업에 대해 경계를 낮출 수 있고 직업인이 가진 인간적 고충에 대해 고찰해 볼 수도 있을 것이다. 그러나 한편에선 의학이 그저 소재 차원으로만 머무르는 혼합 메디컬 장르의 탄생이 의료의 진정성보다 현대 의술을 신기한 볼거리로만 만들고 있다는 비판이 제기되고 있다는 점[2]은 생각해 보아야 할 문제이다. 〈닥터 차정숙〉은 메디컬을 '코미디 장르'와 결합했다는 점에서 진정성 측면에 대한 문제가 더욱 고려된다.

의사이자 한 남편의 아내인 차정숙이 알을 깨고 부화하는 데 가장 큰 영향을 끼친 사건이자 소재는, 남편이자 같은 병원에 근무하는 서인호 교수의 불륜이다. 그레마스(A. J. Greimas)의 행위항 이론에 적용하면 의사의 욕망은 환자의 치료이며, 적대자는 질병과 운명이라 할 수 있다. 그러나 의사 개인의 욕망이 환자의 치료보다는 개인의 욕망에 사로잡혀 있는 인물로 그려진다면 그것 자체로 논쟁의 초점이 될 수 있다.

---

2   "의학 드라마가 TV를 점령했다고?", ≪아레나코리아≫, 2012.8.5, https://www.arenakorea.com/arena/article/8430 (검색일: 2023.11.1).

이러한 점에서 의사의 욕망은 다른 사람들보다는 훨씬 많은 사회적 담론들과 다투게 된다.[3] 의사 '서인호', '최승희', '차정숙'을 둘러싼 불륜이라는 소재가 의사라는 전문직의 권위를 무너뜨린 것이 아니냐는 몇몇 지적이 이를 뒷받침한다. 이 역시 충분히 예상 가능한 우려이다. 그러나 이는 오히려 완벽한 존재로만 그려졌던 의사라는 직업을 가진 캐릭터에게 지극히 개인적이고 사생활과 밀접한 결핍을 가졌다는 서사를 부여함으로써 전과는 다른 입체적 캐릭터를 만들었다는 점에서 차별성을 지녔다고 볼 수 있다.

우리가 진정으로 염려해야 하는 것은 이러한 메디컬 드라마의 움직임을 통해 병원 내에서 일어나는 이야기 자체가 가볍게 여겨지는 것이다. 의학과 불륜, 혼외 자식, 삼각관계 등 다소 민감한 주제를 막장 드라마의 방식으로 유쾌하게 다뤘지만 이 유쾌함이 가벼움으로 변화되는 이상 마냥 즐겁게만 볼 수는 없게 된다. 방송 심의에 관한 규정 제14조 "방송은 사실을 정확하고 객관적인 방법으로 다루어야 하며, 불명확한 내용을 사실인 것으로 방송해 시청자를 혼동케 해서는 아니 된다", 또한 제21조 인권보호에 명시된 규정 "방송은 정신적, 신체적 차이 등을 조롱의 대상으로 취급해서는 아니 되며, 부정적이거나 열등한 대상으로 다루어서는 아니 된다"라는 사실을 유념해야 한다. 그저 가볍게 볼 수 있는 드라마여도 특정 병명을 '못된 병'이라고 표현하거나 '유전이 된다'는 식의 부정확한 정보를 전달하는 것은 더욱 예민하게 받아들일 필요가 있다. 물론 교육 프로그램처럼 사실만을 전달하는 것은 어렵다. 결국 드라마의 목적은 이야기를 통해 행복과 즐거움 같은 감정을 전달하

---

3   최성민, 「한국 의학 드라마 연구 현황과 전망-대중문화를 통한 의료문학의 가능성」, ≪인문학연구≫, 42(2020), 43~75쪽.

는 것일 테니. 극의 현실성과 즐거움을 위해 누군가 사실과 다른 발언을 하는 것은 있을 수 있다. 단, 또 다른 인물이 그 발언의 오류를 지적하거나 정정하거나 자신의 발언을 사과한다면 말이다. 생명을 다루고, 아픈 사람들이 등장하고, 사람들의 인생을 이야기하는 만큼 메디컬 드라마의 새로운 장르는 앞으로도 그 어떤 장르보다 시청자들의 마음을 더 깊이 헤아릴 필요가 있다.

1등을 놓치지 않던 의대생에서 아이를 갖게 되어 의사를 포기하고 전업주부가 된 차정숙은 급성 간염에 걸려 죽을 고비를 넘긴 이후 미뤄뒀던 의사의 꿈을 다시 꾸었다. 전형적 메디컬 드라마 같지만 '무늬만 메디컬 드라마인 아줌마 성장 드라마'라는 로그라인이 시사하듯이 이 드라마는 제목에서 유추 가능한 모든 기대를 보란 듯이 뛰어넘고 혼합 메디컬 드라마의 새로운 발전 방향을 또 한 번 보여주었다. 이 과정에서 다뤄진 미디어의 중년 여성에 대한 모성신화 이데올로기나, 사실 정보 제공에 대한 책임 문제 등 발전된 형태의 장르로 굳어진 혼합 메디컬 장르에서 소홀히 다뤄졌던 부분들이 더욱 세심하게 고려된다면 한국 메디컬 드라마가 맞이하게 될 새로운 챕터는 다시 한번 알을 깨고 도약할 것이다, 차정숙이 그랬던 것처럼.

정교한 초현실의 현실화를 꿈꾸다
2023 좋은 방송을 위한 시민의 비평상 작품집

ⓒ 방송문화진흥회, 2023

엮은이 **방송문화진흥회**
펴낸이 **김종수**
펴낸곳 **한울엠플러스(주)**
편집책임 **최진희**
편집 **이동규**

초판 1쇄 인쇄 2023년 12월 10일
초판 1쇄 발행 2023년 12월 20일

주소 10881 경기도 파주시 광인사길 153 한울시소빌딩 3층
전화 031-955-0655
팩스 031-955-0656
홈페이지 www.hanulmplus.kr
등록번호 제406-2015-000143호

Printed in Korea.
ISBN 978-89-460-8287-8 03070